目录

第一章　公路工程机械化施工组织概论 … 1
第一节　公路工程建设认知 … 1
一、公路工程建设的特点 … 1
二、公路工程建设的程序 … 2
三、公路工程建设对设备的要求 … 3
第二节　机械化施工概述 … 5
一、机械化施工的意义 … 5
二、机械化施工的特点和要求 … 7
三、施工机械选择与组合 … 8
四、机械化施工发展趋势 … 9
思考与练习 … 10

第二章　路基工程机械化施工组织 … 11
第一节　路基施工概述 … 11
一、路基施工的特点 … 11
二、路基土石方分类 … 12
三、路堤填筑施工 … 13
四、路堑开挖施工 … 16
第二节　路基施工准备 … 18
一、路基施工的主要内容 … 19

二、路基施工准备 ·· 19
　　三、路基施工机械选择 ·· 21
　　四、机械台数的确定 ·· 22
　第三节　土石方机械施工组织 ·· 23
　　一、推土机施工组织 ·· 24
　　二、平地机施工组织 ·· 28
　　三、装载机施工组织 ·· 32
　　四、挖掘机施工组织 ·· 36
　第四节　路基压实施工技术 ·· 40
　　一、压实机理 ·· 41
　　二、压实机械的选用 ·· 41
　　三、压实作业参数选择 ·· 43
　　四、路基压实施工方法 ·· 45
　【施工组织案例】 ·· 47
　　思考与练习 ·· 49

第三章　路面基层机械化施工组织 ·· 52
　第一节　路面基层施工概述 ·· 52
　　一、路面结构层次 ·· 52
　　二、路面基层分类及特点 ·· 53
　第二节　稳定材料拌和设备认知 ·· 56
　　一、路拌设备认知 ·· 56
　　二、厂拌设备认知 ·· 59
　第三节　路面基层施工组织 ·· 62
　　一、碎、砾石基层（底基层）施工 ·· 63
　　二、稳定土基层施工 ·· 68
　　三、石灰工业废渣基层施工 ·· 74
　　四、路面基层施工质量控制 ·· 77
　　五、不同类型基层材料碾压 ·· 78
　【施工组织案例】 ·· 80
　　思考与练习 ·· 85

职业教育规划教材

工程机械国家级专业教学资源库配套教材

公路工程机械化施工组织

陈建华　主　编
郑培果　肖心远　副主编
胡　胜　陈立方　主　审

GONGLU GONGCHENG
JIXIEHUA SHIGONG
ZUZHI

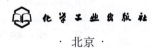

·北京·

内容简介

《公路工程机械化施工组织》以公路工程建设为主线，围绕公路机械化施工过程的技术要求和施工组织，按照公路工程机械化施工组织概论、路基工程机械化施工组织、路面基层机械化施工组织、路面工程机械化施工组织、桥梁工程机械化施工组织、公路养护工程机械化施工组织展开编写，全面地介绍了公路路基、路面、桥梁以及公路养护工程机械化施工基本作业方法、施工程序及施工要点，介绍工程机械设备的选用、配套、施工组织方法，并简要介绍了设备的结构和使用维护方法。书中配有具体的施工案例，具有较好的实用性和可操作性。

本书可作为职业院校及应用型本科院校师生的教材，也可供公路工程施工技术人员、设备管理人员、设备操作人员使用。

图书在版编目（CIP）数据

公路工程机械化施工组织/陈建华主编．—北京：化学工业出版社，2021.1
职业教育规划教材
ISBN 978-7-122-37923-8

Ⅰ．①公⋯ Ⅱ．①陈⋯ Ⅲ．①道路施工-机械化施工-施工组织-高等职业教育-教材 Ⅳ．① U415.2

中国版本图书馆 CIP 数据核字（2020）第 198842 号

责任编辑：韩庆利　　　　　　　　　　文字编辑：宋旋　陈小滔
责任校对：宋玮　　　　　　　　　　　装帧设计：刘丽华

出版发行：化学工业出版社（北京市东城区青年湖南街13号　邮政编码100011）
印　　装：三河市双峰印刷装订有限公司
787mm×1092mm　1/16　印张15　字数352千字　2021年4月北京第1版第1次印刷

购书咨询：010-64518888　　　售后服务：010-64518899
网　　址：http://www.cip.com.cn
凡购买本书，如有缺损质量问题，本社销售中心负责调换。

定　　价：49.00元　　　　　　　　　　　　　　　　　　　　版权所有　违者必究

前言

公路工程建设的快速发展,对促进国民经济的发展起到了重要作用,目前,我国的公路建设已取得了举世瞩目的成就,公路建设的质量也得到了很大提高,公路建设的施工质量,涉及公路结构性质、施工机械的性能和使用、施工工艺与施工技术、施工组织和管理以及质量检测等诸多方面。其中,提高生产率、保证施工质量,施工机械是关键的因素。我国现行的公路工程施工技术规范要求高等级公路必须实施机械化施工,这是施工质量和施工进度的保证。

机械化施工组织不是简单地用机械代替人工劳动,它是将公路施工技术、施工组织、机械运用、人力调配等各方面知识融合为一体的一门综合性技术,组织机械化施工既需要深厚的理论知识作指导,又要用丰富的实践经验解决具体的实际问题,要将先进的施工技术和先进的设备运用技术有机地结合起来,才能使机械发挥出巨大的作用。

为更好地为公路施工及相关行业培养掌握公路施工基本知识、具备机械化施工组织能力的高素质技术技能型人才,提升工程建设企业中机械化施工及相关人员的组织与管理水平,我们以施工任务为导向,结合施工案例,深入浅出,编写了这本教材。

在教材内容选取上,与公路工程施工实际结合方面,用新的公路技术标准与规范、施工工艺与机械化施工技术替代已经过时的标准、规范、工艺与技术;在教材内容联系方面,以学生掌握的基本理论和知识为前提,以公路工程机械化施工组织为主线,结合机械施工技术,贯穿整个教材,通过循序渐进的叙述,完成整个教材的编写,精简了教材内容。

同时,本书作为工程机械国家级专业教学资源库建设配套教材,选取了包括教学课件、习题、试卷及答案、动画、视频、微课、施工案例及技术标准等在内的大量教学资源,借助于互联网信息化技术平台,极大地发挥了专业资源的优势,使服务对象从学校教师、学生扩大到企业职工和社会学习者,互动交流,相互促进。

本书由湖北交通职业技术学院陈建华副教授担任主编并对全书进行

统稿，湖北顺达公路工程咨询监理有限公司余强高级工程师、湖北交通职业技术学院郑培果、张鹏、吴金顺、余德林、刘杰、广东交通职业技术学院肖心远等教师参加编写，广东交通职业技术学院胡胜教授和湖北省路桥集团有限公司陈立方高级工程师担任教材主审，两位专家对教材编写提出了许多宝贵意见，在此表示衷心感谢。

在本书编写的过程中，我们得到了湖北省路桥集团有限公司、湖北顺达公路工程咨询监理有限公司等单位技术专家的大力支持，我们深表感谢，同时我们参考了大量资料，在此，对资料原作者及公司表示衷心的感谢。

由于公路机械化施工技术的飞速发展，新技术、新材料、新方法不断涌现，而编者掌握的资料有限，书中缺点与疏漏在所难免，在此，敬请同行专家和教材使用者提出宝贵意见。

电子课件

编者

2021 年 1 月

第四章　路面工程机械化施工组织 …… 87

第一节　沥青混凝土路面施工概述 …… 87
一、沥青路面结构及性能要求 …… 87
二、沥青混合料路面材料认知 …… 90

第二节　路面施工机械认知 …… 94
一、沥青拌和设备结构认知 …… 95
二、摊铺机结构认知 …… 97
三、施工设备的选型 …… 98
四、施工设备的配套 …… 100

第三节　沥青混合料质量控制 …… 104
一、施工人员与设备准备 …… 104
二、施工现场准备 …… 106
三、沥青混合料质量控制 …… 109

第四节　沥青混合料摊铺施工组织 …… 112
一、铺筑试验路段 …… 112
二、透层沥青和黏层沥青浇洒 …… 115
三、沥青混合料生产 …… 118
四、沥青混合料运输 …… 120
五、沥青混合料摊铺 …… 121

第五节　沥青混合料压实 …… 128
一、压实作业程序及要求 …… 128
二、沥青路面接缝处理 …… 133

【施工组织案例】 …… 137
思考与练习 …… 144

第五章　桥梁工程机械化施工组织 …… 147

第一节　桩工机械及施工组织 …… 147
一、桩工机械概述 …… 147
二、预制桩施工机械结构认知 …… 148
三、灌注桩施工机械结构认知 …… 155
四、桩工机械的施工技术 …… 162

第二节　水泥混凝土施工机械 …… 168
一、混凝土输送泵结构认知 …… 168
二、混凝土泵车结构认知 …… 173

         三、水泥混凝土振捣器 ·· 176
   第三节　架桥设备及施工组织 ·· 180
      一、起重机械与架桥设备概述 ·· 180
      二、起重机械结构认知 ·· 181
      三、架桥设备认知 ·· 186
      四、钢丝绳 ·· 188
      五、架桥设备施工技术 ·· 189
      六、架桥机施工组织及安全管理 ·· 191
   【施工组织案例】 ·· 194
   思考与练习 ·· 199

第六章　公路养护工程机械化施工组织 ·· 201
   第一节　公路养护工程概述 ·· 201
      一、公路养护作业内容 ·· 201
      二、公路病害类型及处治方法 ·· 204
      三、层铺法沥青路面养护施工 ·· 208
      四、路面预防性养护方法 ·· 211
   第二节　铣刨机结构与施工组织 ·· 212
      一、铣刨机结构认知 ·· 213
      二、路面铣刨施工组织 ·· 213
      三、铣刨机安全操作规程 ·· 214
   第三节　稀浆封层机结构与施工组织 ·· 215
      一、稀浆封层概述 ·· 216
      二、稀浆封层机结构及操作 ·· 218
      三、稀浆封层施工组织 ·· 221
   第四节　沥青洒布车结构与施工组织 ·· 223
      一、沥青洒布车结构认知 ·· 223
      二、沥青洒布机的使用 ·· 227
   【施工组织案例】 ·· 228
   思考与练习 ·· 229
   参考文献 ·· 232

第一章

公路工程机械化施工组织概论

● 第一节　公路工程建设认知

> **知识目标**
> 1. 熟悉公路工程基本建设程序；
> 2. 熟悉公路工程建设机械化施工作用和特点。

> **能力目标**
> 1. 具备公路工程施工建设良好的认知；
> 2. 具备良好的工程施工综合素质和能力。

当我们在宽阔舒适的高速公路上快速行驶的时候，当我们欣赏高速公路沿线美丽景色的时候，我们可曾想过高速公路从项目立项到建成和维护需要经过多少建设程序？需要多少人力、设备和部门的配合和协作？

一、公路工程建设的特点

随着我国现代化建设的快速发展，公路交通有了显著的进步。公路交通以其快捷、方便及高效等特点，在国家大交通体系中，占有十分重要的地位。

近30年来，我国逐步加大了公路建设投入的力度，公路等级不断提高，公路建设对机械化施工程度的要求也越来越高，施工大量采用大型设备和进口设备。

公路工程建设的特点是：工程量大，工程质量要求高，施工工艺复杂，建设周期较长。

任何一个施工企业，要在确保施工质量的同时，获得较好的经济效益，必须以现代化的生产模式进行施工和管理。而机械化施工则是必备的措施，也是公路建设事业的重要方式。

二、公路工程建设的程序

一般而言，公路工程建设项目分为项目决策阶段、项目实施阶段、项目运营阶段。具体来说，包括立项、工可（工程可行性研究）、勘察设计招标、勘察设计、施工招标、开工准备、施工、试运营、养护 9 个阶段。

随着我国工程建设市场和体制的变革，公路建设项目出现了政府投资和企业投资等不同情况，两者的公路建设项目基本业务流程也有所不同，主要表现在：企业投资时，需依法确定投资人，撰写项目申请报告且必须被批准，并作为设计、施工的依据；而政府投资时，建设单位编写项目建议书和可行性研究报告，批准后作为设计、施工的依据。但总的来说，公路工程基本建设程序是一致的，所依据的规划是一致的，最主要的规划是国家和省级政府所发布的规划。

下面分别介绍政府投资和企业投资情况下的公路建设项目基本业务流程。

1. 政府投资的公路建设项目基本业务流程

① 建设单位根据规划，委托有资质的咨询公司编制项目建议书，按项目隶属原则报发改委审批。

② 建设单位根据批准的项目建议书，委托有资质的单位进行水保、环评、压矿、地震、文物、防洪等调查，编制影响评价报告，同时申请项目控制性工程用地预审，按项目隶属原则报请相关主管部门审批。

③ 建设单位编制可行性研究报告，交通主管部门组织审查并出具行业审查意见，按项目隶属原则和审批权限报相关部门审批。

④ 建设单位根据批准的可行性研究报告，组织勘察设计招标，设计单位编制初步设计文件，建设单位组织初步设计审查，按项目隶属原则报交通主管部门审批。

⑤ 建设单位根据批准的初步设计文件，组织设计单位编制施工图设计文件，建设单位组织施工图设计审查，按项目隶属原则报交通主管部门审批。

⑥ 建设单位根据批准的施工图设计文件和工程可行性研究报告中批复的招标方式、方法和招标内容，组织项目的施工、监理招标，确定中标人，签订施工和监理服务合同。

⑦ 根据国家有关规定，进行土地丈量、征地拆迁、施工前报监、开工前财务审计等施工准备工作，编制建设用地申请，向土地主管部门申报建设用地，取得建设用地资格后向交通主管部门申报施工许可。

⑧ 建设单位根据批准的施工许可，组织施工、监理单位进场，项目正式实施，施工中重大、较大设计变更要报原设计审批单位审批。

⑨ 项目完工后，达到交工验收条件时，建设单位向交通质量监督部门申请进行交工前质量检测，并组织建设办、施工、监理单位编制竣工图表、工程决算、竣工财务决算和竣工审计，组织办理项目交工验收并报交通主管部门，交通主管部门下达交工验收意见，通过交工验收后可进行试运营。

⑩ 达到竣工验收条件时，建设单位向交通主管部门申请组织竣工验收，交通主管部门组织竣工验收会议，竣工验收合格后，项目正式运营，建设单位组织项目后评价。

2. 企业投资的公路建设项目基本业务流程

① 建设单位根据规划，编制工程可行性研究报告。

② 建设单位组织投资人招标工作，依法确定投资人。

③ 投资人编制项目申请报告（编制单位须具备相应资质），项目申请报告主要包括的内容有：项目申报单位情况、拟建项目情况、建设用地与相关规划、资源利用和能源耗用分析、经济和社会效果分析。

④ 投资人须按规定报送项目申请报告给审批部门核准，并附送如下文件：城市规划行政主管部门出具的城市规划意见、国土资源行政主管部门出具的项目用地预审意见、环境保护行政主管部门出具的环境影响评价文件的审批意见、根据有关法律法规应提交的其他文件。

⑤ 投资人根据核准的项目申请报告，进行勘察设计招标，设计单位编制初步设计文件，其中涉及公共利益、公共安全、工程建设强制性标准的内容应按项目隶属关系报交通主管部门审查。

⑥ 投资人根据批准的初步设计文件，组织设计单位编制施工图设计文件，投资人组织施工图设计审查，按项目隶属原则报交通主管部门审批。

⑦ 投资人根据批准的施工图设计文件和工程可行性研究报告中批复的招标方式、方法和招标内容，组织项目的施工、监理招标，确定中标人，签订施工和监理服务合同。

⑧ 投资人根据国家有关规定，进行土地丈量、征地拆迁、施工前报监、开工前财务审计等施工准备工作，编制建设用地申请，向土地主管部门申报建设用地，取得建设用地资格后向交通主管部门申报施工许可。

⑨ 投资人根据批准的施工许可，组织施工、监理单位进场，项目正式实施，施工中重大、较大设计变更要报原设计审批单位审批。

⑩ 项目完工后，达到交工验收条件时，投资人向交通质量监督部门申请进行交工前质量检测，并组织建设办、施工、监理单位编制竣工图表、工程决算、竣工财务决算和竣工审计，组织办理项目交工验收并报交通主管部门，交通主管部门下达交工验收意见，通过交工验收后可进行试运营。

⑪ 达到竣工验收条件时，投资人向交通主管部门申请组织竣工验收，交通主管部门组织竣工验收会议，竣工验收合格后，项目正式运营，投资人组织项目后评价。

三、公路工程建设对设备的要求

公路建设项目的主要内容包括：公路路基、路面及工程构造物的勘察、测量、设计、施工、养护、管理等工作。公路工程构造物包括：桥梁、涵洞、隧道、排水系统、安全防护设施、绿化和交通监控设施，以及施工、养护和监控使用的房屋、车间和其他服务性设施。

要保证公路建设成为优质工程，不仅要有良好的设计，更取决于施工过程的质量控制。在施工过程中，材料、设备及操作是保证产品质量的主要环节。公路施工必须严格遵守各项施工规范。一是材料的准备，包括检查材料品种、规格、数量、堆放场所、供应和保管工作等；二是施工机械，包括品种、型号、数量的配备及维修工作；三是设备操作，施工设备应精心操作,每道工序完毕须经检查合格后方可进行下一道工序。全部工序完毕,经检查验收后方可交付使用。

传统的人工作业为主的作业方法,已经不能适应现代公路交通运输对公路施工和养护工作的要求,公路施工和养护的机械化施工则是提高公路施工养护质量、速度、效率最重要的手段。因此,公路施工机械是实现公路施工和养护机械化的物质基础,是公路施工养护速度、质量、安全、环保、低耗等目标实现的技术保障,是公路建设与养护生产力的最重要的组成部分。

根据公路施工和养护作业的内容,需要将若干种类、规格、型号、数量的机械设备科学地组合在一起。

具体而言,公路工程建设对施工机械有以下要求:

① 设备品种齐全,型号系列化。公路建设项目涵盖了路基、路面、桥梁、涵洞、隧道、排水系统、安全防护设施、绿化和交通监控设施,以及施工、养护和监控使用的房屋、车间和其他服务性设施的勘察、测量、设计、施工、养护、管理等工作。对施工机械而言,必须提供品种齐全、型号系列化的机械设备,提高机械设备的成套性,拓宽供用户选择的范围,满足个性化需求。

② 设备工作可靠,易于维修保养。公路工程的工期是一定的,工程的作业量、施工质量是合同中明确的。因此,在一定期限内完成符合标书质量要求的工程量,施工机械的可靠性是至关重要的。要降低早期故障率,延长平均无故障工作时间段,提高耐磨件、易损件的寿命,提高工作可靠性,及时、规范地进行维修保养。

③ 设备自动化、智能化。机械主要技术指标不断提高,机械性能越来越优越。例如,BOMAG、DYNAPAC 等公司开发出的智能型振动压路机,振幅调频为无级可调,并带有压实质量实时监测,在工作参数调节方面具有自适应、自学习能力。摊铺机则用数字量控制替代模拟量控制系统,提高了自动找平控制能力;把供料数量、摊铺速度、材料特性的变化带来的干扰进行自动控制;在行驶的直线性、转弯半径和超高量的自动控制方面,朝着智能化方向发展。自动控制、无人驾驶、远距离遥控等技术也不断应用到工程机械上。

④ 设备低污染、低噪声。减少设备噪声、振动、废气;排放质量应符合环保要求;对已产生的噪声、振动要切断或削弱其传播的途径;对已产生的废气要进行净化处理;对承受振动的构件,采取防振措施;对承受声音振动的驾驶员工作处采取防护措施。

⑤ 设备操作的舒适性和安全性。驾驶室应密封、防尘、隔音、减振、通风、视野好;操作器件要集中、方便、灵活;动作要准确、互锁;应有防倾翻、重物落体的安全保护措施;移动、起吊、安装要方便,要有提示性警告标志。

⑥ 设备适应极端环境。工程机械应能适应极端地区的环境要求。以西部高原为例,环境特点是:空气密度小、含氧量低、平均气温低、昼夜温差大、年低温期长、长年冻地面积大、冰雪冻土层厚、气候干燥、降雨量少、蒸发量高、风沙尘大等。因此各类施工机械的性能,包括动力性、经济性、舒适性、排放性、耐火性、可靠性等,必须改善和提高。

第二节　机械化施工概述

> **知识目标**
> 1. 了解机械化施工的含义及意义；
> 2. 熟悉公路工程建设机械化施工的作用和特点。

> **能力目标**
> 1. 具备操作和维护部分设备的能力；
> 2. 能够结合工程建设需要进行设备的选型并具备一定的预算能力。

建设高速公路，既要保证高速公路的建设质量，也要保证公路的建设效率，不仅需要大量的人力资源，也需要大量的机械设备，机械化施工组织是高等级公路建设不可缺少的因素。

一、机械化施工的意义

有人认为，用机械设备代替人力手工劳动来完成工程建设，称为机械化施工；也有人认为，将某个工程的所有作业工序均采用机械完成称为机械化施工，这些看法是不完整、不准确、不系统的。

那究竟什么是机械化施工呢？

1. 机械化施工的定义

工程的所有核心作业工序均由相互协调、配套成组的机械和设备群来完成，并以最优的技术经济指标来满足工程作业的质量和速度的施工作业称为机械化施工。

机械化施工并不排除在某些工序中仍保持手工劳动的可能性，比如：采用机械作业在经济上不合算，并对减轻工人劳动强度无重要意义的辅助作业工序。

具体理解如下：

第一，机械化施工是现代公路建设的生产方式和发展方向。特别是对于高等级公路，机械化施工更是不可或缺的。

一方面，机械化施工是实现建设目标的基本物资手段，是实现建筑材料与工艺完美结合的保证，必须与施工工艺和内容相适应，按时完成施工作业计划；另一方面，机械化施工是一个由多种机械构成的管理和使用的过程，是一个复杂的系统，具有自身的特点、运行规律和知识体系。

因此，机械化施工成为与施工管理理论、施工工艺并重的高等级公路施工理论体系的主要内容。我们必须对其进行深入的、科学的、系统的研究。

第二，施工机械化着重强调了公路施工机械的系统性和相互协调性，要求从施工工艺、道路类型、地域特点等方面综合考虑，建立公路施工机群系统，其核心是保证机械系统发挥最大的工效,并具有最低的寿命周期费用。

第三,施工机械的设计和配置应该充分满足作业条件和施工作业技术规范要求,机械化作业时还须满足施工作业的质量和进度要求,必须有规范的组织管理体系作保证。

第四,施工机械的使用和管理也必须体现机械运行的规律,来最大限度地发挥机械的技术经济效益。

第五,施工机械化还必须研究与环境相适应的问题,要符合环境保护的相关法规。

总之,公路施工机械化是公路建设部门生产先进性的标志之一,也是实现规模化现代生产方式的物质基础,更是提高公路的技术使用性能、降低公路运输费用、提高运输速度、保障车辆行驶的安全性和舒适性的最重要手段之一。公路施工机械化一定会产生巨大的经济和社会效益。

2. 机械化施工的度量

机械化施工的度量用机械化程度来表示:

$$机械化程度 = \frac{利用机械完成的实物工程量(或工作量)}{全部工程量(或工作量)} \times 100\%$$

机械化程度是反映施工企业机械化施工水平的重要指标。

3. 机械化施工的意义

随着我国公路建设的迅速发展,机械化施工已成为公路施工主要的施工方法。公路施工具有周期长、流动性大、施工协作性高以及受外界干扰及自然因素影响等特点,因此,公路实施机械化施工,必须事先做好计划,即编制好机械化施工组织设计。公路机械化施工意义如下:

(1) 机械化施工有利于降低工程成本

采用大规模机械化施工,使过去高成本的工作,现在只需要较少费用即可完成。如高等级路面的机械化摊铺、大型构件的预制安装、顶推施工法、回旋钻机钻孔、铲运机及自卸车运土等,这些机械将过去高投入、低产出的工程变为技术型低投入、高产出的工程。另一方面,工程造价中机械费用占有很大比重,科学合理地组织机械化施工,减少机械使用费,就可以大幅度降低工程造价。

(2) 机械化施工可大大缩短施工工期

当今工程施工周期大为缩短,这应当归功于机械化施工的推广。例如,一座特大桥的施工工期,过去一般需要近十年时间,而现在的工期只有原来的三分之一左右;法国人在撒哈拉沙漠,用200人只花了一年时间就铺成了200公里路面,可见机械化施工的效率之高。

(3) 机械化施工可提高工程质量

随着工程设计精度的提高、工程难度的加大、连续施工的要求更高,只有机械化施工才能满足以上各项要求。例如:高速公路的路面平整度,只有在机械摊铺的条件下才能达到规范要求;特大桥的大体积混凝土,必须采用混凝土输送泵运送才能保证连续浇筑;大型构件的运输等也只有机械化作业才能满足要求,这些都是人力施工达不到的。

(4) 机械化施工可优化社会资源,节约社会劳动

机械化施工减少了施工组织计划中对劳动力的需求,将更多的社会劳动力调配到更适

合的工作岗位上，从而为社会节约了大量的劳动力。当然，机械化施工也刺激新型劳动力的成长，使工程施工的机械化得到普及和提高。

总之，机械化施工是公路建设质量的保证、进度的保证、效益的保证，是有效利用资源的手段。

二、机械化施工的特点和要求

公路工程机械化施工是减轻人工的劳动强度、提高工效、加快施工进度、确保施工质量、节约资金和降低成本的重要手段，与人力相比，具有特殊性。因而，在施工技术、施工组织和管理上，要有更高的要求。

1. 机械化施工的特点

（1）能完成独特的施工任务

在公路施工中，有些作业项目是人力无法完成的，即便能完成，也具有一定的危险性，必须借助于机械才能按一定的设计要求完成。

（2）能改善劳动条件

施工机械使用操作灵活，生产率高。利用机械代替人工，不但可减轻人工的体力劳动，并且能在一定的工期和有限的工作面上，完成大量的工作。

（3）大幅度地提高劳动生产率

实验表明，一台斗容量为 $0.5m^3$ 的挖掘机可代替 80～90 个人的体力劳动；一台斗容量为 $1m^3$ 的挖掘机，1 台班挖土 500～700m^3 可代替 400 个人的体力劳动；一台中型推土机相当于 100～200 人的工作量。由此可见，机械化施工与人力劳动相比，其生产率可提高几十倍，甚至几百倍。

2. 机械化施工组织的基本要求

（1）要有完善的机械化装备

机械化施工的主体是施工机械，没有一定数量、种类的施工机械，机械化施工就无从谈起。在机械化施工中，要尽量利用机械代替人工，以达到减轻人的体力劳动、改善劳动条件的目的；对人力无法完成或危险的工程、工序使用机械，不但可达到设计的要求，而且有利于克服和减少公害，扩大施工范围。另外，要根据施工对象和施工质量的要求，尽量选择结构合理、性能优良的大型、先进的机械设备，并进行合理的组合，以确保机械化施工的质量，最终取得良好的经济效益。

（2）要有先进的施工技术

机械化施工选用的机械种类繁多，任何一种施工机械都有一定的使用范围和使用技术要求。在机械化施工过程中，要根据不同的作业项目，选择适宜的机种和机型，运用先进的施工技术，以充分发挥机械的效能，提高施工质量，缩短施工周期，降低施工成本。

（3）要有合理的施工组织

公路工程施工影响的因素很多，既有人为因素，也有自然因素。而且战线长，工程量大，运用的机械数量、种类繁多。如果没有周密的计划，合理、科学的组织，必将造成各项分部工程、各道作业工序之间相互矛盾，机械和劳动力调配紊乱，从而导致各种消耗增加，工期迟缓，质量和安全难以保证。因此，机械化施工必须运用先进科学的施工技术，对施工组织进行优化，以最佳的方案组织施工，以便更好地发挥机械化施工的作用，充分体现出其优越性。

（4）要有科学的施工管理

施工机械管理的目的，在于按照机械本身固有的规律和客观的经济规律，使机械经常保持完好的状态，充分发挥机械的性能，提高其生产率和利用率，延长机械的使用寿命，降低施工成本，从而高速、高效地为各项建设服务。

三、施工机械选择与组合

在公路工程施工过程中，可根据公路建设项目工程量和工程机械保有量，采用不同的方法选配施工机械。

1. 施工机械合理选择的原则

工程量和施工进度是合理选择机械的重要依据。为了确保施工质量和施工进度，提高作业效率，工程量大时，一般采用大型或专用的施工机械；工程量小时，采用中小型或通用性好的施工机械。但这不是绝对的，因为影响机械施工的因素是多方面的。如某一工程，由于受道路、桥梁及环境等条件的限制，大型机械不宜通行，若为了改善运输条件而预修道路，便增加了工程的造价。若在确保施工质量和进度的前提下，改用中、小型机械施工，反而较为经济合理。总而言之，选择施工机械应遵循以下几项原则：

（1）施工机械应与工程的具体情况相适应

在路基土石方施工中，施工范围非常广泛，施工条件千变万化，选用的施工机械一方面应适应施工现场的气候、地形、土质、施工场地大小、运输距离、施工断面形状尺寸、工程质量等要求；另一方面，机械的作业能力要与工程量及施工进度相符合，尽量避免因机械作业能力不足或过剩造成延缓工期或机械利用率太低的现象。因此，在条件允许的情况下，尽量选择最能满足施工内容的机种和机型。

（2）施工机械应有较好的经济性

施工机械经济性选择的基础是施工单价，它主要与机械固定资产的消耗及运行费用等因素有关。其中固定资产的消耗与施工机械的投资成正比，包括折旧费、机械大修费及投资利息等费用；而机械运行费用与完成的工程量成正比，包括劳动工资、直接材料费、劳保设施费等。在选择机械时，除了权衡工程量与机械费用的关系外，还要考虑机械的先进性和可靠性。因为大型先进的机械，虽然一次投资大，但它可以分摊到各项工程中，且技术性能优良，易于操纵，各种消耗也较低，更有利于提高施工质量和加快施工进度。所以从整体考虑，反而可降低成本，创造良好的经济效益。

（3）施工机械应能确保施工质量

在路基土石方施工中，一项工程可选用机械的种类、规格、组合较多，但选用的机械必须能满足施工质量的要求。一般情况，对技术含量高的工程项目，应尽量选用性能优良或专用的机械，以保证工程质量和较高的生产率。而对一般的作业项目，应注意不可片面追求高性能的专用化机械，在满足工程质量要求的前提下，要充分考虑到机械的通用性，以降低投资费用。

（4）施工机械应保证施工安全

施工机械应具有可靠的安全性能,如行驶稳定,有翻车或落物保护装置,防尘、隔音,危险施工项目可遥控作业等。例如在路基土石方爆破施工中,各种机械必须在警戒线以外;在斜坡地作业,坡度不能超过机械所允许的爬坡能力,并有翻车和落物保护装置等。

在保证施工人员和机械设备安全的同时,应注意保护自然环境。施工现场及附近的各种设施,不会因机械施工而受到损害。在城镇等居民点施工,噪声和废气必须达标。

2. 施工机械合理组合的原则

在路基土石方施工中,许多作业项目需要多种机械共同参与方可顺利完成。例如对路堤的填筑及路堑的开挖等工程,常常需要挖掘机、推土机、平地机、自卸汽车和压实机械等机械相互组合形成流水作业,以提高施工的质量和进度。因此机械的合理组合,也是路基土石方机械化施工的一个重要内容,它包括参与施工的各种机械在技术性能、规格和数量上的合理配置。

路基施工组织

(1) 主导机械和配套机械的组合

机械的合理组合,首先应选择好主导机械和配套机械(包括工作容量、数量及生产率),必须在保证主导机械主要参数充分发挥最大效益的前提下进行。例如挖掘机与自卸汽车配合,挖掘机的斗容量一般以 3~5 斗装满自卸汽车的车箱为宜,自卸汽车的工作容量和数量必须与挖掘机的工作能力协调一致,并稍有储备,以充分发挥挖掘机的生产率。

(2) 配合作业机械组合数尽量少

组合数越多,总效率越低。因为配合作业机械的总效率是各机械效率的乘积。而且每一组合中,当其中一台机械发生故障时,组合中的其他机械便无法正常工作。因此在能完成作业内容的前提下,应尽量减少机械的组合数。为了避免上述不利情况的发生,应尽可能地组织多个系列的组合,并列进行施工,从而减少因组合中一台机械无法正常工作,而引起工程全面停工的现象,减少配合机械工作能力的损失。

四、机械化施工发展趋势

随着科学技术的发展,为适应各种工程建设的需要,施工机械正向着高速、大功率、高效的方向发展,出现了专用大型化、多能小型化、传动液压化组装化、机电液一体化的发展趋势。

1. 专用大型化

专用大型化指发展大功率、大容量、高性能、专门用途的新机种,以适应大型工程的需要。其中有的采用新型大功率发动机,有的采用多台发动机或多机联合使用。

2. 多能小型化

多能小型化指为适应不同作业对象,发展起来的功能多、利用率高、机动轻便的小型施工机械。如挖掘机通过更换工作装置,可实现正铲、反铲、拉铲、抓斗、装载、起重、打桩、钻孔等多种作业。

3. 传动液压化

在各种施工机械上,广泛采用液压与液力传动技术,从而简化了传动机构,减轻了机械重量。同时使机械工作更为可靠，操作更为轻便，工作效率更高。

4. 设备组装化

设备组装化将某些具有一定性能的独立组件，在施工现场按作业要求进行组合安装，形成所需工作性能的机械。各组件相互联合，拆装方便，有利于组织专业化、系列化，并扩大了施工范围。

5. 机电液一体化

机电液一体化是将微电子技术、计算机技术、信息技术、机械技术和液压与液力技术相互融合形成的新型技术，是机械化施工发展的主要趋势。

思考与练习

一、简答题

1. 公路工程建设包括哪些阶段？
2. 公路工程建设对施工机械有哪些要求？
3. 公路机械化施工意义是什么？
4. 施工机械选择与组合的原则是什么？

二、填空题

1. 机械化程度是_____与_____之比，是反映施工企业机械化施工水平的重要指标。
2. 机械化施工组织的基本要求：_____、_____、_____、_____。

第二章

路基工程机械化施工组织

● 第一节　路基施工概述

> 📖 **知识目标**
> 1. 熟悉路基施工的特点及土石的分类；
> 2. 熟悉路基施工的主要形式。

> 📖 **能力目标**
> 1. 掌握路基机械化施工的作业方法；
> 2. 能够做好路基机械化施工的准备工作。

路基是路面结构的基础，在进行路基施工时，需要了解路基施工的要求，能够根据土石方材料的性质合理选择施工机械，确定施工方案，根据路基施工的程序，做好施工组织准备工作。

一、路基施工的特点

路基是路面的基础，路基的施工质量直接影响路面的使用品质。坚固而稳定的路基是通过机械施工来完成的，只有通过精心组织、精心施工才能建成高质量的路基工程。这对节省投资、提高道路运输效率都具有重要的意义。

公路路基的机械化施工包括：用机械开挖路堑、填筑路堤，修建小型人工构造物，修建排水、防护加固工程，完成路基压实、整修及必要时进行的石方施工等工作。本项目以土方路基机械化施工组织为主，叙述路基机械化施工程序、路基土方开挖与填筑、路基压实等施工组织等内容。

公路路基施工有如下特点：

① 工程数量大。路基由土石方填筑或开挖而成，施工工艺简单，但工程量大、投资较

多，路基工程的投资约占全部投资的 25% ～ 45%。

②工期长、耗费劳力多。路基工程是线形建筑物，施工面狭长，需进行较长时间的施工作业，有些路段土石方较分散，具有线长面窄的特点；有些路段工程则较集中而工作面又宽，需要大量的人力和机械设备。

③涉及面较广、工程复杂。路基工程分布不均匀，流动性大，不仅与附属工程，如排水工程、防护工程等施工程序互相牵制，而且与桥梁工程，如桥涵、隧道、小型构造物、路面附属设施相互交错，施工管理工作量大。

路基工程难易与路线设计密切相关。路线设计影响到路基设计，路基工程大小、难易程度主要取决于路线走向和定位。

虽然路基工程的工艺比较简单，但由于公路沿线地形、地貌、工程地质、土壤类别等变化大，如何适应行车载荷和路面类型的特点，使路基成为长期整体稳定性的路面基础，是路基施工应该着重考虑的内容。

因此，路基机械化施工，在质量标准、技术操作，施工管理等方面具有特殊性，对施工工期的影响比较大，甚至会成为影响公路建设期限的关键因素。

二、路基土石方分类

在路基工程施工中，各类公路用土（土壤和岩石在工程上统称为土）具有不同的工程性质，土石方的性质直接关系到施工机械的选择和配套、施工方法和方案的确定、施工效率和施工成本的高低。在选择路堤填筑材料时，应注意土的工程性质的差异，并采取不同的工程技术措施。

1. 公路用土可按颗粒组成分类

我国公路用土依据土的颗粒组成特征、土的塑性指标及土中有机质含量的情况，分为巨粒土、砾石土、砂类土、细粒土四类，并可进一步细分为 11 种土。

2. 公路用土可按土石开挖的难易程度分类

这种分类方法对安排施工和确定施工定额有较大的实用意义。我国公路土石分级通常采用 6 级分类法，土可分为松土、普通土、硬土，岩石分为软石、次坚石、坚石。6 级分类各种土、石的名称及其工程性质如表 2-1 所示。

表 2-1　6 级分类法土、石工程分级

土石等级	土石类型	土石名称	开挖方法
Ⅰ	松土	砂类土，腐殖土、种植土、中密的黏性土及砂性土、松散的水分不大的黏土、含有 30mm 以下树根或灌水根的泥炭土	用铁锹挖，脚蹬一下到底的松散土层
Ⅱ	普通土	水分较大的黏土、密实的黏性土及砂性土、半干硬状态的黄土、含有 30mm 以上的树根或灌木根的泥炭土、碎石类土（不包括块石土及漂石土）	部分用镐刨松，再用锹挖，以脚蹬锹需连蹬数次才能挖动
Ⅲ	硬土	硬黏土，密实的硬黄土，含有较多块石的土及漂石土，各种风化成土状的岩石	必须用镐先整个刨松才能用锹挖

续表

土石等级	土石类型	土石名称	开挖方法
Ⅳ	软石	各种松软岩石、盐岩、胶结不紧的砾岩、泥质页岩、泥质砂岩、煤、较坚实的泥灰岩、块石土及漂石土、软的节理多的石灰岩	部分用撬棍或十字镐及大锤开挖，部分用爆破法开挖
Ⅴ	次坚石	硅质页岩、硅质砂岩、白云岩、石灰岩、坚实的泥灰岩、软玄武岩、片麻岩、正长岩、花岗岩	用爆破法开挖
Ⅵ	坚石	硬玄武岩、坚实的石灰岩、白云岩，大理岩、石英岩、闪长岩、粗粒花岗岩、正长岩	用爆破法开挖

三、路堤填筑施工

路基施工按其断面的挖填情况，有路堤填筑、路堑开挖和半挖半填路基三种形式，如图2-1所示。高于原地面的填方路基称为路堤，低于原地面的挖方路基称为路堑。路堤与路堑构成路基的主体，路基开挖和填筑是施工工程的主要内容。路基必须具有足够的强度和刚度、整体稳定性和水稳性。

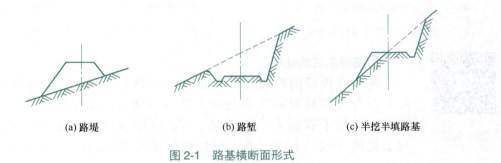

(a) 路堤　　　　　(b) 路堑　　　　　(c) 半挖半填路基

图2-1　路基横断面形式

1. 路堤填筑的基本要求

① 土方路堤必须根据设计断面实行水平分层填筑、分层压实的施工方法。

② 不同性质的填料要分别分层填筑，不得混填，以免内部形成水囊或薄弱面，影响路堤的稳定性。

③ 不同土质混合填筑路堤时，一般宜将水稳性、冻稳性较好的土填在路堤的上部；如果堤底可能受水浸，要用水稳性好的材料填于下层。

④ 高速公路和一级公路，横坡陡峻地段的半挖半填路基，必须在山坡上从填方坡脚向上挖成向内倾斜的台阶，台阶宽度不应小于1m。

⑤ 每层路基的摊铺宽度均大于设计宽度20～30cm，以保证路基边坡位置的压实质量和边坡整修的净宽。

⑥ 山坡路堤，地面横坡不陡于1∶5且基底符合规定要求时，路堤可直接修筑在天然的土基上。地面横坡陡于1∶5时，原地面应挖成台阶（台阶宽度不小于1m），并用小型夯实机加以夯实。填筑应由最低一层台阶填起，并分层夯实，然后逐台向上填筑，分层夯实，所有台阶填完之后，即可按一般填土进行。

⑦ 透水性好的土应填在透水性差的土之下，即先铺透水性好的土。此时，如果两者粒径相差悬殊，应在层间加铺过渡垫层，以免上层的细颗粒散落到下层内；如果透水性较小的土填在透水性较大的土之下时，其顶面应做成4%的双向向外横坡，以保证来自上层透水性填土的水分及时排出。

⑧ 为防止相邻两段运用不同土质填筑的路堤在交接处发生不均匀变形，交接处应做成斜面衔接，如图2-2所示，且将透水性好的填料置于斜面的上面为宜。

⑨ 填方相邻作业段交接处若非同时填筑，则先填地段应按1∶1坡度分层留好台阶；若两个地段同时填筑，则应分层相互交叠衔接，其搭头长度不得少于2m。

用不同土质填筑路堤的正确或错误方式如图2-3所示。

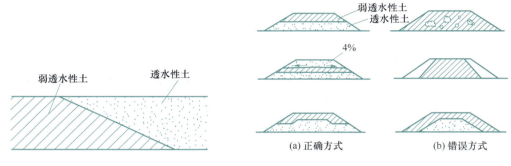

图2-2 不同土质接头处理　　图2-3 土质路堤不同土壤的填筑方式

填方路基施工

2. 路堤基底的处理

经过清理后的路堤所在原地面即为路堤基底，是自然地面的一部分。为使路堤填料与基底表土能密切结合，避免路堤沿基底发生滑动，增加承载能力，防止因草皮、树根腐烂而引起路堤沉陷，需视基底的土质、水文、坡度和植被情况及填筑高度采取相应的处理措施。

基础表层的状态，因地点不同而异，对于一些特殊地基，如软土、冻土等处理时，技术比较复杂；对于一般的基底处理，通常有以下内容。

（1）伐树除根及表土处理

路堤填筑时，如果不清除结合面上的草木残株等有害于路堤稳定的杂物，则路堤成形后一旦杂物腐烂变质，地基将发生松软和不均匀沉陷等现象。为了预防这种情况，就必须在填土之前进行伐树、除根和表层土壤处理工作。特别当路基填筑高度小于1m时，应将路基范围内的树根、草丛全部挖除，以防影响机械的正常作业和填土内混入有害杂物。

若基底的表层土是腐殖土，则须用推土机、挖掘机或人工挖至必要深度，对其进行掘弃，运往弃土场。一般清除深度应不小于30cm，必要时可根据实际情况加深，并予以分层压实，压实度应符合规范要求。如发现裂缝、溶洞等，都必须处理好，防止日后塌陷。有些清除物（如腐殖土），路堤修筑后，还可取回作为护坡保护层使用，也可作为中央分隔带及绿化带的回填土。

（2）耕地、水田的处理

路基基底为耕地或松土时，填筑施工之前，应先清除有机土、种植土，平整后予以压实。如其中有机质含量和其他杂质较多时，碾压时因弹性过大，不易压实，应换填干土。

对于稻田，其表面往往存在一层松软薄层，如果在上面直接填土，不但机械通行性很差，难于作业，而且填土也不能充分压实。若填土层较薄时，第一层则不能填得太厚，否则填土无法得以碾压密实，这时，应在基底挖沟排水，使填土底层保持干燥，再进行填方压实作业。如果水田水位过高，即使用上述方法设置排水沟也不能使水充分外排，影响机械通行，应在原表土和填土之间加一层砂垫层（或其他水稳材料），以利于水的排出。

如果填土基底有池塘或泉眼，就应敷设暗排水管等排水设施，或者用耐水性强的道砟或碎石充填压实到原水位的高度以上，在填土后进行有效排水，防止侵入填土。

（3）坡面基底的处理

填方路堤，如基底为坡面时，在载荷作用下，粒料极易失稳而沿坡面产生滑移，因此在施工前必须注意对基底坡面处理后方能填筑。经验表明，当坡度较小，在1：10～1：5之间时，只需清除坡面上的树、草杂物后，将翻松的表层压实后即可保证坡面的稳定。但当坡度较大，在1：5～1：2.5之间时，应采取如图2-4所示的方法将坡面做成台阶形，一般宽度不宜小于2m，高度最小为1m，而且台阶顶面应做成向堤内倾斜3%～5%的坡度。如果基底坡面超过1：2.5时，则应采用修护墙、护脚等措施对外坡脚进行特殊处理。

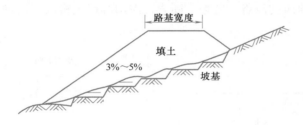

图2-4 横坡较大时台阶形基底

3. 路堤填料的选择

用于路堤填筑的土料，原则上就地取材或利用路堑挖方土壤。

对填土材料总的要求是：具有良好的级配和一定的黏结能力，易于压实稳定，具有基本上不受水浸软化和冻害影响等能力，处于最佳含水量状态，路基填料的选择应遵循：

① 优先选用挖取方便、压实容易、强度高、水稳性好的土石作填料。例如：不易风化的岩石、碎石、卵石、砾石、粗砂和矿渣等透水性好的材料，它们不易被压缩、强度高、水稳性好，填筑时不受含水量限制，分层压实后较易达到规定的施工质量。

② 钢渣、粉煤灰等材料，可用作路堤填料，但应符合有关规定要求；其他工业废渣在使用前应进行有害物质的含量试验，避免有害物质超标，污染环境。

③ 捣碎后的种植土，可用于路堤边坡表层。

④ 路堤受水浸淹部分，应尽量选用水稳性好的填料。

⑤ 液限大于50%、塑性指数大于26的土，以及含水量超过规定的土，不得直接作为路堤填料。需要使用时，应在接近最佳含水量下分层填筑并充分压实，并设置完善的排水措施。

⑥ 淤泥、沼泽土、冻土、有机土、含草皮土、生活垃圾、树根和含有腐朽物质的土，不能用作填筑路堤。

⑦ 含盐量超过规定的强盐渍土和过盐渍土不能作为高等级公路的填料。

4. 路堤填筑施工作业方法

路堤填筑是把填料运送上堤，进行铺平、碾压密实的过程。为了保证质量，填筑土料是分层进行的，根据取土位置不同可采用不同的方法，主要有水平分层填筑法、纵坡分层填筑法、横向填筑法和联合填筑法四种方法。

图 2-5 水平分层填筑法

（1）水平分层填筑法

填筑时按照横断面全宽分成水平层次，逐层向上填筑，如图 2-5 所示。如果原地面不平，应从最低处分层填起，每填完一层经过压实符合规定要求后再填上一层。水平分层填筑是填筑路基的基本方法，易于保证压实质量。

（2）纵向分层填筑法

宜于用推土机从路堑取料填筑距离较短的路堤，沿纵坡方向分层，逐层往上填筑、压实，如图 2-6 所示。对于原地面纵坡大于 12% 的地段，常采用此法。

（3）横向填筑法

从路基一端或两端同时按横断面的全部高度，逐步推进填筑，此法不能分层压实，仅用于无法自下而上填筑的深谷、陡坡、断岩、泥沼等运土机械无法进场的路堤，如图 2-7 所示。

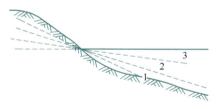

图 2-6 纵向分层填筑法
注：图中数字为填筑顺序

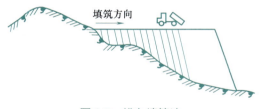

图 2-7 横向填筑法

（4）联合填筑法

受地形限制或填筑堤身较高，不能用水平分层法和横向填筑法自始至终进行填筑时，可采用联合填筑法，即路堤下层用横向填筑，而上层用水平分层填筑。使上部填土经过分层压实从而获得需要的压实度，如图 2-8 所示。可以单机作业，也可多机作业，一般沿线路分段进行，每段距离以 20～40m 为宜，多在地势平坦，或两侧有可利用的山地土场的场合采用。

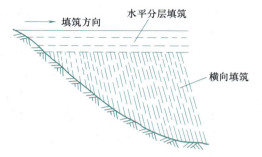

图 2-8 联合填筑法

四、路堑开挖施工

路堑施工就是将按设计要求挖掘出来的土方运到路堤地段作填料或运往弃土地点。

从作业程序上说，路堑施工较为简单，不像路堤填筑有材料选择、分层碾压密实等问题存在。然而，从施工经验和公路使用的角度看，路基上发生的问题大多出现在路堑上。因此，在路堑施工中，不仅要考虑到当地地形条件和采用的机械设备类型，还要考虑到土层的分布和利用情况，对采取的作业方式、开挖步骤、弃土位置等应予充分重视，保证有较高效率，以确保施工中不发生塌方、落石等事故；在使用过程中，不发生塌方、滑坡、翻浆、冒泥、冻害等路基病害。

在开挖路堑前，应做好现场的伐树、除根等清理工作和排水工作。如果移挖作填时，还要将表层土单独掘弃，或者按照不同的土层进行分层地挖掘，以满足路堤的填筑要求。

若是就近利用土方，可用推土机推运；若是较远运距利用土方，可用挖掘机挖装，自卸汽车运土。

路堑开挖完工后，对土方路段，应及时按设计要求对边坡进行防护，防止边坡土壤流失坍塌。

路堑的开挖方法根据路堑的开挖深度、纵向长度以及现场施工条件，可用以下几种基本方法：

1. 横向挖掘法

从路堑的一端或两端按横断面全宽逐渐向前开挖，称为横挖法。适用于短而深的路堑。

（1）单层横向全宽挖掘法

挖掘较短的且深度小的路堑时，从开挖路堑的一端或两端按横断面全宽一次性挖掘到设计标高，并逐渐向纵深挖掘，挖掘的土方可以向两侧运送。如图2-9（a）所示。

挖方路基施工

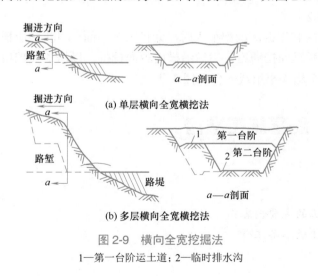

图2-9 横向全宽挖掘法
1—第一台阶运土道；2—临时排水沟

（2）多层横向全宽挖掘法

开挖较短且深度大的路堑时，从开挖的一端或两端按横断面进行分层开挖到设计的标高，各层须有独立的运土道和临时排水设备，以免相互干扰，影响工效。分层横挖使得工作面纵向拉开多层多向出土，可以容纳较多的施工机械同时施工。若用挖掘机配合自卸汽车进行，每层台阶高度可采用3～4m。如图2-9（b）所示。

2. 纵向挖掘法

沿路堑纵向将高度分成不大的层次依次开挖的方法称为纵挖法。纵挖法适用于较长的路堑开挖。

(1) 分层纵挖法

如果路堑的宽度和深度均不大,可沿路堑横断面全宽,以深度不大的纵向分层进行挖掘,该方法称为分层纵挖法,如图 2-10 所示。

(2) 通道纵挖法

如果路堑的宽度和深度均比较大,可沿纵向分层,每层沿路堑纵向先挖出一条通道,然后开挖两旁。该层通道拓宽至路堑边坡后,再开挖下层通道,如此向纵深开挖至路基标高。这种方法称为通道纵挖法,如图 2-11 所示,通道可作为机械通行或出口路线,以加快施工速度。

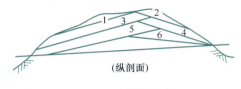

图 2-10 分层纵挖法

图 2-11 通道纵挖法

(3) 分段纵挖法

如果路堑很长,可沿路堑纵向选择一个或几个适宜处,将较薄一侧堑壁横向挖穿,使路堑分为两段或数段,各段再采用上述方法纵向开挖,称为分段纵挖法。该法适用于弃土运距过远的傍山长路堑,其一侧堑壁不厚的路堑开挖。

3. 混合式挖掘法

当路堑纵向长度和挖掘深度都很大时,为扩大工作面,可将多层横挖法和通道纵挖法混合使用。先沿路堑纵向挖通道,然后沿横向坡面挖掘,以增加开挖坡面。每一个坡面的大小,应能容纳一个施工小组或一台机械作业。

第二节 路基施工准备

📖 知识目标

1. 熟悉路基施工的主要内容;
2. 熟悉路基施工的准备工作。

📖 能力目标

1. 能够合理选择施工机械设备;
2. 能够合理制定机械设备的运用计划,做好路基施工前的相关准备工作。

在进行路基施工前,需要了解路基施工的主要内容,做好施工前的准备工作,选择和组织好施工机械,确定机械设备的使用方案,根据路基施工的程序,做好施工组织工作。

一、路基施工的主要内容

路基施工的主要内容有：施工前的准备工作、路基土石方工程、修建小型人工构造物及路基工程的检查与验收。

（1）施工前的准备工作

施工前的准备是保证施工顺利进行的基本前提。如果施工前的准备工作经监理工程师审核后而未达到合同规定的要求，则不予批准开工。因此，必须按规定认真做好。其内容主要包括：组织准备、物质准备和技术准备三方面。

（2）路基土石方工程

路基土石方工程包括填筑路堤、开挖路堑、压实路基、整平路基表面、整修边坡、修筑排水沟渠及防护加固设施等。路基土石方工程的工程量大，构造物的种类繁多，因此，作为施工技术人员应严格按照施工设计的规定和监理工程师的要求精心地开展工作。

（3）修建小型人工构造物

小型构造物包括小桥、涵洞、挡土墙、盲沟等。这些工程通常是和路基施工同时进行的，但要求人工构造物先行完工，以利于路基工程不受干扰，能够全线展开，并避免路基填筑之后再来开挖修建涵洞、盲沟等构造物。

技术人员在现场施工中要关注这些程序的基本要求，妥善解决好施工顺序和施工进度。

（4）路基工程的竣工检查与验收

竣工检查与验收应按竣工验收规范规定进行。其检查与验收的主要目的在于检查工程质量，及时发现所存在的问题，研究分析并采取补救措施。主要项目有：路基及其有关工程的位置、标高、断面尺寸、压实度或填筑质量、相关的原始记录、图表及其他资料，应满足规定的要求。

二、路基施工准备

路基施工需要消耗大量的人工、物质、机械和时间等资源，是一项时间长、技术要求高的工作。路基施工前，必须根据工程的实际情况做好组织准备、物质准备和技术准备工作，使各项施工活动能正常进行。在施工过程中，所有的施工活动都必须严格按有关施工规范进行，以确保工程质量，修筑成质量优良的路基实体。

1. 组织准备

组织准备是从管理层面为保证路基施工机械化顺利进行所做的准备，工作内容有：

① 进行人事构架设计并建立相应的规章制度。其中包括：人力配备——配备各工作岗位所需人数，制定各个岗位人员的素质和工作能力的要求；构架设计——明确各部门之间的权属责任关系；规章制度——制定人员及机械设备的管理制度（各类机械设备的调度和操作制度），制定施工技术安全措施等。施工项目组织机构如图2-12所示。

② 设计和建立工程质量保证体系。施工质量一定要保证各道工序完全达到规范标准，杜绝返工现象发生。因此，施工单位要保证各个工序实施时，从材料的品质，施工机械作业参数以及该工序结束时应达到技术指标等方面进行科学的监督、评估和测试。完成施工

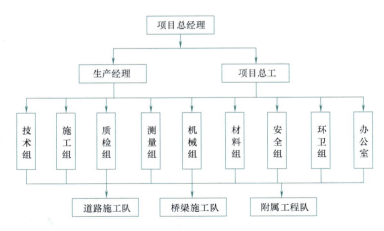

图 2-12　施工项目组织机构

任务所需的人力、检测技术和仪器设备以及检测规范、标准等便构成了质量保证体系。

2. 物质准备

（1）生活设施

修建生活和工程用房。生活用房主要是解决施工人员住宿问题。房舍类型、各类人员住宿占房面积、房舍标准（内部是否设置降温、取暖设备）等几个方面是应考虑的具体问题。修建生活用房的同时，也应着手建造施工工地办公用房。生活方面还应安排施工人员的膳食，其中包括伙食标准、用餐制度及收费办法等。

（2）电力和用水供应

电力和水的需要量不仅要考虑生活所需，还要与各个施工阶段的生产所需结合起来，通盘考虑解决。

（3）场地准备

场地准备包括道路用地和施工用地。道路用地是道路本身所占土地，道路建成后这部分土地已不能再作农田使用；施工用地是施工过程中由于工艺的需要临时占用的土地，道路建成后仍可恢复耕作。包括施工单位在施工期间的机械停放场地、保修场地以及修建临时施工道路所占用的土地。

道路用地由业主（代表国家部门）征用。施工单位可根据施工需要提出临时用地计划并绘制平面图及用地划界表，办理拆迁和临时占用土地手续。

（4）临时施工道路

临时施工道路修建原则是：

① 以项目经理部为中心，做到内外交通方便，道路能以最短的距离到达主体工程施工场所并与社会已有的主干道路相连。

② 充分利用原有道路，若原有道路不能满足施工机械车辆的通行要求，应尽量在原有道路上改进，以节约土地、资金和时间。

③ 临时施工道路应尽量避开池塘土地和河流，不建或少建临时桥梁。

④ 临时施工道路按简易公路技术要求修建，其具体的标准是：设计车速≤30km/h；路基宽度：双车道 6～6.5m，单车道 4.4～5m，困难地段 3.5m；路面宽度：双车道 5～5.5m，单车道 3～3.5m；最大纵坡度：平原区 6%，丘陵区 8%。

（5）填筑用土的土源准备

① 填筑用土优先考虑"移挖作填"，即从路堑处开挖的弃土用于邻近路堤的填筑用土。少占农田，在经济上也是合理的。

② 在路线两侧的取土坑取土，取土坑应设计有规定的位置，要根据地形、土质和施工方法等，选用合适的方法取土。

③ 当设计的取土坑的贮土量不能满足要求，需另寻土源时，线外设置集中取土场取土，但其土质应符合填筑路堤的技术要求，同时考虑土方运距经济合理性。

④ 填筑用土通常不用腐殖土、沼泽淤泥和含盐碱成分过高的盐渍土。

3. 技术准备

① 路基开工前，施工单位在全面熟悉设计文件和技术交底的基础上，进行现场核对和施工调查——核对路线经由地点，调研施工地区的气象、水文、地貌等。

② 明确施工期限。确定施工工艺实施方案和施工机械的组配方案，编制实施性的施工组织设计，报请现场监理工程师或业主批准，并及时提出开工报告。重要项目还应编制施工网络计划。

③ 路基开工前应做好施工测量工作。其内容包括：导线、中线、水准点的复测，路基横断面的检查与补测，水准点的校对与增设等，施工测量的精度应符合国家有关规程规定的要求。

④ 铺筑试验路。高速公路和一级公路、特殊地区公路或采用新技术、新工艺、新材料的路基，在正式施工前，应采用不同的施工方案和施工方法，铺筑试验路并进行相关数据分析，从中选出路基施工的最佳方案、机械设备的最佳组合、人力资源的配备及施工质量控制参数，以指导主体路基施工。

铺筑试验路时需记录的各种参数有：①机械配备的种类、型号和数量；②压实机械的类型和数量；③碾压速度、碾压遍数和碾压效果；④每层压实厚度及松铺系数；⑤填料的含水量和最适合施工的含水量；⑥施工人员的配备。

通过试验路施工确定的主要技术指标有：①填料的摊铺方法、最佳的压实厚度和松铺系数；②最佳的压实机械组合及碾压方法；③整形方法和程序；④路基施工工艺。

铺筑的试验路应具有代表性，施工机械和工艺过程要与以后全面施工时相同。通过试验路铺筑可确定不同压实机械压实各种填料的最佳含水量、适宜的松铺厚度、相应的碾压遍数、最佳机械配置和施工组织方法等。该项试验工作在使用该种填料前一个月予以完成，并报工程师批准，作为路基填筑施工时的依据。

三、路基施工机械选择

目前公路工程普遍采用机械化施工，在路基土石方施工中，可采用的机械种类、规格繁多，新机种、新机型又层出不穷。各种机械都有着自身独特的技术性能和适用范围，一种机械可能有多种用途，而某一施工内容往往可以采用不同的机械去完成，或者需要若干种机械配套组合完成。因此，为了获得最佳的技术经济效果，根据路基土石方具体的施工内容、工程量的大小、施工进度的要求以及施工条件，对施工机械进行合理的选择与组合，使其发挥最大效能，就显得特别重要。

在路基土石方施工中，选择机械考虑的因素很多。一般要根据机械的技术性能，针对各项作业的具体情况及本单位拥有机械装备情况，进行合理的选择。

（1）根据作业内容选择

路基土石方工程的施工作业内容包括：土石方的挖掘、装载、运输、填筑、压实、修整及开挖边沟等基本内容，以及伐树除根、松土、爆破及表层处理等辅助性作业。每种作业都要由相应的机械完成。

（2）根据土质条件选择

土石方是机械施工的主要对象，其性质和状态直接影响机械作业的质量、工效及成本，因此土质条件是机械选择的一个主要依据。

土质条件不仅对机械的通用性有影响，而且也左右着各种施工机械施工作业的可能性和难易程度。土质的性质不同，施工时应选择不同的机械。

（3）根据运距选择

根据运距选择机械，主要针对铲土运输机械而言。一般根据土质及工程规模，结合现场条件，进行选择，如表2-2所示。

表2-2 施工机械的经济运距

机械类型	履带推土机	履带装载机	轮胎装载机	拖式铲运机	自行式铲运机	轮式拖车	自卸汽车
经济运距/m	<80	<100	>150	100～500	200～1000	>2000	>2000

（4）根据气象条件选择

雨水和积雪融水会直接影响土壤的状态，使工程性质变坏，从而导致机械通过性下降。在此期间，如不停工，就要考虑采用附着性和通过性好的履带式机械。

冬季施工，应首先考虑冻土的开挖、填筑和碾压等作业，是否达到设计规定的技术要求。施工时，应选用与破除冻土相适应的机械，如松土器、冻土犁等。

另外，还要考虑不同工程之间机械设备相互调用，以及电力、燃料供应及机械维修与管理等对机械的选择有着制约作用。

四、机械台数的确定

机械台数的确定需根据工程量、工期、土质、气象等条件，按不同土质、运距的单项工程总量，算出机械台数。然后汇总整个工程的机械台数，就可得到全部工程所需总的机械台数。

某机械台数 = 台班总土方量（m^3）/ 某机械台班产量（m^3）

台班总土方量（m^3）= 单项工程总土方量（m^3）/（工作天数 × 每天台班数）

工作天数和当地气候条件等因素有关，因此必须做好气象调查，弄清全年每月的工作天数。

工作天数 = 工期中的日历天数 -（停工天数 + 下雨停工天数 + 雨后停工天数 + 其他停工天数）

为了计算方便，采用运转日利用率来换算工作天数。

$$运转日利用率 = 工期中的工作天数 \times 100\% / 工期中的日历天数$$

运转日利用率一般为 50%～80%，非雨季节硬土、大规模工程，其运转日利用率取高些，反之则低些。

机械台班产量按下式计算：

$$台班产量（m^3/台班）= 机械台时生产率 \times 台班时间 \times 台班时间利用率$$

台班时间一般为 8h。台班时间利用率一般为 0.35～0.85，标准为 0.7。在工作中，要做好机械的管理、机械的配置和协调，以提高台班时间利用率。

当主要机械台数确定后，即可确定配套辅助机械的数量。如拖式铲运机台数确定后，牵引用拖拉机的台数即可确定，为其助铲的推土机的台数亦可确定（一般三台铲运机配一台助铲用推土机）；配合挖掘机运土的自卸汽车的数量，既可以按前述方法算出，也可以根据已确定的挖掘机的装车工作时间来计算：

$$自卸汽车台数 = 自卸汽车装运一次的循环时间 / 挖掘机装满一车的时间$$

自卸汽车装运一次的循环时间等于挖掘机装满一车的时间和重载运输时间、空载返程时间、卸土时间以及等待与延误时间之和。

自卸汽车的需要量，除与挖掘机、自卸汽车的性能有关外，同时与运土距离、道路状况、驾驶员的技术素质有关，也与平整和压实机械的工作能力有关。

在计算机械台数时，一般使用预算产量定额。若使用施工产量定额时，由于机械保修、搬运、故障排除、施工前后的准备和收尾工作及其他原因等，实际需用机械台数要比上述计算台数略多些。

第三节　土石方机械施工组织

知识目标

1. 熟悉土方施工机械的基本作业方法；
2. 熟悉各类机械设备的使用性能；
3. 掌握土方路基的机械化施工组织方法。

能力目标

1. 初步具备合理运用各类土方施工机械组织路基施工的能力；
2. 能够采取正确有效的途径提高各种机械的生产率。

在路基施工中，应根据工程量大小和施工进度要求来确定施工机械种类和数量，使各种施工机械尽可能优化组合，并完善施工组织计划，以充分发挥各种机械的生产效能。因此需要熟悉各类土石方施工机械的施工技术和施工组织方法。

一、推土机施工组织

推土机是路基施工机械化中应用较为广泛的铲土运输机械,其特点是所需作业面小、操作灵活、短距离运土效率高,干、湿地都可以独立工作,同时也可以配合其他机械施工,主要用于填筑路堤、开挖路堑、平整场地、管道和沟渠的回填以及其他辅助作业。其运距一般不超过 100m,且在 30～50m 以内效果较好,经济效果也较好。

推土机在路基施工准备工作中还可以用于开伐树木、清除乱石和挖掘树根。

1. 推土机的基本作业方法

推土机的基本作业循环由铲土、运送、卸土和空回四个过程组成。

提高推土机作业效率的途径是:铲土时应以最短时间和最短距离铲满土壤;运送时应尽量减少土壤漏损,使较多的土在尽可能短的时间内运送到卸土点;卸土时应根据施工条件采取不同的卸土方法,以达到施工技术要求和施工安全;空回时应以较快的速度驶回铲土处。

(1) 单机作业

① 下坡铲推法。利用下坡时推土机的重力分力,可以提高铲运土料时发动机功率的利用,提高铲土效率,缩短铲土时间,且利用坡度可增加送土量,但坡度不宜过大(不超过20°),否则,虽然有利于铲土,但空车回程爬坡困难,反而使效率降低。

② 波浪式铲土法。推土机开始切土时,应将铲刀最大可能地切入土中,当发动机稍有超载现象时,立即缓慢提升铲刀停止铲土,直到发动机恢复正常运转后,再将铲刀降下切土,起刀时不应离开地面。经过多次反复,直至铲刀前堆满土壤为止,如图 2-13 所示。

优点:能使发动机功率得到最大程度的发挥,缩短铲土时间和距离,提高作业效率。

缺点:驾驶员频繁操作容易疲劳,空载回程时因铲土道不平使推土机产生颠簸。

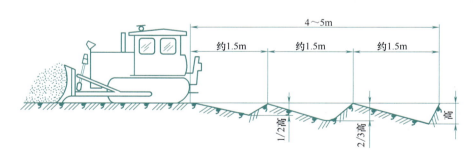

图 2-13 波浪式铲土法

③ 沟槽推土法。如图 2-14 所示,推土机从铲土区的前段开始,连续多次在同一处推

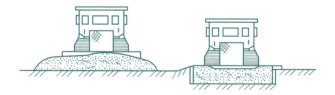

图 2-14 沟槽推土法

土，使之形成一条浅槽，在槽内推运可以减少运土损失；或者利用铲刀两端外漏的土壤所形成的土埂进行运土，但土埂不宜太高（即槽沟不宜太深），一般不超过 1m，土埂宽约 0.4～0.5m，沟槽自身宽度比推土板宽 0.3～0.4m 即可。

此法适用于运距在 40m 以内的土壤运送，工效提高 15%～20%；另外，采用槽形推土法，推土机只能直线行驶，宜用小油门铲土，逐渐满载运送。

④ 分段推土法。当运距较远且土质较硬时，采用分段推土法效果较好。如图 2-15 所示，作业时先自近而远分段将土推运成堆，当估计能推满一铲刀时，再由远而近将各段土堆一次推运至卸土处。

此法虽能提高运土工效，但增加了机械前进、后退、变速和升降铲刀的次数，且分段越多，损失时间也越多。因此，只在 50～70m 运距范围内时才能提高工效。

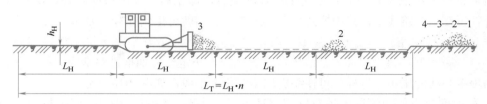

图 2-15　分段推土法

L_H—每段铲土长度；h_H—铲土深度；L_T—工作地段长度；n—分段数

(2) 多机作业

① 并列推土法。并列推土法是用同类型的 2～3 台推土机并列以相同速度前进铲运土料的方法，如图 2-16 所示。采用这种方法可以减少运土损失，可适当延长推运的经济运距。推土时，两铲刀间隔一般约为 20～30cm，间隔太大会增加土的散失，失去并列推土的意义，间隔太小会增加操纵困难，容易发生碰刀、碰车事故。所以，要求操作人员操纵技术熟练，以保证行车方向和速度一致。

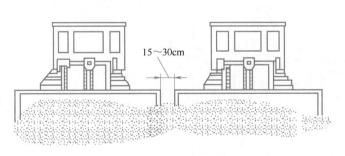

图 2-16　并列推土法

② 梯队推土法。与并列推土法类似，但各推土机前后排列具有一定间隔，铲刀位置互相重合 0.5～1.0m，这种方法，虽然单机铲刀两侧漏土并未减少，但通过梯队排列可使后机拾起前机散失的土料，从而减少散失总量，其效果不及并列推土法，但各推土机相互制约小，要求的操纵技术不高，易于实现三台以上群机协同作业。

③ 交错推土法。多台推土机分成前后两组，每组机车并列作业，但间隔大于并列推土法，两组的机车和间隔交错对应。这种方法，具有上述两种方法的特点，但又没有那么严

格的要求，具有一定的灵活性。

2. 推土机填筑路堤施工作业

推土机一般采用直接填筑的方式来填筑路堤，其施工方法有两种：横向填筑和纵向填筑。在平原地区常采用横向填筑，在山区、丘陵以及傍山地段，多用纵向填筑。

（1）横向填筑路堤

这是一种水平分层填筑方法，推土机在路堤一侧或两侧取土场取土，向路堤中心线推土。施工前应设立醒目的标定桩和高度标杆。施工时，可采用一台推土机或多台推土机沿线路分段填筑，以增大工作面。分段的距离以 20～40m 为宜，多在地势平坦或两侧有可利用的山地土场的场合采用。

在路堤单侧取土时，每段一台推土机，可采用穿梭法进行作业，如图 2-17 所示。作业时，推土机铲满土料后，直推送至路堤的坡脚，卸土后，按原路返回到铲挖始点位置，如此往复在同一路线上，采用槽式作业法送 2～3 刀就可挖到 0.7～0.8m 深度。

当推土机由路堤两侧取土场取土时，每个作业区段最好用两台推土机以同样的作业法，由路堤两侧且面对路堤中心线同步进行推土，一定要分别推过路基中心线一些，并注意路堤中心线的压实。这样，可使路堤均衡对称地形成，如图 2-18 所示。

利用推土机作两侧取土填筑路堤，适宜于取土距离较短、路堤较低的场合。一般在 1m 以下，施工中应不时地检查路堤中桩、边桩和标高，以确定取土、运土的位置和推土机运行的路线。

当路堤填筑较高时，必须按施工要求分层填筑，分层压实。可根据压实机械的压实能力确定每层的厚度，一般为 30～50cm（静力式压实机械应≤30cm；振动式压实机械应≤50cm）。

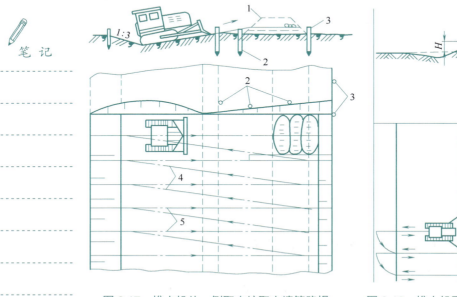

图 2-17 推土机从一侧取土坑取土填筑路堤

1—路堤；2—标定桩；3—间隔 10m 的高标杆；
4，5—推土机作业路线

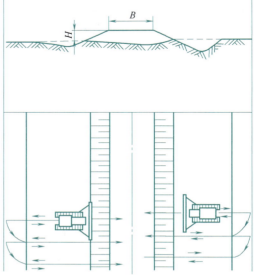

图 2-18 推土机两侧取土填筑路堤穿梭作业线路

B—路基宽度；H—路基高度

（2）纵向填筑路堤

用推土机进行移挖作填施工，一般在丘陵、山地的半填半挖路基多采用这种方法。其特点是可进行纵坡分层压实。开挖深度与填筑高度可按设计标高规定，不受其他限制，只要挖方土壤符合填土要求，即可采用，如图 2-19 所示。在填土工程中，推土机沿道路中线从坡顶向坡底开挖推土，纵向将土分层铺平，用压实机械分层压实。

施工中应注意将推送到坡面的土尽快铺平压实，此时含水量一般为最佳值，这不但可提高路基土壤的密实度，而且可使各层能良好地结合成一体；千万不要在填土层上堆高，以免交界处的填土得不到很好的压实。

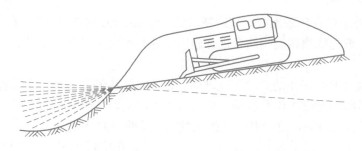

图 2-19　推土机移挖作填填筑路堤作业法

3. 推土机开挖路堑施工作业

用推土机开挖路堑，一种是在平地上开挖浅路堑，另一种是在山坡上开挖半路堑或"移挖作填"路堑。

（1）平地两侧弃土横向开挖浅路堑

用推土机横向开挖浅路堑时，其深度在 2m 以内为宜（图 2-20）。开始时，推土机以路堑中线为界，向两侧用横向"穿梭"推土作业法进行，将路堑中挖出的土送至两侧弃土堆，最后再做专门的清理和平整；当开挖深度超过 2m 时，常用挖掘机进行开挖作业。

此外，推土机也可采用环形作业法（图 2-20）施工。推土时，推土机可按椭圆形或螺旋路线运行，这种运行路线可利用推土机本身对弃土堆进行分层压实和平整。

（2）纵向开挖山坡路堑

① 开挖傍山半路堑（半挖半堆）。一般多用斜铲推土机进行，如山坡坡度不大（< 25°），也可采用直铲推土机。

用斜铲开挖时，首先调整好铲刀的水平角和侧倾角。开挖工作宜从路堑边坡的上部开始，沿线路中线行驶，渐次由上而下，分段、分层逐步

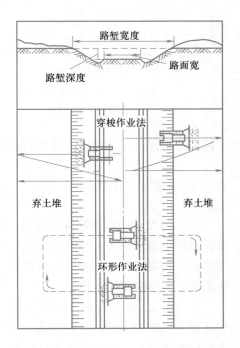

图 2-20　推土机横向开挖路堑施工作业图

将土推送至坡下填筑路堤处（图2-21）。由于推土机沿山坡施工，要特别注意安全，推土机始终应行驶在坚实稳定的土壤上，并要保持填土段道路外侧高于内侧，行驶的纵坡角不宜超过推土机最大爬坡角（<25°）。

推土机的水平回转角根据土壤的性质来调整，在Ⅰ、Ⅱ级轻质土壤上作业时，可调至60°，在Ⅲ、Ⅳ级土壤作业可调至45°，推土时用铲刀的右角铲入土壤，使被切下的土壤沿刀身向外送出。

在山腹或崖下作业时，应注意做好预防崖壁坍塌的工作，发现险情应及时排除。在岸边或陡壁边作业时，应根据地势情况，保证推土机具有一定的安全作业距离，以防止滑陷、跌落等恶性事故。

② 开挖深路堑。在丘陵地区修筑路基，经常要用挖掘路堑的土壤去填筑路堤，即纵向开挖深路堑，一般与堆填路堤相结合进行施工。这时可采用多台推土机联合作业，即多机协助作业。

施工前，要在开挖路堑的原地面线顶端各点和填挖相间零点处，设置标记，同时挖平小丘，使推土机能顺利进入作业现场。如果推土机能沿斜坡驶至最高点时，则可以由路堑的所在坡面上顶点处开始，逐层开挖并推送到需填筑路堤的部位。

开挖时可用1～2台推土机沿路中线的平行线进行纵向推填[图2-21（a）]。当路堑挖到设计深度的一半位置时，再用另外1～2台推土机，横向分层推削出路堑斜坡[图2-21（b）]。斜坡上推削下来的土壤，仍由下面的推土机送至填土区段，直至路堑与路堤全部完成为止。

以上开挖路堑的施工作业方法都必须注意排水问题。开挖路段的表面应做成有排水方向的缓坡，以利于路基排水。在挖至接近规定断面时，应随时复核路基的标高和宽度，避免出现超挖或欠挖，

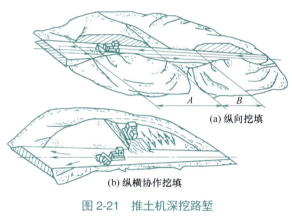

图2-21 推土机深挖路堑
A—挖方；B—填方

现代公路工程，一般在挖出路堑的粗略外形后，多采用平地机来整修边坡和边沟。

二、平地机施工组织

平地机是一种筑养路专用机械，在土方工程中完成整形、平整作业。主要用途有：从路基两侧取土填筑1m以下的路堤，路基表面和边坡的整修，开挖路槽或边沟，大面积场地平整，在路基上拌和路面基层材料，并予以摊平，另外在道路养护上，还可进行路肩清除杂草，冬季除雪等工作。

土方施工中，平地机可以实现铲土、运土、卸土的连续作业，主要工作装置是刮刀，它比推土机铲刀灵活，可在很大范围内连续改变刮刀平面角和倾斜角，还可沿左右两侧伸出和做机外倾斜。与其他土方铲运机械相比，平地机切削能力较弱，不能完成重负载的铲掘作业，遇到较为坚硬土壤的作业场合，需预先进行松土，方可实行各种作业。平地机还

可以更换的工作装置如松土器、推土板、耙土装置等，以实现其他作业。

1. 平地机的基本作业

平地机的主要工作装置是刮刀，它可以调整多种作业动作，即刮刀平面回转、刮刀左右端升降、刮刀左右引伸、刮刀机外倾斜和刮刀铲土角调整等，来完成刮刀铲土侧移、刮刀刮土侧移、刮刀刮土直移和机外刮土等作业。

（1）刮刀刀角铲土侧移作业

这种作业方法适用于开挖边沟，并利用开挖出的土修整路基断面或填筑低路堤。

作业时，应先根据土壤的性质调整好刮刀的铲土角和平面角。平地机以低速挡前进，将刮刀的前端下降，后端升起，形成较大的倾斜角切土，被铲起的土壤侧卸于左右轮之间，如图 2-22（a）所示。在运行过程中，根据刮刀阻力大小，可适当调整切土深度，每次调整量不宜太大，以免开挖后的边沟产生波浪形纵断面，给下一行程作业造成困难。

为了便于掌握平地机的方向，刮刀的前置端应正对前轮之后，遇到特殊情况，也可将刮刀前端置于机身外。但必须注意，此时刮出的土壤也应卸于前轮内侧，如图 2-22（b）所示，避免后轮压上，影响平地机的牵引力。

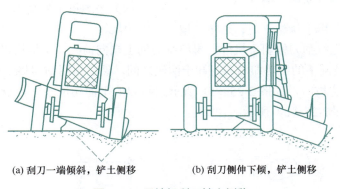

(a) 刮刀一端倾斜，铲土侧移　　(b) 刮刀侧伸下倾，铲土侧移

图 2-22　平地机刮刀铲土侧移

（2）刮刀刮土侧移作业

这种操作方法适用于移土修整路基、平整场地、回填沟渠、在路基上拌和铺开路面材料等作业。

作业前应根据施工要求和土壤条件，调整好刮刀的平面角和铲土角。作业时，平地机以二挡速度前进，将刮刀的两端同时放下，使其切入土中或其他材料中。被刮起的物料即沿刀身平面侧移，卸在一端形成土埂。根据刮刀侧向引伸的位置，土埂可以位于机械的外侧 [图 2-23（a）]，或机械的两轮之间均可 [图 2-23（b）]，视施工要求而定。例如移土填堤时，卸土于机械外侧或内侧均可，但回填沟渠时，必须卸土于机械外侧。对于平地机的平

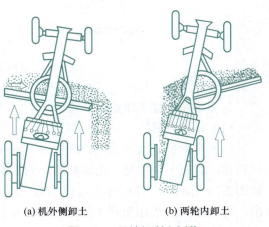

(a) 机外侧卸土　　(b) 两轮内卸土

图 2-23　平地机刮土侧移

面角、侧向引伸的大小以及倾斜角的大小，都应根据铲土阻力的大小和施工要求随时调整。

不论将土壤卸到内侧或外侧，都不允许卸下的土壤位于平地机后轮行驶的轮迹上。否则，不仅影响平地机的牵引力，还会因后轮的抬升而形成作业面高低不平。

（3）刮土直移作业

刮土直移作业法，适用于平整度较小的场所，或者用来修整路形时最后平整工作，如图2-24所示。作业前先将刮刀的铲土角调大些，一般为60°～70°，再将刮刀平置（平面角为90°），平地机以二挡或三挡速度前进后，刮刀两端等量下降，少量切土，于是被刮起的土壤堆积于刀前，大部分土被向前推送，很少量溢于两侧。对于溢出的少量土壤，可待最后阶段将刮刀切入标准高度后，以快速前进的方法将其全部铺散。

图2-24　平地机刮土直移作业

（4）平地机机外刮土

这种作业主要用于修整路堤、路堑边坡、边沟边坡等。

作业时，首先将刮刀倾斜于机外，再将刮刀的上端向前倾，平地机以一挡前进；放下刮刀切入土中，被刮下的土壤即沿刀身卸于两轮之间，然后再用刮刀将土运走。

当刷边沟的边坡时，如图2-25（a）所示，刮刀的平面角应小些。刷路堑边坡时，平面角应大些，如图2-25（b）所示。

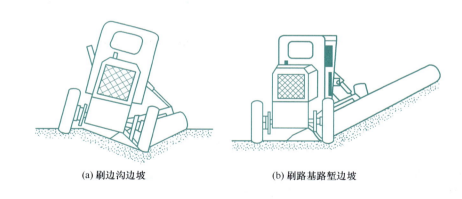

(a) 刷边沟边坡　　　　　　(b) 刷路基路堑边坡

图2-25　平地机机外刮土刷坡作业

2. 平地机的施工作业

（1）修整路形

这种作业就是按照路堤、路堑的横断面图要求，将边沟开挖出的土送到路基中部，修成路拱。其施工顺序是：由路基的一侧开始前进，达到路段的终点后调头从另一侧驶回，如图2-26所示。平地机开始以较小的平面角采用刮刀刀角铲土侧移，将土壤从边沟处挖出，再以较大的平面角将土壤送到路基中间，最后用平刀将土堆刮平，使之达到设计标高。铲土与送土的次数，应视路基宽度、边沟的大小、土壤的性质以及平地机的技术性能而定。通常，应先根据路基施工图纸的要求，设计好必要的工序，估计出边坡土方铲出量，从一侧边沟挖出的土量应足够填铺同一侧路拱横坡所需的填土量，最后只需平整2～3次，即可达到设计要求。

由于从边沟挖出的土是松的，当平地机驶过后，必然会出现轮胎印迹，这样在平地机第二层刮送土壤时，就很难掌握正确的标准，而且又不易把印迹刮平。为了使土壤铺筑达到要求，在刮第二层土壤时，最好用平地机在松土上反复行走，压实一遍。对于全轮转向的平地机，在刮送第一层土壤时，就将前后轮都转向，让机身侧置，这样前后轮刚好错开位置，此时平地机经过一次刮送，就可将前一行程的松土全部碾压一遍，则有利于第二层的刮平，并容易掌握路拱横坡的标准。

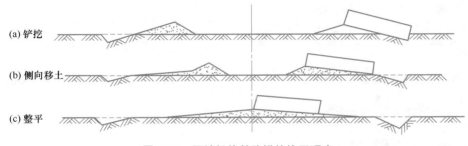

(a) 铲挖
(b) 侧向移土
(c) 整平

图 2-26　平地机修整路拱的施工顺序

（2）修刷边坡

在修刷路拱的同时，还可以修刷边坡，这种作业多用机外刮土法进行。当路堤边坡坡度为1∶1.5～1∶0.5，高度在1.8m以下时，用一台平地机单独作业；当路堤的高度在4m左右时，则用两台平地机上下联合作业。此时，堤上的平地机应先行约10m，堤下的平地机再开始工作。这样不会因堤上平地机刮下的土壤影响堤下平地机的作业，同时也便于堤下平地机按照堤上平地机刮出的坡度进行修刮，从而使两作业面很好吻合。

（3）路拌路面材料

在修筑碎石路面、加固土路面和稳定土层施工中，除了采用专用路拌机械外，也可用平地机的刮刀进行拌和作业。

用平地机在路基上拌和路面材料有三种方法，如图 2-27 所示。

当土壤和拌和料（石灰或水泥）分层摊铺在路基上施工时，施工顺序是：首先用平地机齿耙把土壤耙松，并用刮刀刮平，再在其上摊铺结合料，也用刮刀刮平，然后开始拌和。第一次先将拌和料向外刮。第一行程平地机先用刮刀沿路槽中线铲入，将土与结合料向外刮送，刮送时刮刀一定要触及硬土层，此时被铲除的土与结合料就在路肩上列成一堆。第二行程，刮刀沿路槽中线铲入，又把土和结合料堆向路肩另一边，形成第二土堆。所需铲刮次数视路槽宽度而定，这是第一次拌和。第二次拌和是将各列土堆依次向路槽中心刮回，以后依次拌和，直到拌和均匀为止。最后用大平面角刮刀将拌和材料刮平并修成路拱，如图 2-27（a）所示。

当结合料堆置在路基中线上时，其拌和方法应先将路基中部的土翻松，再将结合料堆置在已翻松的土上。此后用刮刀将土壤和结合料向两边铲开，这样一次就能完成拌和的效果。此后和前述相同，向内外交替刮拌，直至拌和均匀为止。再将路面修成一定拱度，如

图 2-27（b）所示。

当结合材料堆置在两侧路肩时，由于两种材料成长条堆形状，应首先将一侧材料刮至路基中间铺平，再将另一侧的材料刮入，铺在第一层材料上。然后，按照在路基上拌和土壤和结合料的方式进行拌和并铺平，如图 2-27（c）所示。

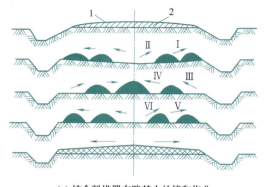

(a) 结合料堆置在路基上的拌和作业

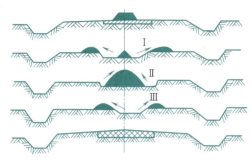

(b) 结合料堆置在路基中线上修筑路面的拌和施工作业

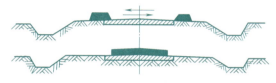

(c) 结合料堆置在路基两侧路肩上进行修筑路面的拌和施工作业

图 2-27　平地机路拌材料程序

Ⅰ～Ⅵ—平地机刮刀向外向内交替刮土次序；1—石；2—路基土壤

三、装载机施工组织

装载机是一种工作效率较高的土方工程机械，它兼有推土机和挖掘机两者的工作能力，可以进行铲掘、推运、平整、装卸和牵引等多项作业。其优点是适应性强，作业效率高，操纵简便。

1. 装载机铲装作业方法

（1）对松散物料的铲装作业

首先将铲斗放在水平位置，并放至与地面接触，然后以一、二挡速度（视物料性质）前进，使铲斗斗齿插入料堆中，如图 2-28（a）所示。此后，边前进边装满，将铲斗升到运输位置（离地约 50cm），再驶离工作面，如图 2-28（b）所示。如装满有困难时，可操作铲斗的操作杆，使铲斗作上下颤动，如图 2-28（c）所示，或稍举动臂。

（2）铲装停机面以下物料作业

铲装时应先放下铲斗并转动，使其与地面成一定的铲土角，然后前进，使铲斗切入土内，如图 2-29（a）所示。切土深度一般保持在 15～20cm 左右，直至铲斗装满，如图 2-29（b）所示。装满收斗后将铲斗举升到运输位置，再驶离工作面运至卸料处，如图 2-29（c）所示。铲斗下切的铲土角约 10°～30°，随土壤性质而定，对于难铲装的土壤，可操纵动臂使铲斗抖动，或者稍改变下切角度。

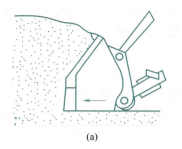 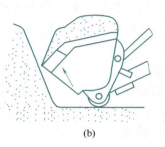 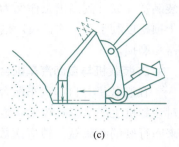

图 2-28　装载机铲装松散物料

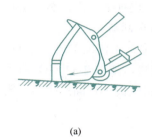 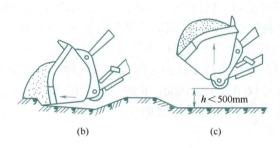

图 2-29　装载机铲停机面以下土壤

（3）装载机铲装土丘时的作业

装载机铲装土丘时，可采用分层铲装或分段铲装法。分层铲装时，装载机向工作面前进，随着铲斗插入工作面，逐渐提升铲斗，或者随后收斗直到装满，或者装满后收斗，然后驶离工作面。开始作业前，应使铲斗稍稍前倾。这种方法由于插入不深，而且插入后又有提升动作的配合，所以插入阻力小，作业比较平稳。由于铲装面较长，可以得到较高的充满系数，如图 2-30 所示。

如果土壤较硬，也可采用分段铲装法，如图 2-31 所示。这种方法的特点是铲斗依次进行插入动作和提升动作。其过程是：铲斗稍稍前倾，从坡角插入，待插进一定深度后，提升铲斗，当发动机转速降低时，切断离合器，使发动机恢复转速，在恢复转速过程中，铲斗将继续上升并装入一部分土；转速恢复后，接着进行第二次插入，这样逐渐反复，直至

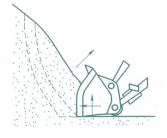 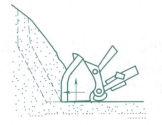 

图 2-30　装载机分层铲装法　　　　图 2-31　装载机分段铲装作业

装满铲斗或升到高出工作面为止。有时将铲斗装满后还使铲斗继续向工作面稍稍顶进，将土顶松以利于下一次铲装。这种方法可以得到较高的充满系数，但是操作比较复杂，离合器易磨损。

2. 装载机与自卸汽车配合施工

在装载机与自卸汽车配合填筑路堤施工中，装载机的转移卸料与车辆位置配合的好坏对装载机生产率影响较大。施工组织原则是，根据堆料场的大小和料堆的情况尽可能做到来回行驶的距离短，转弯次数少。最常用的施工作业方式有"V"形和"穿梭"式，如图2-32所示。

"V"形是汽车停在一个固定位置，与铲装工作面斜交，如图2-32（a）所示。装载机装满斗后，再倒车驶离工作面的同时转向30°～45°，然后向前对准汽车卸料。卸料后在驶离汽车时也同样转向30°～45°，然后对准工作面前进，进行下一次铲装。这种方法对于装载机特别有利，铲斗满后只需后退3～5m即可转向汽车卸料。

穿梭式作业方式是"I"形作业方式，是装载机只在垂直工作面的方向前进、后退。而汽车则在装载机与工作面之间像穿梭一样来回接装和驶离，如图2-32（b）所示，汽车待装位置可以平行于工作面，也可以与工作面斜交。装载机驶离工作面的距离一般不超过6～10m，使汽车能安全通过即可。

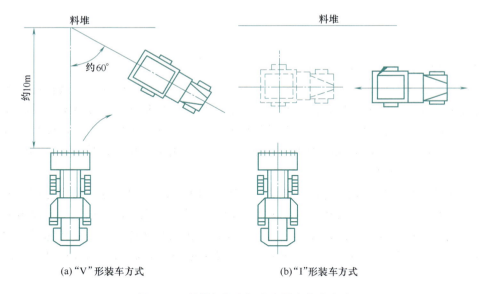

图2-32　装载机与自卸汽车配合作业方式

另外还有"L"形、"T"形作业方式，如图2-33所示。L形作业方式如图2-33（a）所示，自卸汽车垂直于工作面，装载机铲装物料后，倒退并调转90°；然后驶向自卸汽车卸载。卸载后倒退并调转90°，驶向料堆，进行下次铲装。该法在运距小，作业场地比较宽广时，装载机可同时与两台自卸汽车配合作业。

"T"形作业方式，如图2-33（b）所示，自卸汽车平行于工作面，但距离工作面较远，装载机铲装物料后，倒退并调转90°；再反方向调转90°，驶向自卸汽车卸料。

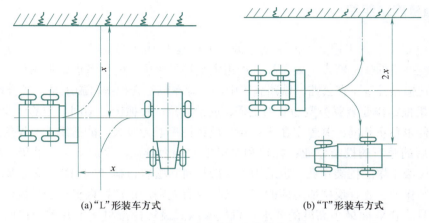

(a)"L"形装车方式　　　　　(b)"T"形装车方式

图 2-33　装载机与自卸汽车配合作业方式

装载机与自卸汽车配合装车，必须根据料场的地形、材料的类别和周围环境的不同来选择不同性能的装载机和作业方法。

3. 装载机生产率的计算

装载机在单位时间内实际可能达到的实际生产率，可用式（2-1）计算：

$$Q = \frac{3600 q K_B K_H t_T}{t K_S} \quad (\text{m}^3/\text{h}) \qquad (2-1)$$

式中　q——装载机额定斗容量，m^3；

K_H——铲斗充满系数（表 2-3）；

K_B——时间利用系数；

t_T——每班工作时间，h；

K_S——物料松散系数；

t——每装一斗的循环时间，s。

$$t = t_1 + t_2 + t_3 + t_4 \qquad (2-2)$$

式中　t_1——铲装时间，s；

t_2——重载运行时间，s；

t_3——卸料时间，s；

t_4——空驶时间，s。

表 2-3　装载机的装满系数

物料	装满系数	物料	装满系数
砂石、砂	0.83～0.90	普通土	0.9～1.0
湿的砂混合料	0.93～1.0	爆破后的碎石卵石	0.85～0.95
湿的砂黏土	1.0～1.1	爆破后的大块岩石	0.85～0.95

时间利用系数取 0.7～0.9；物料松散系数通常取 1.25。

四、挖掘机施工组织

挖掘机是土石方工程施工的主要机械,工程施工中约70%以上的土石方是挖掘机械完成的,挖掘机的作业特点是效率高。选用大型挖掘机施工时要考虑地形条件、工程量的大小以及运输条件等。在公路、铁路施工中,运输车辆配合挖掘机施工是比较合理的。

挖掘机根据作业装置类型划分为正铲、反铲、拉铲和抓铲。不同类型的作业装置适用的工作条件也各不相同。其差别在于:正、反铲挖掘能力较大,能适用Ⅰ～Ⅳ级土壤、软石和爆破后的坚石的挖装作业;抓铲和拉铲挖掘能力较弱,仅适于Ⅰ、Ⅱ级土壤和预松后的Ⅲ、Ⅳ级土壤的挖装作业,也适用于松散材料和松软材料(例如煤、砂、砾石以及淤泥)的挖装作业。正、反铲所适应的工作条件也有差别,正铲挖掘机适于挖掘停机面以上的物料,且有作业面最小高度的要求;机械操纵式反铲挖掘机适于开挖停机面以下的物料,但液压操纵式反铲挖掘机,除了开挖停机面以下的物料,也可挖停机面以上的物料。随着近代液压技术的发展和完善,现代挖掘机绝大多数都采用了液压操纵系统,因此现在反铲挖掘机社会保有量远远高于其他类型挖掘机。

1. 挖掘机的基本作业

(1)正铲挖掘机基本作业

① 正铲挖掘机侧向开挖。所谓侧向开挖,就是车辆的运行路线位于挖掘路线的侧面,如图2-34所示。它的主要特点是,卸土时平均回转角小于90°,而且车辆可以直线进出,不需调头和倒驶,缩短了循环时间,效率高。这是正铲挖掘机的基本作业方式。

② 正铲挖掘机正向开挖。正向开挖方式如图2-35所示。装车时车辆停在挖掘机的后方。它的主要特点是,挖掘机前方挖土,回转至卸土位置,转角大于90°,从而增加了循环时间,但其开挖面较宽。此外,由于车辆不能直接开进挖掘道,而要调头和倒驶,增加了施工现场的拥挤。因此这种方式只适宜于挖掘进口处使用,仅作为正铲挖掘机的辅助作业方式。

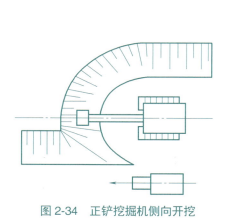

图2-34 正铲挖掘机侧向开挖

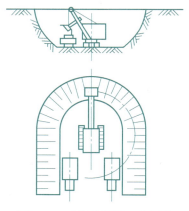

图2-35 正铲挖掘机正向开挖

(2)反铲挖掘机基本作业

① 沟端开挖法。开挖时挖掘机从沟的一端开始,然后沿沟中线倒退开挖,如图2-36(a)所示。运输车辆停在沟侧,此时动臂只回转40°～45°左右即可卸料。如挖的沟宽为

挖机最大回转半径的 2 倍时，车辆只能停在挖掘机的侧面，动臂要回转 90°，方可卸料。

如挖掘的沟渠较宽时，可分段进行，如图 2-36（b）所示。当开挖到尽头时，可调头开挖相比邻的一段。这种分段法每段的挖掘宽度不宜过大，以车辆能在沟侧行驶为原则，这样可以减少每个循环的时间，提高效率。

沟端开挖是反铲挖掘机的基本作业方式。

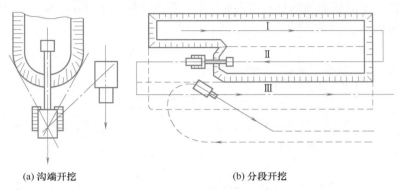

(a) 沟端开挖　　　　(b) 分段开挖

图 2-36　反铲挖掘机沟端开挖

Ⅰ，Ⅱ，Ⅲ—掘进道

② 沟侧开挖法。它与前者不同的是，车辆停在沟端，挖掘机停在沟侧，动臂只需回转小于 90° 即可卸料，如图 2-37 所示。由于每循环所用的时间短，所以效率高。但挖掘机始终沿沟侧行驶，因此开挖过的沟边坡较大。这种开挖方式是反铲挖掘机的辅助作业方式。路侧取土坑取土直接填筑路堤，当土质条件较理想时，可以采用这种作业方式。

2. 挖掘机的施工作业

挖掘机在公路工程中常用来开挖路堑和填筑路堤，一般均需与自卸汽车配合。在路基土石方施工时，首先应根据现场的施工条件（如地形、取送土位置、土壤等级、石料的块度）、土石方量、施工进度

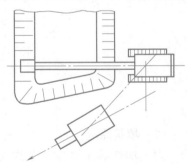

图 2-37　反铲挖掘机沟侧开挖

等要求，选择适宜的反铲挖掘机的类型（斗形、斗容量），然后根据选定的反铲挖掘机性能（动臂和斗柄长度、挖掘半径、挖掘深度）设计施工方案。

（1）开挖路堑

在开挖路堑时，应严格按照路堑纵、横断面图取土，不超挖或欠挖。为了正确地做出路堑开挖的施工方案，首先应根据选定反铲挖掘机的性能，按比例设计好挖掘机的工作断面图，然后用它在同一比例的路堑断面图上套绘出各种布置方案的工作断面图，如图 2-38 所示，从中确定最佳施工方案。该最佳施工方案应使掘进道数、运输道路的转移次数和所留土角最少；每一掘进道工作断面（掌子面）的最大深度不应超出该类土壤和该型挖掘机所容许的深度；掘进道应具有较大的缓坡以利于自卸汽车的运输和雨季的排水。反铲挖掘机的工作断面图上应标明各掘进道（开挖层次）、桩号、自卸汽车的位置以及工作断面的曲线轮廓等。并且在路堑纵断面图的若干个里程桩号处也应有工作断面图，以精确定出挖掘的位置，工作道路和计算挖掘土方量。

图 2-38 中，Ⅰ掘进道，反铲挖掘机沿路堑顶面纵向倒退沟端开挖，自卸汽车位于沟侧受料、运行；Ⅱ掘进道，反铲挖掘机沿路堑顶面纵向（反向）倒退沟端开挖，自卸汽车位于沟侧或Ⅰ掘进道顶面边侧受料、运行；Ⅲ掘进道，反铲挖掘机沿Ⅰ掘进道顶面纵向倒退沟端开挖，自卸汽车位于Ⅱ掘进道顶面边侧受料、运行；以此类推，直至整段路堑全部开挖完毕为止。在开挖将至设计深度时，工程技术人员要不时地复核路堑标高，避免超挖或欠挖，并在路堑的底面两侧设置边沟和缓坡，以利于路堑的排水。最后由平地机按规定的坡度修刷边坡。

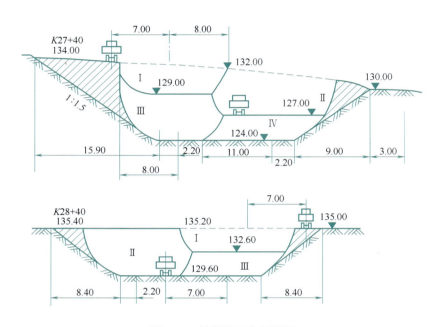

图 2-38 挖掘机工作断面图

(2) 填筑路堤

为了加快施工进度，节约施工成本，反铲挖掘机开挖路堑一般结合填筑路堤一起进行，即利用反铲挖掘机开挖出的土石方来填筑路堤（简称移挖作填）。若路堑开挖出的土石方不利于填筑路堤（例如：腐殖土和含水量较大的黏性土等）或不足于路堤填筑所需的土石方量时，则利用反铲挖掘机由取土场取土填筑路堤。即在选定的取土场开辟有利的地形，以经济合理的施工方法，由反铲挖掘机挖出所需求的土壤，自卸汽车运土，结合其他土石方工程机械（推土机、平地机、压实机械等）一起填筑路堤。但是，反铲挖掘机与自卸汽车及其他土石方工程机械配合施工，必须预先设计好施工方案。

为了提高施工质量，加快施工进度，反铲挖掘机与自卸汽车及其他土石方工程机械配合施工，常组织流水作业。设计流水作业时，应根据工程总量、路段长度、流水方向和速度以及施工期限等合理组织，流水作业是以反铲挖掘机为主导机械，首先要根据工程总量和施工期限确定反铲挖掘机的生产率和数量，然后根据反铲挖掘机的生产率来估算其他配合机械（自卸汽车、推土机、平地机、压路机）的生产率和数量。

配合作业机械的生产率要稍有储备，以充分发挥出反铲挖掘机的生产能力。

图 2-39 中流水作业长度一般为 1000～2000m，反铲挖掘机以三个掘进道开挖路堑，

自卸汽车以环形运行路线运土，推土机将自卸汽车卸下的土方整平初压，压路机按照要求的技术规范进行碾压。在填筑过程中，工程技术人员要不时地复核标高、平整度和压实度，以满足路堤填筑技术规范的要求。

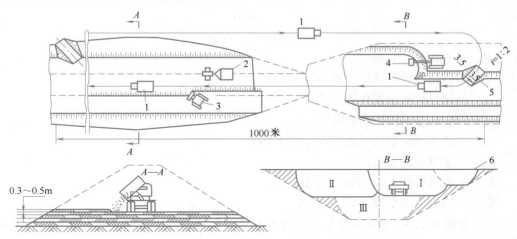

图 2-39　挖掘机流水作业平面图

1—自卸汽车；2—压路机；3—推土机；4—反铲挖掘机；5—运土进出道；6—路堑

3. 挖掘机生产率计算及其影响因素分析

挖掘机由取土场取土填筑路堤时，对挖掘机来说工作是比较简单的，只要按照以上所介绍的几种方法进行作业，并在选定的取土场开辟有利地形的工作面，挖出所要求的土壤即可。但是挖掘机如何与运输工具配合，则应很好地组织。

路基施工台背回填

挖掘机与运输车辆配合作用时，所需车辆数，除与挖掘机、汽车的性能有关外，同时与运输距离、道路状况、驾驶员的素质及技术有关。另外也与平整和压实机械的作业能力有关。因此应尽可能使它们之间发挥最大机械效能。

一般所需运输车辆数，可以通过估算得出数量，然后通过实践再进一步落实，所需汽车数量既能满足挖掘机不断工作，又不使汽车停置不用。

汽车用量可用式（2-3）计算：

$$n = \frac{t_1}{t_2} \qquad (2\text{-}3)$$

式中　n——所需汽车数量；

t_1——汽车一个循环（装、运、卸、回）所用时间，min；

t_2——挖掘机装满一车所需时间，min。

为了使挖掘机与汽车更经济合理地配合，车箱的容积应为挖掘机斗容的整数倍，一般不低于 1 ∶ 3。

单斗挖掘机的生产率主要取决于铲斗的容量、工作速度以及土壤的性质，可按下式计算：

$$Q = qn \frac{K_\mathrm{H}}{K_\mathrm{S}} K_\mathrm{B} \quad (\mathrm{m^3/h}) \qquad (2\text{-}4)$$

式中　Q——挖掘机的实际生产率，m^3/h；
　　　q——铲斗几何容量，m^3；
　　　n——挖掘机每小时工作次数，其计算公式如下：

$$n = \frac{3600}{t_1 + t_2 + t_3 + t_4 + t_5} \tag{2-5}$$

式中　t_1——挖掘机挖土时间，s；
　　　t_2——自挖土处转至卸土处的时间，s；
　　　t_3——调整卸料位置和卸土时间，s；
　　　t_4——空斗返回挖掘面的时间，s；
　　　t_5——铲斗放至挖掘面起始点的时间，s；
　　　K_H——铲斗充满系数；
　　　K_S——土壤松散系数，0.9～1.25；
　　　K_B——时间利用系数，0.7～0.85。

铲斗充满系数 K_H 为铲斗所装土壤体积与铲斗几何容积的比值，通常取 0.75～0.95，土壤松散系数 K_S 根据土壤性质查表选取。

从上述有关挖掘机的施工过程和施工组织的情况分析中可以看出，提高挖掘机的实际生产率应从以下几方面进行：

一是施工组织设计方面。运输车辆应尽量达到挖掘机生产能力的要求并有富余。同时运输车辆的行驶路线应事先拟定好，清除不必要的上坡道。对于挖掘机的各掘进道，必须做到各有一条空车放送道，以免进出车辆相互干扰。各运行道应保持良好状态，以利运行。

二是施工技术操作过程方面。挖掘机驾驶员应具有熟练的操作技能，以缩短一个工作循环的时间，由于技术熟练，可以使工作过程进行联合操作，进一步缩短工作循环时间。

此外挖掘机的技术状况，铲斗斗齿的锋利程度等，对挖掘机生产率都有影响，根据试验证明，当斗齿磨损到不能使用时，铲土时其切削阻力将增加 60%～90%。所以在施工中应注意斗齿的磨损情况，损坏后应及时修复或更新。

笔记

第四节　路基压实施工技术

知识目标

1. 熟悉路基压实的机理；
2. 熟悉压实机械的参数含义和选择方法；
3. 熟悉压路机的施工方法。

能力目标

1. 能够根据机械性能正确地选择压实机械；
2. 初步具备压路机的施工组织能力。

路基压实是保证路基质量的重要环节，路基的压实质量是提高公路路基使用年限的重要因素。因此，在路基工程中，为了能取得较好的压实效果，需要了解路基压实的机理，合理选择压实机械，熟悉压实机械的施工组织方法。

一、压实机理

压实的本质是用机械的方法使土体在压力作用下克服土粒间的内聚力和摩擦力，破坏原有结构，使固体颗粒重新排列，让大颗粒之间的间隙被小颗粒填充，变成密实状态，以达到新的平衡。压实路基的意义在于提高土壤的密实度（干容重），降低土体的透水性，减少毛细水的上升高度，以防止水分积聚和侵蚀而导致路基土软化，或因冻胀而引起不均匀的变形，提高路基强度和稳定性。

土壤的密实度是指单位体积土体内的干土粒的质量（g/cm^3），不包括土中水分的质量。土壤在密实状态抵抗外力的能力优于疏松状态。

水稳性是指路基抵御水的侵害的能力。水对土壤路基的侵害形式有两种：浸泡和冻融。浸泡会使土壤变得松软，强度降低；冻融是指当温度低于0℃时含在颗粒间的水结冰，相同质量的水结冰后，固态下的体积大于液态的体积，即所谓"冰膨"。冰膨使土体中颗粒间的距离变大，当温度高于0℃后，冰变成水，然后会从土体中蒸发掉，因此使土体变成疏松状态，从而降低了强度。

实践证明，经过压实的土，其塑性变形、渗透系数、毛细水作用及隔温性能等，都有明显改善。路基的压实程度越高，它的强度和抵御水的侵害的能力就越大。因此，压实是改善土工程性质的一种有效措施，路基的压实质量是提高公路路基使用年限的决定因素。

二、压实机械的选用

在路基工程中，为了能取得较好的压实效果，应根据土壤的性质及含水量，施工试验所确定的铺层厚度，以及施工条件、工程进度、所要求的压实度和各种压实机械的技术性能等情况，选择各种合适的压实机械。

① 根据土壤结构选择：如对砂性土，振动式机械效果最好，夯击式次之，碾压式较差；对黏性土，碾压式和夯击式较好，振动式较差甚至无效。而且，压实机械的单位压力不应超过土的强度极限，否则会立即引起土基破坏，如表2-4所示。选择机械时，还应考虑土的状态及对压实度的要求，一般土的含水量小、压实度要求高，应选重型机械，反之可选轻型机械。

② 根据施工效率要求选择：静碾压路机是依靠自身质量，在相对的铺层厚度上以线载荷、碾压次数和压实速度体现其压实能力的，压实厚度不超过25cm，碾压速度为2～4km/h，需要碾压8～10遍才可达到要求；而振动压路机则通过振动轮高频振动产生的冲击力作用于土壤，迫使土壤内部颗粒排列发生变化，使小颗粒渗入到大颗粒的孔隙中，从而达到压实效果。

由于激振力较大，振动压路机的压实厚度可达40～50cm，某些20t级以上重型振动压路机的压实厚度甚至可以超过1m，在碾压速度为4～6km/h的情况下碾压4～6遍就可达到标准要求的密实度，施工效率是静碾压路机的 2～3 倍。为了有效提高施工进度，一些高寒时间较长、施工季节较短的地区应考虑选择振动压路机；而在山区公路或山体土壤疏松的工作场地施工宜选用静碾压路机，这是因为振动压路机产生的激振力容易造成山体塌方、滑坡，发生施工事故反倒影响施工进度。

③ 根据施工工序选择：为提高施工质量和效率，路基铺成后先用振动压路机进行初压实，再用轮胎压路机进行中间压实，最后用光轮压路机做最终光整压实。条件差的施工单位或公路等级要求较低时也可选用一种类型的压路机完成所有工序的施工，但应注意的是，若选用静碾压路机则需要进行多次碾压，以达到标准要求的密实度；若选用轮胎驱动单钢轮振动压路机，则最后的路面光整应倒开施工且不开振动，这样光轮在后碾压，以避免路面出现轮胎压痕。

表 2-4　按照土质种类选择压实机械表

土质种类	压实机械							备注
	滚筒压路机	轮胎压路机	大型振动压路机	土壤压实机	牵引式羊足压路机	推土机	小型振动压路机	振动平板夯、摇摆压路机	
						普通型　湿地型			
岩块等经过挖掘，压实也不容易成细粒化的岩石			△				⊙	⊙ 大	硬岩
风化岩、泥岩，已成为细粒化，但很紧密的岩等		⊙ 大	△	○	○		⊙	⊙ 大	软岩
单粒度砂、碎石、砂丘的砂等				○			⊙	⊙	砂、含砾石砂
含适量的细粒粉而粒度良好的容易密实的土、细砂、碎石		△ 大	○				⊙		砂质土含砾石黏性土
细粒多但灵敏性低，低含水率土质，容易坍的泥岩等		○ 大		△	△		⊙		黏性土含砾石砂质土
含水率调节困难，不宜用来作路基的土、细砂质岩等						●			含水分过剩的砂质土
高含水率，灵敏性高的土；黏土；黏性土						●　●		⊙	灵敏的黏性土
黏度分布好的土	○	○ 大	△				△	⊙	颗粒材料
单粒度的砂及黏度差且混有碎石的砂	○	○ 大	△					⊙	砂、混碎石的砂
砂质土 黏性土			△ 小 ○			○	△ ○	⊙ ⊙	

注：△——有效的；○——可以使用的；●——因交通关系其他机械不能使用时，不得已使用的；⊙——因施工现场规模所限，其他机械不能使用时而选用的机械；大——大型；小——小型。

三、压实作业参数选择

压路机选定后,还应根据施工组织形式、工程质量和技术要求选定压路机的压实作业参数,以使压实质量和作业效率达到最佳。压路机压实作业参数主要包括压实度 k、最佳含水量 w、单位线压力 p、碾压速度 v、碾压厚度 h、碾压遍数 n 及振动压路机的振幅 A 和振频 f 等。

(1) 压实度 k

压实度是现场检测的干密度与最大干密度的百分率。正确确定压实度 k,需要根据公路所在地区的气候条件、土壤水文状况和路面类型等因素综合考虑。对冰冻、潮湿地区和受雨水影响大的路基,要求应提高压实度,对干旱地区和水文良好地段要求可低些;路面等级高要求压实度高,路面等级低要求可低些。公路路基压实标准见表 2-5。

表 2-5 公路路基压实标准

填筑部位(路面底面以下深度)/m			压实度 /%		
			高速、一级公路	二级公路	三、四级公路
填方路基	上路床		0~0.30	≥96	≥95	≥94
	下路床	轻、中及重交通	0.30~0.80	≥96	≥95	≥94
		特重、极重交通	0.30~1.20			—
	上路堤	轻、中及重交通	0.8~1.5	≥94	≥94	≥93
		特重、极重交通	1.2~1.9			—
	下路堤	轻、中及重交通	>1.5	≥93	≥92	≥90
		特重、极重交通	>1.9			
零填及挖方路基	上路床		0~0.30	≥96	≥95	≥94
	下路床	轻、中及重交通	0.30~0.80	≥96	≥95	
		特重、极重交通	0.30~1.20			

(2) 含水量 w

含水量是指土体中含水的质量 m_w 与土颗粒(干土)质量 m_s 的百分率,对于路基铺层,即便是同一种土壤,在相同的施压条件下,若含水量不同,压实的密实度也不相同。在施工过程中要及时地测定被压材料的含水量,当实际含水量低于最佳含水量(3%~5%)时,应用洒水车补充洒水,当含水量超过最佳含水量(2%~3%)时,应采用晾晒处理。各种土壤的最佳含水量和最大干密度见表 2-6。

表 2-6 各种土壤的最佳含水量和最大干密度

土壤类别	最佳含水量 /%	最大干密度 /(kg/cm³)	土壤类别	最佳含水量 /%	最大干密度 /(kg/cm³)
砂土	8~12	1.80~1.88	亚黏土	12~15	1.85~1.95
亚砂土	9~15	1.85~2.08	重亚黏土	16~20	1.67~1.79
粉土	16~22	1.61~1.80	黏土	19~23	1.58~1.70
粉质亚黏土	18~21	1.65~1.74			

(3) 单位线压力 p

单位线压力 p 指接近复压终了时压路机所能达到的碾压荷载 F 与接地面积 S 的比值，即压路机压实单位线压力与压路机所能达到的碾压荷载有关，静力式压路机的碾压荷载为机器质量，振动式压路机的碾压荷载为激振力。在选定压路机机型时，其单位线压力 p 不应超过被压材料的极限强度，否则将引起土质基础的龟裂和石质基础石料的破碎。

(4) 碾压速度 v

压路机碾压速度与土壤或被压材料的压实特性、压实层厚度、压实功、施工技术要求及作业效率等因素有关。对黏性土壤，因变形滞后现象明显，碾压速度不宜过高；对铺层初压时，由于铺层变形大，压路机滚动阻力大，碾压速度也不宜过快；复压终压时，被压材料已基本密实，为提高作业效率和表面平整度，碾压速度可适当提高。碾压速度高，作业效率高，但压实质量差；碾压速度低，力作用时间长，影响深度大，压实质量好，但作业效率低。

(5) 碾压遍数 n

碾压遍数指相邻碾压轮迹重叠 0.2～0.3m，依次将铺层全宽压完为一遍，在同一地点如此往复碾压的次数。碾压遍数与土质、含水量、铺层厚度、机种及压实功等因素有关，为确定最佳机种、铺层厚度和碾压遍数，在施工前必须进行压实试验。试验时，选用与施工相同的堆填材料，堆宽 5.0m、长 20m 左右的试验区段，就不同铺层厚度进行各种压实机械的压实试验，在不同压实遍数 n 时，测量铺层的压实度和含水量。

当碾压遍数 n 达到某一值 a 时，压实度 k 趋近最大值，因此 a 为最佳碾压遍数。不同机种在不同土质和含水量时，a 值是不相同的。显然，小于 a 的碾压遍数达不到压实度的要求，大于 a 的碾压遍数则效果甚微，应适当控制。对含水量高的黏性土，若 n 过多，将出现弹性变形，强度反而降低。

(6) 压实厚度 h

根据压路机作用力最佳作用深度，各种类型压路机均规定有适宜的压实厚度。压实厚度小，施工效率低，压实层表面易产生裂纹；压实厚度大，则铺层深部不易被压实。

压实厚度是以铺筑层松铺厚度 h_s 来保证的，它们之间的关系松铺系数 K_s：指压实干密度与松铺干密度的比值，需要通过试验的方法确定。一般为 1.3～1.6。

(7) 振幅 A 和振频 f

振幅和振频是振动压路机压实作业的重要性能参数。振幅是假设在完全弹性的表面上振动，振动轮完全自由地悬离地面的高度。实际振动压实时，实际振幅稍大于标称振幅。一般情况，振频高，被压层表面平整度好；振幅大，作用在压实层上的激振力大。因此应根据作业对象不同，合理地选择振频与振幅，二者协调一致，才能获得较理想的压实效果。

一般压实厚层路基时，应选择低振频（25～30Hz）、高振幅（1.4～2mm），以期获得较大的激振力和压实作用深度，提高作业效率；碾压粒料及稳定基层和底基层时，宜选择振频为 25～40Hz、振幅为 0.8～2mm；压实薄层路面时，应选择高振频（30～55Hz）、低振幅（0.4～0.8mm），以期获得单位面积内有较多的冲击次数，提高路面的质量。

四、路基压实施工方法

在路基压实施工中,应严格遵守试验段所确定的松铺厚度与压实机械吨位及功率与碾压遍数的关系,特别防止松铺厚度过厚或过薄,防止压实遍数过多或过少。严格控制在最佳含水量范围内施工,以符合规定的密实度要求,含水量过大或过小都会使压实度下降。压路机行走速度、行走路线、振动与静压工作次序,也影响压实度。

1. 压路机运行路线的选择

路基压实的质量依靠碾压遍数和碾压的均匀度来保证,碾压的均匀度是靠压路机正确的运行路线来保证的。一般采用穿梭法,如图 2-40 所示;碾压大面积场地时,采用螺旋法的运行路线,如图 2-41 所示。

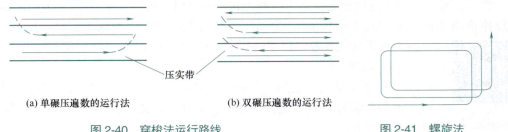

图 2-40　穿梭法运行路线　　　　图 2-41　螺旋法

碾压路基时,通常压路机应纵向运行,行道的排布顺序是:直线段由路基两侧向中心碾压(由两侧开始逐渐向中间移动,使形成路拱);小半径曲线段由弯道内侧向外侧碾压;纵向碾压路线应先边缘后中间;超高路段则应先低后高(自低边缘向高边缘移动)。

在碾压过程中,机械的压实轮形成一条压实带,为保证碾压的均匀度,机械由这一压实带转入另一压实带时,横向接头的轮迹应有一部分重叠。对振动式压路机一般重叠 0.4～0.5m,二轮压路机前后轮迹应重叠 0.2m,三轮压路机一般相邻两次的碾压轮迹应重叠后轮宽的 1/2;前后相邻两区段(碾压区段之间)宜纵向重叠 1.0～1.5m;对碾压不到的边角部分,应辅助以人力及小型机具分层夯实,以保证土方路基压实均匀而不漏压,达到设计规定值。

2. 压路机的碾压原则及程序

碾压时应遵循的原则是:先轻后重、先慢后快、先低后高、先静后振、先边后中、注意重叠。前后两遍轮迹重叠 15～20cm,直压至无明显痕迹。

施工实践表明,用光轮压路机压实土路基时,宜采用"薄填、慢驶、多次碾压"的方法,即填土厚度控制在 25～30cm,碾压时一定要遵循"先慢后快、先轻碾后重碾"的压实工艺。

采用振动压路机碾压时,按照先静压后振动、先慢后快、先弱振后强振的程序进行碾压,碾压遍数按做试验段时获得的参数来控制,同时进行现场试验以检测路基压实效果。

路基的压实作业可按初压、复压和终压三个步骤进行。

(1) 初压

初压是指对铺筑层进行的最初 1～2 遍的碾压作业。初压的目的是使铺筑层表层形成较稳定、平整的承载层,以利压路机以较大的作用力进行进一步的压实作业。

一般是采用重型履带式拖拉机或羊脚碾进行路基的初压，也可用中型静压式压路机或振动式压路机以静力碾压方式进行初压作业。

初压时，静光轮压路机适宜的碾压速度为 1.5～2km/h，轮胎式压路机碾压速度为 2.5～3km/h，振动式压路机的碾压速度则为 3～4km/h。初压后，需要对铺筑层进行整平。

（2）复压

复压是指继初压后的 5～8 遍作业。其目的是使铺筑层达到规定的压实度。它是压实的主要作业阶段。

复压作业中，应尽可能发挥压路机的最大压实功能，以使铺筑层迅速达到规定的压实度。例如，增加压路机配重、调节轮胎气压，使单位线荷载和平均接地比压达到最佳状态，调整振频和振幅，使振动压实功能最佳。

复压作业中，碾压速度应逐渐增大。静光轮压路机碾压速度可增到 2～4km/h，轮胎式压路机碾压速度可增到 3～5km/h，振动压路机的碾压速度可增到 3～6km/h。同时，还应随时测定压实度，以便做到既达到压实度标准，又不过度碾压。

（3）终压

终压是指继复压之后，对每一铺筑层竣工前所进行的 1～2 遍碾压作业。其目的是使压实层表面平整。一般在分层修筑路基时，只在最后一层实施终压作业。

终压作业，可采用中型静压式压路机或振动式压路机以静力碾压方式进行碾压，碾压速度可适当高于复压时的速度。

采用振动式压路机或羊脚碾压路机进行分层压实时，由于表层会产生松散现象，因此可将该层 10cm 左右厚度算作下一铺筑层之内进行压实，这样就可不进行终压压实。

3. 边坡的碾压

路堤填土的坡面应该充分压实，而且要符合设计截面。如果边坡面层和路堤整体相比压得不够密实，下雨时，由于表层流水的洗刷和渗透，而发生滑坡、崩溃和路侧下沉等现象，因此，边坡亦必须给予充分压实，千万不可忽视。

边坡坡面碾压有剥土坡面碾压和堆土坡面碾压两种方法。

剥土坡面碾压：其方法是将路堤堆土加宽（一般超宽 30～50cm），经正常的填土碾压后，再将坡面没有压实的土铲除后修整坡面，用液压挖掘机对坡面进行整形。

堆土坡面碾压：其方法是当土质良好时边坡较缓时，可以利用推土机在斜坡上下行驶碾压。对含水量高的黏性土使用湿地推土机进行碾压。

此外，坡面还可以利用装有夯板的挖掘机来拍实，若用人工拍实则应注意其压实度。

4. 里填回填的压实

桥梁、箱形涵洞等构筑物和填土相连接部分，一般在行车后，连接部发生不同沉陷，使路面产生高差导致损坏，影响正常交通。究其原因，除基础地基和填土下沉外，碾压不足亦为其一，因此里填回填的压实工作必须认真做好。

里填回填用土最好采用容易压实的压缩性小的材料。

在压实施工中，将路堤端挖成一定的坡面（1∶1.0～1∶2.0 或更小），坡面成台阶形，清理中间的废土，分层铺层厚度在 20cm 以下。底部用小型振动压实机（小型夯锤、振动夯板等），上部用轮胎压路机，充分压实。为使构筑物两侧受压均匀，在里填土时，要从构筑物两侧平均薄填施压,不要一侧施压。若用大型机械压实时,必须有大的里填场地,但构筑物侧仍应用小型机械。

5. 路基压实作业中的主要事项

① 压实作业时,应随时掌握压实层的含水量,只有在最佳含水量时,压实效果才是最好的。

② 保证当天铺筑,当天压实。

③ 碾压过程中,如发现土体出现"弹簧"现象,应立即停止碾压,并采取相应措施,待含水量降低后再进行碾压。即使是局部出现的"弹簧"现象,也应及时处理,否则会造成路基强度不均,留下隐患。

④ 碾压时,若压实层表层出现起皮、松散、裂纹等现象,应及时查明原因,采取相应措施处理后再继续碾压。一般,土壤含水量低、压路机单位线压力高、碾压遍数过多及土质不良等原因易造成上述不良现象。

⑤ 碾压作业中,应随时注意路基边坡及铺筑层土体的变化情况,若出现异常应及时处理,以免发生陷车或翻车事故。一般,碾压轮外侧面距离路缘不小于 30~50cm;对于山区公路,碾压轮外侧面距离沟崖边缘不小于 100cm。

⑥ 遇到死角或作业场地狭小的地段,应换用机动性好的小型压实机械予以压实。切不可漏压,以免造成路基强度不均匀而留下事故隐患。

⑦ 每班作业结束后,应将压路机驶离新铺筑的路基,选择硬实平坦、易于排水的地段安全停放。

●【施工组织案例】

附　土质路基施工组织案例

南宁东葛路延长线一期工程 NO.2 标段路基宽度为 40m,断面布置为两块板的横断面形式,即:人行道 5m,行车道 13.5m,中分带 3m,行车道 13.5m,人行道 5m。行车道横坡为一面坡,坡度为 1.5%;人行道横坡为一面坡,坡度为 1.5%。

1. 总体方案

根据本标段工程项目内容以及工程特点,公司将按照重点工程的各项要求,组建专业化且管理水平优良的项目经理部负责本工程的施工,项目部再进行施工技术准备、施工总平面布置,做出施工劳动力计划、材料供应计划、施工机具及设备供应计划、施工进度计划、试验及检验计划、施工用款计划,部署和设计、监理等的协调与配合工作。

2. 施工步骤

(1) 开工前的准备工作

为方便施工,全段共设 1 个路基施工处驻地。

现场恢复定线及测量放样,查看原设计与现场地形、地貌工作是否相符,如不符,则请业主、设计院、监理公司等单位代表现场研究决定施工方案。

进行土样标准击实试验、最佳含水量试验及 CBR 试验，符合相关规范要求的料土，方可用于路基填筑。

（2）路基填筑施工方案、施工工艺

①试验路段。试验路段开工前，参建人员全面学习熟悉图纸、规范，领会设计意图，深入调查熟悉施工现场，由技术主管向参加施工人员做技术交底。

通过试验路段，取得压实设备类型、最佳机械组合、松铺厚度具体值（≯30cm），确定分层碾压遍数、最佳含水量范围等，并以这些数据作为正式开工路基填筑施工工艺和质量控制的指导数据。

路基正式开工前，全面熟悉设计图纸，在试验路段取得经验的基础和前提下，按现场恢复定线及测量放样文件，先清除填挖地段表土，再进行填方路段的基底碾压，压实度合格后才可填土。

提前取土样，按规范要求做好标准击实试验、最佳含水量试验及土的强度试验（CBR 值）等其他试验，确保填料符合规范要求，做好路基填筑的各项准备工作。第一阶段的重点是便道的贯通、场地清理、基底软基处理等工作，以保证路基的正常施工。

②路基填筑施工方案。在试验路段的基础上（通过试验路段），取得压实设备类型、最佳机械组合、松铺厚度和确定分层碾压遍数、最佳含水量范围等，并以试验路段取得的数据作为填筑施工工艺和质量控制的指导依据。

路基填筑前应对基底进行处理，清除表面土，清表厚度不小于 30cm，并用 18t 压路机进行清表后碾压，碾压之后进行基底压实度检测，其压实度≥95%。当路基填土高度小于路床厚度时，基底的压实度不应小于路床的压实标准。

清除的表土运至弃土场，禁止用于临近段填土。

路基填筑采用自卸汽车运土，推土机粗平，平地机细平，压路机快速静压一遍，平地机再细平一遍后振动式压路机压实。路基填方应分层平行摊铺，要求每层松铺厚度不得大于 30cm，不得小于 10cm 并留 2%～3% 横坡度，以防止路面积水，每层填料铺设的宽度应超出每层路堤设计宽度 30cm，以确保路堤边缘有足够的压实度。

平地机细平时先以较大切土深度进行粗平，然后再以较小切土深度进行精平，反复修刮到符合标准。

路基表面平完后，以麻线拉出路肩线，平地机用刀片按边坡度，沿路肩线修刮整出路肩线及边坡面。

当料土被整平到需要的断面和坡度后，含水量等于或略小于最佳含水量时，立即用 18t 以上的振动压路机在路基全宽范围内进行碾压。碾压方向平行路线纵向，按纵向进退式进行，直线段，由两边路肩向路中心进行碾压，曲线段则由内侧向外侧进行碾压。

碾压时第一遍应静压，然后先慢后快，由弱振到强振，头两遍采用 1.5～1.7km/h，以后宜采用 2.0～2.5km/h。横向接头应重叠 0.4～0.5m，纵向重叠 1.0～1.5m，并保证无漏压、无死角，碾压均匀。

碾压过程中，如发生"弹簧"松散起皮或干燥起尘现象，应翻松晾晒或洒水。

对软土地基段要先进行排水，疏干湿土，将淤泥、不良土挖除到监理工程师满意的程度，换填后，再进行路堤修筑，或按管理处、总监办、设计院确定的变更设计的方案进行地基处理后，再进行路堤修筑。

尽量不用不同土质的混合填料填筑。若出现此种现象时应采取如下措施：

a. 以透水性较小的土填筑于路堤下层时，应做成4%的双向横坡。

b. 如用于填筑上层时，不应覆盖在由透水性较好的土所填筑的路堤边坡上。

自然地面横坡陡于1∶5时，无论纵向、横向均做成向内倾斜3%的台阶进行处理，台阶宽度2m（如台阶在行车道上，宽度不小于3m）。

纵向新旧填土交接处要挖台阶，搭接长度不小于2m，台阶平面铺设土工格栅。

通过气象台了解天气变化的情况，随时掌握天气的动态变化，如预计中途会下雨时，路基填土要随挖、随运、随压实，每层表面横坡可适当加大，以利排水，雨前和收工前，将铺撒的松土压实完毕。

当填筑到距涵、桥台2m以内无法用重型压实机压实的地方，填土厚度按10cm厚一层，以小型压路机静压或机夯或人工夯实等方法压实。

在施工中，按技术规范规定的每2000m^{2}检测4个点的频率，每铺筑一层均应检测其压实度是否符合要求，并将测试资料及时报监理工程师，经审查批准后，方可进行下一层填土的施工。

路基填方每填2～3层测量一次标高及平整度，每层顶面须平整并设2%～4%横坡，严防集中汇水面出现。

路基施工要自始至终尤其在雨季，要做好临时排水系统，严防路基受雨水浸泡和边坡冲槽。

对每10000m^{3}的料土应做土样标准击实试验，每逢土质变化时，应做CBR试验，以确保填料符合相关的要求。

95区路基填筑时，应预留12～16cm厚的最后一层作为整修路拱层。整修路拱前，应对不同的土样进行实验取得相应的压缩系数，作为整修路拱时确定松铺厚度的依据。

整修路拱时，采用人工配合平地机的方式进行摊铺，人工挂线，用斗车、铁锹配合平地机进行精平，精平时按照"宁高勿低、宁刮勿贴补"的原则进行，直到符合设计和规范的要求。

在路基工程基本完成后，要按图纸要求恢复中桩，检查路基的中线位置、宽度、纵坡、横坡及标高是否正确，然后再用人工配合挖掘机的方法进行路基的修整，直到路基检验合格为止。

思考与练习

一、选择题

1. 公路用土依据土的颗粒组成特征、土的塑性指标等因素可分为（   ）
   A. 巨粒土　　　　B. 砾石土　　　　C. 砂类土　　　　D. 细粒土
2. 公路用土可按土石开挖的难易程度分类将岩石分为（   ）
   A. 软石　　　　　B. 次坚石　　　　C. 砾石土　　　　D. 坚石
3. 路堤填筑施工作业方法主要有（   ）
   A. 水平分层填筑法　　　　　　　　B. 纵坡分层填筑法
   C. 横向填筑法　　　　　　　　　　D. 联合填筑法
4. 纵向挖掘法的主要挖掘方法有（   ）

A. 分层纵挖法 B. 通道纵挖法
C. 分段纵挖法 D. 混合式挖掘法
5. 路基施工机械选择的方法（ ）
A. 根据作业内容选择 B. 根据土质条件选择
C. 根据运距选择 D. 根据气象条件选择
6. 推土机的单机基本作业方法（ ）
A. 下坡铲推法 B. 波浪式铲土法 C. 分段推土法 D. 并列推土法
7. 平地机的工作装置有（ ）
A. 刮刀 B. 松土器 C. 推土板 D. 耙土装置
8. 平地机能完成的基本作业方式（ ）
A. 铲土侧移 B. 刮土侧移 C. 刮土直移 D. 机外刮土
9. 装载机与自卸汽车配合装车作业方式有（ ）
A. "V"形 B. "I"形 C. "T"形 D. "L"形
10. 反铲挖掘机基本作业（ ）
A. 沟端开挖法 B. 沟侧开挖法 C. 侧向开挖 D. 正向开挖
11. 正铲挖掘机基本作业（ ）
A. 沟端开挖法 B. 沟侧开挖法 C. 侧向开挖 D. 正向开挖
12. 路基填筑用土最好的土质是（ ）
A. 砂性土 B. 砂土 C. 粉性土 D. 黏性土
13. 工程施工中约70%以上的土石方是（ ）完成的。
A. 挖掘机 B. 推土机 C. 装载机 D. 铲运机
14. 下列设备中能进行场地平整、开挖边沟、路拌材料的是（ ）
A. 平地机 B. 推土机 C. 装载机 D. 铲运机
15. 下列设备中属于土方机械的是（ ）
A. 压路机 B. 起重机 C. 平地机 D. 凿岩机
16. 修建小型人工构造物包括（ ）等
A. 小桥 B. 涵洞 C. 挡土墙 D. 盲沟
17. 路基土石方工程包括填筑路堤、开挖路堑、（ ）及防护加固设施等
A. 压实路基 B. 整平路基表面 C. 整修边坡 D. 修筑排水沟渠

二、判断题

1. 公路用土可按土开挖的难易程度将土可分为松土、普通土、硬土、巨粒土。（ ）
2. 路基施工按其断面的挖填情况，有路堤填筑、路堑开挖两种形式。（ ）
3. 当路堤填筑较高时必须根据要求实行分层填筑、分层压实的施工方法。（ ）
4. 透水性好的土应填在透水性差的土之下，即先铺透水性好的土。（ ）
5. 横向挖掘法适用于短而深的路堑，纵挖法适用于较长的路堑开挖。（ ）
6. 推土机在路堤一侧或两侧取土，向路堤中心线推土的方法称横向填筑路堤。（ ）
7. 用推土机进行移挖作填施工，多采用纵向填筑路堤方法。（ ）
8. "I"形是汽车停在一个固定位置，与铲装工作面斜交形成的装车方式。（ ）
9. 正、反铲挖掘能力较大，能适用Ⅰ～Ⅳ级土壤、软石和爆破后的坚石的挖装作业。（ ）
10. 正铲挖掘机适于挖掘停机面以下的物料。（ ）
11. 反铲挖掘机适于挖掘停机面以上的物料。（ ）
12. 路基压实的意义在于提高土壤的密实度（干容重），降低土体的透水性。（ ）
13. 含水量是指土体中含水的质量 m_w 与土颗粒（干土）质量 m_s 的百分率。（ ）

14. 单位线压力 p 指接近复压终了时压路机所能达到的碾压荷载与接地面积的比值。（ ）
15. 一般情况，振频高，被压层表面平整度好，振幅大，作用在压实层上的激振力大。（ ）
16. 松铺系数 K_s 指压实干密度与松铺干密度的比值。（ ）
17. 初压是指对铺筑层进行的最初 1～2 遍的碾压作业。（ ）
18. 复压是指继初压后的 5～8 遍作业，其目的是使铺筑层达到规定的压实度。（ ）
19. 终压是指对每一铺筑层竣工前进行的 1～2 遍碾压作业，目的是使压实层表面平整。（ ）
20. 压实作业时，只有在最小含水量时，压实效果才是最好的。（ ）
21. 当运距较远且土质较硬时，推土机采用分段推土法效果较好。（ ）

三、填空题

1. 每层路基的摊铺宽度均大于设计宽度_____cm，以保证路基边坡的压实质量和净宽。
2. 液限大于_____、塑性指数大于_____的土，含水量超过规定的土，不得直接作为路堤填料。
3. 履带推土机的经济运距是_____m，轮胎式装载机的经济运距是_____m。
4. 推土机的基本作业循环由_____、_____、_____和_____四个过程组成。
5. 挖掘机根据作业装置划分有_____、_____、_____和_____四种。
6. 挖掘机在公路工程中常用来_____和_____，一般均需与_____配合作业。
7. 一般压实厚层路基时，压路机频率振幅应选择_____、_____。
8. 压路机压实作业参数主要包括_____、最佳含水量、单位线压力、_____、_____、_____及振动压路机的振幅和振频等。
9. 边坡坡面碾压有_____碾压和_____碾压两种方法。
10. 挖掘机的施工作业主要有_____和_____。

四、简答题

1. 路堤填筑的施工方法有哪些？
2. 简述推土机的基本作业方法。
3. 简述平地机的施工作业内容。
4. 简述压实机械选用的原则。
5. 简述压路机的碾压原则及程序。

第三章

路面基层机械化施工组织

● 第一节 路面基层施工概述

> 📖 **知识目标**
>
> 1. 了解路面结构和层次的划分;
> 2. 熟悉路面基层建筑材料的类型和特点。

> 📖 **能力目标**
>
> 1. 熟悉路面基层施工的技术和工艺要求;
> 2. 具备识别不同基层建筑材料的能力。

路面结构层包括面层、基层和垫层等,每一结构层的道路材料成分、作用和特点均不同,施工工艺和施工要求也有区别,因此要了解基层的材料特点,熟悉不同基层材料的施工工艺和要求,做好施工组织。

一、路面结构层次

路面是由各种道路材料修筑而成的铺筑于路基之上的结构物,通常由一层或几层组成。由于行车荷载和其他自然因素对路基路面的作用是随着深度的增大而逐渐减弱,所以,根据路面使用要求、受力情况和自然因素作用程度的不同,把路面分为若干层次来铺筑。路面结构层次划分示意图如图 3-1 所示。

图 3-1 路面结构层次划分示意图

i—路拱横坡度;1—面层;2—基层(有时包括底基层);3—垫层;4—路缘石;5—加固路肩(硬路肩);6—土路肩

（1）面层

路面面层是直接同行车和大气接触的表面层次，它受车辆荷载的作用力以及雨水和气温变化的影响最大。因此，同其他层次相比，面层应具备较高的力学强度和稳定性，而且应当具有耐磨和不透水性能，其表面还应有良好的抗滑性和平整度。

面层分两至三层铺筑，分别称为上面层、中面层和下面层。

高等级公路面层所用的主要材料有：沥青混凝土和水泥混凝土。

（2）基层

基层主要承受由面层传来的车辆荷载的垂直力，并把它扩散到垫层和路基中。因此，基层应具有足够的强度和稳定性。由于车辆不与基层直接接触，故对基层材料的耐磨性要求不高。基层也应有平整的表面，以保证面层厚度均匀。基层还要受到地面水和地下水的作用，为使基层在水的作用下保证其强度和稳定性不致发生大的变化，故基层结构还应具有良好的水稳性。

基层有时可分两层铺筑，上层仍称基层，下层则称为底基层。对底基层材料质量要求较基层低一些。

我国高等级公路路面常采用半刚性基层。

（3）垫层

垫层是介于基层和路基之间的结构层。在地下水位高、排水不良、有可能产生冻胀的中湿、潮湿路段或基层可能受污染的路段，应在基层下铺设垫层。垫层的作用主要是调节和改善水温状况，以保证面层和基层具有必要的强度，减轻土基不均匀冻胀，隔断地下毛细水上升或地表水下渗，以及排水和防污。此外，垫层还能阻止路基土挤入基层中，以保证路面结构的稳定性，并能扩散由面层和基层传来的车轮荷载的作用力，以减小土基的应力和变形等。

垫层材料不要求强度高，但要求水稳定性和隔热性能好。垫层有由砂砾、炉渣等组成的透水性垫层和由石灰土或炉渣石灰土等组成的稳定性垫层。

为了减少雨水对路面的浸湿和渗透，路面表面常修筑成中间高两边低的拱形，从而减弱路面的强度和路基的稳定，路面这种形状称为路拱。等级高的路面，其平整度和水稳定性好，透水性小，采用较小的路拱横坡度，反之则采用较大的横坡度。路肩横坡度应比路面横坡度大 1%～2%，以利于迅速排水。

二、路面基层分类及特点

基层包括基层及底基层。可按以下 3 种方法进行分类：

按材料强度可划分为半刚性类、刚性类和柔性类。半刚性类主要有水泥稳定粒料、二灰稳定粒料；刚性类主要有普通混凝土、碾压式混凝土；柔性类主要有热拌或冷拌沥青混合料、沥青贯入式碎石，以及不加结合料的粒料类。

按材料组成可划分为有结合料稳定类（有机结合料、无机结合料）和无结合料的粒料类（嵌锁类、级配类）。底基层可分为无机结合料稳定类和无机结合料的粒料类。

按其结构状态可划分为骨架密实结构类、骨架空隙结构类、悬浮密实结构类、均匀密实结构类。

基层按材料组成细分为以下类型：

1. 无机结合料稳定基层

无机结合料稳定基层是一种半刚性基层，常用的有石灰（水泥）稳定土、石灰（水泥）稳定粒料，石灰粉煤灰稳定土或稳定粒料。

所有稳定土都不能用作高等级路面基层，只能用作底基层。原因基于所有无机结合料都有较大的干缩和温缩现象，在强度未充分形成时，表面遇水软化或易产生唧泥（浆）冲刷破坏。其中二灰稳定粒料可用于高级路面基层或底基层。

（1）水泥稳定土材料

在粉碎的或原状松散的土（包括各种粗、中、细粒土）中，掺入一定量的水泥等无机结合料和水拌和而成的混合料经压实机养护后，当其抗压强度符合要求时，称为水泥稳定土材料。

根据所用材料（粒径），分为水泥稳定粒料、水泥稳定细粒土（水泥土）。

① 水泥稳定粒料。用水泥稳定粗粒土（颗粒的最大粒径小于 50mm 且其中小于 40mm 的颗粒含量不少于 85%）和中粒土（颗粒的最大粒径小于 30mm 且其中小于 20mm 的颗粒含量不少于 85%）得到的混合料，视所用原材料为碎石或砾石，而简称为水泥碎石或水泥砂砾。其特点是，强度高，水稳性好，抗冻性好，耐冲刷，温缩性和干缩性均较小，是一种优良的基层材料；用于水泥混凝土路面基层及各级沥青路面基层。

② 水泥土。用水泥稳定细粒土得到的混合料，简称水泥土。用水泥稳定砂得到的混合料，简称水泥砂。其特点是，强度较高，水稳性、抗冻性比较好，但易干缩和冷缩，产生较多裂缝；不能用作高级路面基层，可用作高级路面底基层和其他次高级路面基层、底基层。

（2）石灰稳定土材料

① 石灰粒料。用石灰稳定粗粒土和中粒土得到的混合料，视所用原材料为砂砾土（天然砾石土或无土的级配砂砾）或碎石土（天然碎石土或级配碎石、不筛分的碎石），而简称为石灰砂砾土或石灰碎石土。其特点是，强度、水稳性、抗裂性均优于水泥土、石灰土，但不及水泥碎石（砂砾）和二灰碎石（砂砾）。

② 石灰土。用石灰稳定细粒土（颗粒的最大粒径小于 10mm 且其中小于 2mm 的颗粒含量不少于 90%）得到的混合料，简称石灰土。其特点是，具有板体性，强度比砂石路面要高；有一定的水稳性和抗冻性，初期强度低，但其强度随龄期较长时间增长；收缩性大，容易开裂。

石灰粒料适宜于作二级和二级以下公路与城市次干道的基层，也可作各级路面的底基层；石灰土不宜用于潮湿路段。

（3）水泥综合稳定石灰土

同时用水泥和石灰稳定某种土得到的混合料，称为水泥综合稳定石灰土。综合稳定时，若水泥用量占结合料总量的 40% 以上，按水泥稳定类考虑，否则按石灰稳定类考虑。

（4）石灰工业废渣稳定土

① 二灰粒料。用石灰、粉煤灰稳定粗粒土和中粒土得到的混合料，视所用材料情况分别简称二灰砂砾或二灰碎石。其特点是，除早期强度偏低外，其他特点类同水泥砂砾（碎石），但抗裂性更好。用石灰、粉煤灰稳定钢渣、高炉重矿渣（须经水淬或经陈化稳定）

得到的混合料,简称二灰钢渣、二灰重矿渣。其特点同二灰粒料;适宜作各级公路、城市道路的基层。

② 二灰土。用石灰、粉煤灰稳定细粒土(含砂)得到的混合料,简称二灰土。其抗压强度及抗冻性优于石灰土,收缩性小于水泥土和石灰土,但早期强度低,施工受季节限制。

不能用作高级路面基层,可用作高级路面底基层和其他次高级路面基层、底基层。

③ 二渣类。用石灰稳定煤渣(或再添加土、粒料等)得到的混合料,视所用材料情况分别简称二渣、二渣土、三渣、三渣土等;适宜于作道路的基层和底基层。

④ 石灰钢渣类。用石灰稳定钢渣得到的混合料,简称石灰钢渣或钢渣石灰。如再加土得到的混合料则称石灰钢渣土。用石灰、水淬渣稳定碎石得到的混合料简称石灰水淬渣碎石。钢渣混合料的早期强度和整体强度均高于碎石灰土和二灰碎石,是一种优质的半刚性材料,路用性能非常优良;适宜于作各级公路、城市道路的基层。

2. 碎、砾石基层

(1) 级配型粒料

① 级配碎石。粗、细碎石集料和石屑各占一定比例,并且其颗粒组成符合密实级配要求的混合料,称级配碎石。其特点是,强度较高、稳定性较好,是级配集料中最好的材料,也是无机结合料材料中最好的材料;

适用于各级公路和城市道路的基层和底基层。在一般道路上用作基层时,其最大粒径应控制在 40mm 以内。优质级配碎石作为沥青路面面层和半刚性基层的中间层时,其最大粒径应控制在 30mm 以下;水泥稳定碎石水泥用量一般为混合料 3%～7%,7 天的无侧限抗压强度可达 5.0MPa。

② 级配砾石。粗、细砾石集料和砂各占一定比例,并且其颗粒组成符合密实级配要求的混合料,称级配砾石。其特点是强度低、稳定性较差,其材料性质是级配集料中最差的一种。天然砂砾掺加部分未经筛分的碎石,称级配碎砾石,其强度和稳定性介于级配碎石和级配砾石之间。

级配碎砾石可用于一般道路(二级和二级以下公路、城市次干道等)的基层,以及各级道路的底基层;级配砾石可用作轻交通道路路面的基层以及各级道路的底基层。

(2) 嵌锁型粒料

① 填隙碎石。用单一尺寸的粗碎石作主骨料,形成嵌锁,再用石屑填满碎石间的空隙,增加密实度,提高稳定性。这种路面结构称作填隙碎石;适用于各级道路的底基层和一般道路的基层。

② 沥青稳定碎石。类似于填隙碎石,但在铺筑时浇洒少量沥青于碎石层中,促进碎石层压实成型的一种改进填隙碎石,更有利于增加密实度,提高稳定性,是一种优质基层材料;用作高级路面的基层,特别适用于原有结构层整平后作基层。

③ 泥结碎石。

④ 泥灰结碎石。

3. 基层、底基层材料的结构状态

① 骨架密实型混合料中的粗集料用量一般在 75% 以上,细集料含量较少,密实混合料的嵌挤强度高,抗裂性、抗冲刷性较好。高速公路和一级公路的基层宜采用骨架密实型

混合料。

② 悬浮密实型混合料中的粗集料用量一般在50%左右，细集料含量较多，稳定性能较好，各级公路的基层和底基层均可采用悬浮密实型混合料。

③ 骨架孔隙结构型混合料与骨架密实型混合料相比具有较高的孔隙率，适用于路面内部排水有较高要求的基层。

④ 均匀密实型混合料，即稳定细粒土、砂或石屑，可就地取材，降低建筑费用。

4. 基层结构的稳定性要求

基层结构的稳定性包括水稳性和温度稳定性。水稳性主要指受地表水渗透、地下水影响时，基层强度变化幅度较小的性能。温度稳定性指环境温度上升或下降时基层结构膨胀或收缩等体积变化特征。

就各种基层材料的水稳性而言，水泥粒料的水稳性最好，石灰、粉煤灰粒料次之，细土含量多且塑性指数大的级配碎石和级配砾石的水稳性最差。水泥处治粒料及石灰处治粒料土的水稳性随其中细土含量的增加及其塑性指数增大而降低。

设计人员应根据使用要求和环境条件，结合各种类型基层、底基层材料的组合和结构特性，选用适宜的基层、底基层材料的类型，在确定基层材料的强度时，必须用水稳性好的材料作路面的基层和底基层。高速公路、一级公路宜选用稳定集料类的材料作下基层，上基层宜选用骨架密实结构。

● 第二节 稳定材料拌和设备认知

笔记

📖 知识目标

1. 熟悉路拌设备的功用及原理；
2. 熟悉厂拌设备的功用及原理。

📖 能力目标

1. 能够根据不同路面的施工要求合理选用路拌或厂拌设备；
2. 初步具备利用生产设备进行基层混合料生产施工的能力。

路面基层应具有足够的强度和稳定性，路面基层是由各种不同的道路原材料按一定的配合比由路拌设备或厂拌设备拌制而成，具有不同的性能特点，满足基层的结构要求，在实际生产中，稳定材料拌和设备具备怎样的结构特点，又是如何将原材料拌制为基层混合料的呢？

一、路拌设备认知

土壤稳定（即加固）是用化学方法处理土壤，即在土壤中加入无机料（石灰、粉煤灰、水泥）或有机料（液态沥青和其他化学剂等）使其发生物理化学变化，来改善土壤的力学性能，提高土壤的机械强度、耐磨性和水稳性，提高基层和底基层的强度，延长道路的使用寿命。通过上述方法处理的筑路材料称为稳定土。

目前所使用的稳定土有以下几种类型：水泥稳定土、石灰稳定土、石灰工业废渣稳定土和水泥石灰综合稳定土等。在修建高等级公路时，根据不同地区的气候、地质、料源和具体要求，可以选用不同类型的稳定土。

把土和稳定剂进行破碎、撒铺、拌和及压实等工作的机械统称为稳定土路面机械。稳定材料拌和设备是用于公路、机场、堤坝、广场等基层建设中直接在施工现场将稳定剂与土壤或砂石均匀拌和的专用机械。稳定材料拌和施工设备，按其拌和工艺特点可分为：在路基上直接进行拌和的路拌机械和在某一场地进行拌和的厂拌设备两种，前者为稳定土路拌设备，后者为稳定土厂拌设备。

1. 稳定土拌和机概述

稳定土拌和机又称路拌机，是将土壤（包括土、粉煤灰）粉碎与稳定剂（如石灰、水泥、沥青、乳化沥青或其他化学剂等）和水按照工程设计的配比均匀拌和，以提高土壤稳定性，用以修建稳定土路面或加强路基的一种路面工程机械。

稳定土拌和机的施工方法称为路拌法，路拌法施工由于施工简便、成本低，主要用于公路工程、港口码头、停车场、飞机场等施工中稳定土基层的现场拌和作业。路拌机的拌和幅度变化较大，可拌和Ⅰ～Ⅳ级土壤，附设有热态沥青或乳化沥青再生作业、自动洒水装置，可就地改变稳定土的含水量并完成拌和。

通过更换作业装置（装上铣削滚筒），还可完成沥青混凝土或水泥混凝土路面的铣刨作业。

2. 拌和机工作原理

稳定土拌和机由基础车辆和拌和装置组成，如图 3-2 所示。基础车辆由行走底盘、动力及传动系统组成。拌和装置是一个垂直于基础车辆行驶方向水平横置的转子搅拌器，通称拌和转子。拌和转子用罩壳封遮其顶部和左右侧面，形成工作室，如图 3-3 所示。车辆行驶过程中，操纵拌和转子旋转和下降，转子上的切削刀具就将地面的物料切削并在壳内抛掷，于是稳定剂与基体材料（土壤或砂石）掺拌混合。

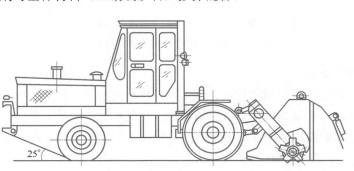

图 3-2 稳定土拌和机总图

稳定土拌和机按转子的旋转方向可分为正转和反转两种。正转稳定土拌和机的切削方向是转子由上向下切削（即顺切）。这种切削方式拌和阻力较反转的小，如图 3-4（a）所

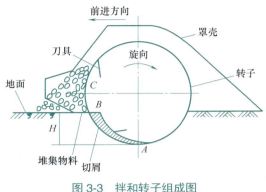

图 3-3 拌和转子组成图

示，因此与反转式稳定土拌和机相比，在功率相同的条件下，其拌和宽度和拌和深度都更大一些。正转式稳定土拌和机只适用于拌和松散的稳定材料。

反转式稳定土拌和机的切削方向是转子由下向上切削（即逆切）。这种拌和方式是在转子的前方拌和，材料堆积多且集中，因此机械可对所拌的材料实现反复拌和与破碎，所以其拌和质量要比正转好，如图3-4（b）所示。但是由于拌和阻力大，消耗的功率也大，因此反转式稳定土拌和机的功率普遍比正转式稳定土拌和机的功率大。

普通稳定土拌和机功率在 220～300kW 之间，拌和宽度在 2.0～2.4m，拌和深度为 200～400mm，工作速度为 0～3km/h，行走速度一般为 8～20km/h。

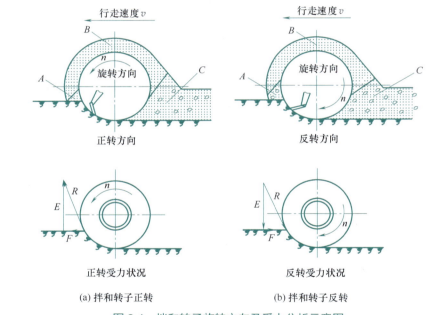

(a) 拌和转子正转　　　　　　(b) 拌和转子反转

图 3-4 拌和转子旋转方向及受力分析示意图

3. 拌和机使用管理

现代公路基层施工是采用大规模、连续性的机械化施工。稳定土拌和机是基层路拌法施工的核心机械，几乎都是单转子工作装置，一般在同一作业带上要拌和两遍，有的甚至要拌和三四遍，这要由机械的性能和工程的性质决定。为了充分发挥其作业能力，应注意以下事项：

（1）确保配套机械的完好率

与稳定土拌和机配套的施工机械有：挖掘机、推土机、装载机、自卸汽车、粉料撒布机、平地机、洒水车、压路机等多种机械。在机械化施工作业时，除应确保稳定土拌和机无故障外，还要确保其配套机械的完好率，以保证机械化施工的连续作业。

（2）选择合理的施工路段

从理论上讲施工路段越长，其生产率越高。但从施工的综合因素考虑，则存在一个最经济的施工路段。根据施工单位的实践经验，一般以 500～1000m 为宜。在决定施工路段时，应选择各种施工机械调头较方便的地方较好，因为机械调头困难、调头时间过长等都会影响生产率。

（3）选择合理的拌幅

稳定土拌和机性能参数中的拌和宽度，是综合施工规范中各级公路基层宽度而优化选定的。在施工时要根据施工路面基层宽度、稳定土拌和机宽度、相邻拌幅的重叠量等具体的工程条件，来决定实际的拌幅数，这样就能充分发挥机械的能力，提高生产率。

二、厂拌设备认知

稳定土厂拌设备是将土、碎石、砾石、水泥、石灰粉煤灰、水等材料按施工配合比在固定地点拌和均匀的专用生产设备，如图 3-5 所示。它是修筑高等级公路、城市道路、停车场、货场、机场和广场等基层和底基层时拌制稳定材料的成套设备，具有配料准确、拌和均匀、节省材料、便于计算机自动控制和生产效率高的优点。

图 3-5　稳定土厂拌设备

1. 厂拌设备工作原理

稳定土厂拌设备工作时的工作原理：利用装载机或其他上料机具将需要拌和的不同粒径的集料（如碎砂石、土粒、粉煤灰等）分别装进不同的配料料斗中，再通过给料机采用容积计量或质量计量的方法，分别对各种集料按要求的配合比进行配料；采用气力输送装置把结合料（水泥或石灰）输送到粉料储仓中，再通过计量系统进行配料；配好的各种集料和粉料由皮带输送机输送到搅拌机中，拌和用水由供水系统经计量后由水泵送到搅拌缸中与其他固体物料一起进行拌和；拌好的成品混合料从搅拌机的出料端直接卸入储料仓中，由料车运往施工工地；也可以将成品混合料通过堆料皮带输送机进行堆料存放，使用时再运往施工工地。

2. 厂拌设备工艺流程

稳定土厂拌设备可拌制水泥稳定土、石灰稳定土、石灰工业废渣稳定土。厂拌设备拌制各类稳定土时的工艺流程基本相同。以水泥稳定碎石底基层为例，其生产工艺流程如图3-6所示。

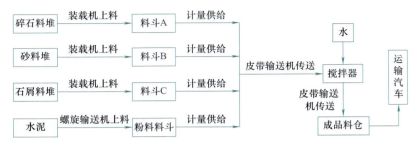

图3-6　水泥稳定碎石拌制生产工艺流程

3.厂拌设备组成及计量方式

（1）主要结构

稳定土厂拌设备主要由砂石骨料配料装置、粉料配给装置、螺旋输送机、水供给系统、搅拌机、皮带输送机、成品料仓和控制系统等部分组成。如图3-7所示为WBC300型稳定土厂拌设备结构示意图。

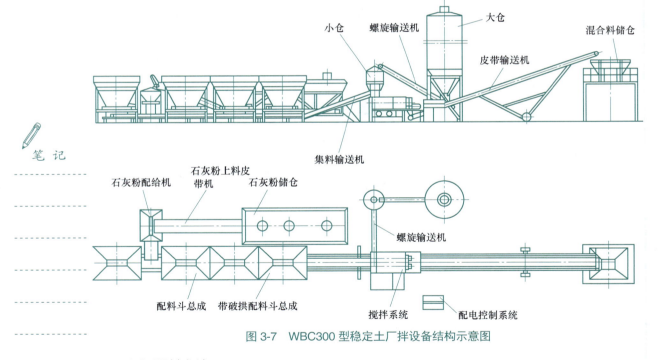

图3-7　WBC300型稳定土厂拌设备结构示意图

（2）配料方法

配料方法一般可分为三种：

① 重量法：根据一次拌和的混合料总干重和各种材料的含水量，算出各种材料所需湿重，然后按各湿重称料掺配混合料。重量法适合厂拌。

② 体积法：根据混合料的重量比，换算成体积比，用容器量测各种材料所占体积掺

配混合料。体积法适合厂拌及人工路拌。

③ 层铺法：根据混合料最大干容重、各种材料松容重和含水量，以及混合料基层的压实厚度等数据，计算各种材料的松铺厚度，以此控制摊铺厚度，层铺法适合机械路拌。

（3）计量方式。

① 倾斜螺旋的供料粉仓。目前稳定土厂拌设备所配置的水泥计量系统多采用螺旋连续称重装置。螺旋秤上传感器所收集到的重量信号反馈到控制系统，通过控制系统的比较处理后发出指令给叶轮给料器上的调速电机，以控制水泥的流量，使其保持在一个相对稳定的范围内，实现水泥的计量。

② 骨料配料系统计量。骨料配料系统计量分为容积式计量和称重式计量。容积式计量，是一种通过控制单位时间内物料的体积流量来达到控制物料重量流量的计量方式。其工作原理是用调速电机来控制骨料皮带输送机的转速以控制骨料的输送，这种计量方式在骨料计量上得到了广泛应用。称重式计量是一种根据传感器所反馈的重量信号对物料重量流量直接做出调整控制的计量方式。称重计量与容积计量相比，更能及时、直接地对重量流量做出调整控制，相对计量精度也较高。

③ 计量控制装置。计量控制装置主要由 PLC 控制器、信号放大变送器、变频器、工业微机及相关的电路电器组成。能自动及时地对反馈回来的电信号按所设定的程序进行运算处理，保证水泥和其他集料的流量不超过所设定的偏差值，同时微机系统还具有报警显示、统计打印等功能。

4. 稳定土厂拌设备的使用

稳定土厂拌设备包括的总成比较多，是一种自动连续作业的大型设备，用于拌和各种类型的稳定土混合料，要求级配和配合比准确，拌和均匀。因此在使用中，必须按照设备使用说明的要求进行严格操作、维修与保养。

（1）保证各皮带输送机的正常运行

皮带输送机是稳定土厂拌设备中使用比较多的总成，其运行正常与否将直接影响设备是否能连续工作。因此，在工作过程中，必须加强对各皮带输送机的监控工作，当发现皮带跑偏时，应及时地予以调整，否则将可能造成撕裂皮带等严重事故。

（2）加强设备的全过程质量管理

稳定土混合料的制备过程包括原材料的堆存、称量配料、搅拌及混合料的运输等项工序，各工序的好坏都会影响到混合料的最终质量。因此必须对拌和的全过程加强质量管理。

① 原材料的管理。原材料包括粗集料、细集料、粉料、水和添加剂等。其质量必须符合施工规范的要求，对不符合质量要求的原材料不予使用；

集料应储存在厂拌设备的现场，集料含水量的变化对混合料的质量有很大的影响，对来自不同产地的各种粒径的集料应分别储存在自然排水良好的料堆里，存放时间的长短取决于集料的级配和颗粒形状，一般以能将其内部的自由水分引出为准；

同时还要考虑在任何时候都应当储存有足够数量的集料，以保证厂拌设备能连续运转，不致因缺料而中断工作，在储存和配料的过程中还应避免不同粒径的集料混杂在一起。

粉料（水泥、石灰和粉煤灰）最好是散装供应，运到施工现场后，应立即储存在干燥和通风良好的结构物内；现场应储存有足够数量的粉料，以保证厂拌设备能连续工作；储仓中的粉料每次工作结束时都应使用完，以防止粉料在储仓中结块，影响下次使用；对每种粉料的运输、卸料和储存等均应有分隔设施。

②拌制混合料的质量管理。成品混合料的质量可用均匀性来衡量，即从拌制好的混合料中随机取样进行均匀性试验，要求各个样品试验结果的差值均在规定的范围内。为了得到均质的混合料，除了对原材料进行严格的质量管理外，还应保证组成混合料的各种原材料的配料称量准确。因此，必须经常对设备的称量系统按其说明书要求的步骤和方法进行校定，当发现称量或配料的精确度不能满足要求时，都应立即停机检查，进行必要的调整或修理，直到确认配料精度能满足使用要求后，方可开机作业。

施工中对混合料的含水量有严格的要求。因此，供水系统应能准确地称量总的搅拌用水量。要做到这一点，除了把要加入的水量称量准确外，还要确切地知道集料（特别是砂料）在配料称量时的含水量，以及含水量的变化情况。对没有安装连续式含水量测定仪的厂拌设备，在使用时，应当经常检测集料，特别是细集料（砂）的含水量。细集料的含水量试验每天应做两次以上，至少上午一次，下午一次；同时，在设备开始拌和物料之前和发现含水量有变化时，应立即抽检，对检测的结果及时通知控制台，以便调节供水量。这样，可以保证设备拌制出的混合料始终处于最佳含水量状态。

● 第三节　路面基层施工组织

笔记

📖 知识目标

1. 熟悉路面基层施工前期准备工作；
2. 熟悉水泥稳定土路拌法施工流程；
3. 熟悉中心站集中厂拌法施工流程；
4. 熟悉基层施工质量的控制方法。

📖 能力目标

1. 能够根据施工要求和施工条件合理地制定路面基层施工工艺及质量控制方案；
2. 初步具备基层混合料生产、运输及施工组织能力。

基层是路面面层的基础，是路面各组成层次的关键，起主要承重作用，不同的基层材料有不同的施工质量要求，不同的主体设备有不同的配套设备，路面基层质量的好坏会直接影响到路面的使用寿命，进而影响道路的经济效益，因此基层施工必须根据设计要求，严格质量标准，精心组织施工。

一、碎、砾石基层（底基层）施工

碎、砾石基层（底基层）是由有一定级配的矿质集料经拌和、摊铺、碾压，当强度符合要求时得到的基层（底基层）。按强度形成原理的不同，矿质集料分为嵌锁型和密实型两种类型。嵌锁型碎石包括泥结碎石、泥灰结碎石、填隙碎石等，强度靠颗粒之间的摩擦和嵌挤锁结作用形成。密实型碎（砾）石具有连续级配，故也称级配型基层（底基层），其强度主要靠碎（砾）石颗粒间的密实、填充作用形成。下面主要介绍级配碎石、级配砾石基层（底基层）和填隙碎石基层施工技术。

1. 碎、砾石基层（底基层）材料质量要求

（1）级配碎石基层（底基层）

级配碎石基层由粗、细碎石和石屑按一定比例、级配符合要求的碎石混合料铺筑而成。级配碎石基层适用于各级公路的基层和底基层，还用作较薄沥青面层与半刚性基层之间的中间层，减轻和消除半刚性基层开裂对沥青面层的影响，避免出现反射裂缝。符合级配要求的碎石可用几组颗粒组成不同的碎石与石屑掺配而成，用于基层时，碎石的最大粒径及颗粒组成等应符合级配范围的要求，级配曲线应连续圆滑。

级配碎石基层的强度主要由碎石颗粒间的密实、填充作用形成，对碎石颗粒的强度要求很高。碎石的压碎值应符合以下要求：高速公路和一级公路基层不大于26%；一级公路底基层、二级公路基层不大于30%；二级公路底基层及二级以下公路基层不大于35%；二级以下公路底基层不大于40%。石屑和其他细集料可以用碎石场的筛余细料、专门轧制的细碎石集料、天然砂砾等。

（2）级配砾石基层（底基层）

级配砾石基层是用粗、细砾石和砂按一定比例配制的混合料铺筑的、具有规定强度的路面结构层，适用于二级及二级以下公路的基层及各级公路底基层。

级配砾石基层的组成应符合级配要求，级配不符合要求的可用其他粒料掺配，到规定的级配后同样可作为级配砾石基层，塑性指数在6（潮湿多雨地区）或9（其他地区）以下的天然砂砾可直接用作基层。对于细料含量较多的砾石，可先筛除部分细料后再使用。塑性指数偏大的可掺加少量石灰或无塑性砂土。

级配砾石颗粒的级配曲线应连续圆滑。级配砾石的压碎值应符合下列要求：高速公路及一级公路底基层或二级公路基层不大于30%；二级公路底基层或二级以下公路基层不大于35%；二级以下公路底基层不大于40%。

（3）填隙碎石基层（底基层）

填隙碎石基层是用单一尺寸的粗碎石作主骨料，用石屑作填隙料铺筑而成的结构层。

填隙碎石适用于各级公路的底基层和二级以下公路的基层，颗粒组成等技术指标应符合填隙碎石集料质量要求。填隙碎石基层以粗碎石作嵌锁骨架，石屑填充粗碎石间的空隙，使密实度增加，从而提高强度和稳定性。当缺乏石屑时，可用细砂砾或粗砂替代。碎石应用坚硬的各类岩石或漂石轧制而成，压碎值应符合下列规定：用作基层不大于26%；用作底基层不大于30%。若抗压碎能力不能满足上述要求，则填隙碎石基层的整体强度将难以得到保证。

2. 级配碎、砾石基层路拌法施工工艺

（1）准备工作

①准备下承层

a. 基层的下承层是底基层及以下部分，底基层的下承层可能是土基也可能还包括垫层。下承层表面应平整、坚实，具有规定的路拱，没有任何松散的材料和软弱地段；

b. 下承层的平整度和压实度应符合规范的规定；

c. 土基不论路堤或路堑，必须用 12～15t 三轮压路机进行碾压检验（压 3～4 遍）。在碾压过程中，如发现土过干、表层松散，应适当洒水；如土过湿、发生"弹簧"现象，应采取挖开晾晒、换土、掺石灰或粒料等措施进行处理；

d. 对于底基层，根据压实度检查（或碾压检验）和弯沉测定的结果，凡不符合设计要求的路段，必须根据具体情况，分别采用补充碾压、加厚底基层、换填好的材料、挖开晾晒等措施，使之达到标准要求；

e. 底基层上的低洼和坑洞，应仔细填补及压实；

f. 逐一断面检查下承层高程是否符合设计要求；

水泥稳定砂砾
路拌法施工01

g. 新完成的底基层或土基，必须按规范规定进行验收。凡验收不合格的路段，必须采取措施，达到标准后，方能在其上铺筑基层或底基层。

②测量

a. 在下承层上恢复中线。直线段每 15～20m 设一桩，平曲线段每 10～15m 设桩，并在两侧路面边缘外 0.3～0.5m 设指示桩；

b. 进行水平测量。在两侧指示桩上用红漆标出基层或底基层边缘的设计高程。

③材料准备

a. 计算材料用量。根据各路段基层或底基层的宽度、厚度及预定的压实密度，计算各段需要的干集料数量。对于级配碎石，分别计算碎石和石屑（细砂砾或粗砂）的数量，根据料场碎石和石屑的含水率以及所用运料车辆的吨位，计算每车料的堆放距离；

b. 按预定比例在料场混合碎石和石屑，并洒水加湿，使其含水率较最佳含水率大 1% 左右，以减轻施工现场的拌和工作量以及运输过程中的离析现象（级配碎石的最佳含水率约为 5%）。

④机车准备

a. 运输车辆及平地机等摊铺、拌和机械；

b. 洒水车，洒水利用就近水源洒水；

c. 压实机械，如轮胎压路机、钢筒轮式压路机、振动压路机等；

d. 其他夯实机具，适宜小范围处理路槽翻浆等。

（2）运输和摊铺集料

①运输

a. 集料装车时，应控制每车料的数量基本相等；

b. 在同一料场供料的路段，由远到近将集料按要求的间距卸于下承层上。卸料间距应严格掌握，并且要求料堆每隔一定距离留一缺口，以便施工。当采用两种集料时，应先将主要集料运到路上，待主要集料摊铺后，再将另一种集料运到路上。如粗细两种集料的最大粒径相差较多，应在粗集料处于潮湿状态时，再摊铺细集料；

c. 集料在下承层上的堆置时间不宜过长。运送集料较摊铺集料工序只宜提前 1～2 天。

② 摊铺

a. 摊铺前要事先通过试验确定集料的松铺系数，人工摊铺混合料时，其松铺系数约为 1.40～1.50；平地机摊铺混合料时，其松铺系数约为 1.25～1.35；

b. 用平地机将集料均匀地摊铺在预定的宽度上，摊铺表面要求平整，并具有规定的路拱，同时摊铺路肩用料；

c. 级配碎石、砾石基层设计厚度一般为 8～16cm，当厚度大于 16cm 时，应分层铺筑，下层厚度为总厚度的 0.6 倍，上层为总厚度的 0.4 倍。

（3）拌和及整形

应采用稳定土拌和机拌和级配碎、砾石。在无稳定土拌和机的情况下，也可采用平地机进行拌和。

① 用稳定土拌和机拌和。拌和 2 遍以上，拌和深度应直到级配碎、砾石层底。

② 用平地机拌和和整形。将铺好的集料翻拌均匀。作业长度一般为 300～500m，拌和遍数一般为 5～6 遍。

在拌和的过程中用洒水车洒足所需的水分，拌和结束时，混合料的含水率应该均匀，较最佳含水率大 1% 左右，避免粗细颗粒离析现象。

拌和均匀后的混合料用平地机按规定的路拱，进行整平和整形，然后用压路机在已初平的路段上快速碾压一遍，以暴露潜在的不平整，再用平地机进行最终的整平和整形。

水泥稳定砂砾路拌法施工 02

（4）碾压

基层整形后，当混合料的含水率等于或略大于最佳含水率时，立即用压路机进行碾压。直线段由两侧路肩开始向路中心碾压；在有超高的路段上，由内侧路肩开始向外侧路肩进行碾压。碾压时，后轮必须超过两段的接缝处。一般需碾压 6～8 遍，碾压到要求的密实度为止。

级配碎石或砾石基层在碾压中还应注意下列各点：

① 路面的两侧，应多压 2～3 遍；

② 碾压全过程均应随碾压随洒水，使其保持最佳含水率；

③ 开始时，应用轻型的压路机初压，初压两遍后，即时检测、找补；

④ 碾压中局部有"软弹""翻浆"现象应立即停止碾压，待翻松晒干，或换含水率合适的材料后再行碾压；

⑤ 两作业段的衔接处，应搭接拌和。第一段拌和后，留 5～8m 不进行碾压，第二段施工时，将前段留下未压部分重新拌和，并与第二段一起碾压；

⑥ 对于不能中断交通的路段，可采用半幅施工的方法。接缝处应对接，必须保持平整密合。

3. 级配碎、砾石基层厂拌法施工工艺

级配碎石混合料除上面介绍的路拌法外，还可以用稳定土厂拌设备进行集中拌和。由于高等级公路对路面质量要求较高，规定基层的施工必须采用稳定土厂拌设备进行机械化施工。下面以水泥稳定碎石基层机械化施工为例介绍厂拌法施工工艺。

（1）施工前的准备工作

① 选定拌和场的位置。拌和场位置的选择应尽量满足以下原则:

a. 选择在距水源（河流、水库、地下水）、砂源（河道、砂堆）和施工现场较近的地点；

b. 拌和场地势应高于周边环境，排水应顺畅，以防止河流、水库水位上涨或雨季料场积水，材料被水淹；

c. 场地要平坦，面积要满足堆料的要求；

d. 材料运输应便利顺畅。

② 选定施工机械与设备。拌和设备采用具有电气集中控制、自动连续作业的拌和机；摊铺机根据选定拌和设备的工作能力选择，两者工作能力应相互匹配，摊铺机应具有自动找平能力；自卸汽车的数量则根据摊铺机的工作能力和运距选择；压实机械及其他机械设备的数量、型号和生产能力要稍大于摊铺机的工作能力。

③ 原材料的选择。基层用原材料包括碎石、中砂、水泥、水等。符合《公路路面基层施工技术细则》(JTG/T F20—2015) 规定。

对分批进场的原材料随机取样试验，测定碎石、河砂的表观密度、堆积密度、吸水率和压碎指标值及级配，测定水泥的稠度、凝结时间、安定性、细度、3 天和 28 天的强度，以检测其质量是否符合施工规范的要求，对不符合质量要求的原材料坚决不予使用。

水泥稳定砂砾厂拌法施工

检验合格的粗细集料应储存在拌和现场，并有足够储量。水泥散装供应，现场储存有足够数量的水泥（300t/d ～ 400t/d）。

各种原材料应隔离，分别堆放。在潮湿多雨季节施工时，应采取措施，保护集料，特别是细集料（如石屑和砂等）应有覆盖，防止雨淋，水泥防潮更为重要。

④ 水泥稳定碎石配合比设计。对路面基层用水泥稳定碎石进行配合比设计，根据试验检测数据，结合以往经验进行确定，表 3-1 为某合同段基层水泥稳定碎石配合比。

表 3-1 水泥稳定碎石配合比

水泥剂量 /%	最佳含水量 /%	最大干密度 /(g/cm³)	无延迟 7d 浸水无侧限抗压强度 /MPa	延迟 3h，7d 浸水无侧限抗压强度 /MPa
5.5	6.7	2.18	5.1	5.0

⑤ 铺筑试验路段。试验的路段长度为 100 ～ 200m。试验路段的材料配合比、拌和设备、摊铺机、压实机械及施工工艺要求使用与主体工程一致。并现场测定其表面平整度，取样测定含水量、最大干密度及无侧限抗压强度，以确定拌和设备、摊铺机的性能、最佳碾压遍数，检验准备采用施工方案的适宜性。

(2) 施工组织工艺

路面底基层、基层施工组织工艺流程如图 3-8 所示。

① 清基放样、修整路形。当路基达到设计标高时，按下列步骤清基放样、修整路形。

a. 清理施工现场的垃圾、杂草，修补小冲沟。

b. 使用全站仪校核各控制桩（路线中桩、边桩、中央隔离带边界桩等），进行高程放样，确保线形准确，全线高程贯通。

c. 根据高程测量数用平地机整形，用 8 ～ 10t 二轮二轴光轮压实机稳压。

② 敷设摊铺基准。高等级公路水泥稳定碎石基层规范推荐采用摊铺机摊铺施工。在摊

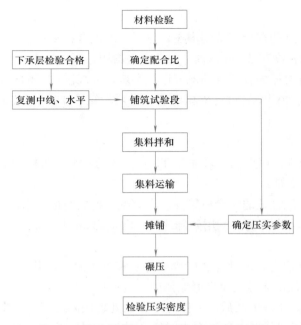

图 3-8　路面底基层、基层施工组织工艺流程

铺机摊铺作业前,首先要敷设摊铺基准,如图 3-9 所示。图中支承桩 5 必须牢固打入基层 10～15cm。两支承桩的间距一般为 5～10m,弯道处要短些。敷设钢丝基准线时,必须张紧(每侧施加 1000N 的拉力),敷设好的基准线必须复核其标高的准确性。

③ 水泥稳定碎石混合料的拌和。在正式拌制混合料之前,必须先调试所用的厂拌设备,拌和时,水泥、石灰、粉煤灰与集料应准确称量,按质量比例掺配,并以质量比加水。拌和过程中加水时间和加水量要有记录。同时要严格保证拌和时间,确保拌和的均匀性。成品料要进行配比、击实、抗压试验。

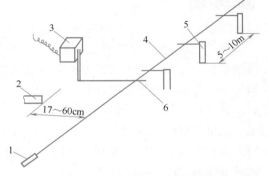

图 3-9　摊铺机摊铺基准设置
1—拉力计;2—熨平板;3—纵坡控制器;
4—基准线;5—支承桩;6—传感器

拌和好的混合料应均匀无粗细颗粒离析现象,其含水量宜略大于最佳值,保证混合料运输到现场摊铺后碾压的含水量不小于最佳值。

④ 混合料运输

将拌好的混合料直接卸入运料卡车上,并尽快送到铺筑现场。车上的混合料应该覆盖以减少水分损失。为防止混合料离析,运输道路应平坦顺畅,装载高度应均衡一致。

⑤ 混合料摊铺

按照监理工程师批准的试验路段的松铺厚度和施工工艺,摊铺机进行混合料的施工,摊铺时混合料的含水量宜高于最佳含水量 0.5%～1.0%,以补偿摊铺及碾压时水分的损失。对于高速公路和一级公路,最好选用两台摊铺机,一前一后,错列前进,同时摊铺。

⑥ 混合料碾压

混合料摊铺后，立即在全宽范围内进行碾压，使混合料从加水拌和到碾压终了时间不超过 3.5h，施工流水长度在 200m 以内，以免水泥凝固，影响压实质量。

在最佳含水量时遵循先轻后重的原则进行碾压，直线段由两侧路肩向路中心碾压，平曲线段由内侧路肩向外侧路肩进行碾压，碾压时后轮重叠 1/3～1/2 的轮宽。碾压至要求的压实度。

⑦ 接缝的处理

a. 横向接缝的处理。用摊铺机摊铺混合料时，不宜中断，如因故中断时间超过 2h，应设置横向接缝。其方法是：

人工将末端含水量合适的混合料整齐，紧靠混合料放两根方木，方木的高度应与混合料的压实厚度相同；方木的另一侧用砂砾或碎石回填约 2m 长，其高度应高出方木约 2cm，将混合料碾压密实；

在重新开始摊铺混合料之前，将砂砾或碎石和方木除去，并将下承层顶面清扫干净；摊铺机返回到已压实层的末端，重新开始摊铺混合料；

如摊铺中断后，未按上述方法处理横向接缝，而中断已超过 2h，则应将摊铺机附近及其下面未经压实的混合料铲除，并将已碾压密实且高程和平整度符合要求的末端挖成与路中心线垂直向下的断面，然后再摊铺新的混合料。

水稳底基层施工

b. 纵向接缝的处理。在不能避免纵向接缝的情况下，纵缝必须垂直相接，严禁斜接，并符合下列规定：在前一幅摊铺时，在靠中央的一侧用方木或钢模板作支撑，方木或钢模板的高度应与稳定土层的压实厚度相同；养生结束后，在摊铺另一幅之前，拆除支撑方木（或模板）。

⑧ 碾压完成后立即覆盖无纺土工布，用洒水车进行侧喷养生。混合料水化反应需要水，如果部分地区缺水养护不到位，造成水泥稳定碎石基层干缩裂缝，将来可能反射至面层，渗水造成底基层、路基的破坏。养生时间不少于 7 天。养生期间应封闭交通，不得在刚摊铺完的段面上行走机械。

4. 填隙碎石基层施工工艺

填隙碎石施工工艺流程：准备下承层→施工放样→运输和摊铺粗集料→稳压→撒布石屑→振动压实→第二次撒布石屑→振动压实→局部补撒石屑并扫匀→振动压实→填满空隙→洒水饱和（湿法）或洒少量水（干法）→碾压。其中，运输和摊铺粗集料及振动压实是确保施工质量的关键。

施工技术要点：填隙碎石施工时，细集料应干燥；采用振动压路机充分碾压，尽量使粗碎石集料的空隙被细集料填充密实，并且填隙料又不覆盖粗碎石表面自成一层，粗碎石应"露子"，填隙碎石的压实度用作基层时，不应小于 85%；用作底基层时，不应小于 83%。填隙碎石基层碾压完毕，铺封层前禁止开放交通。

二、稳定土基层施工

稳定土基层是由无机结合料与集料或土组成的混合料铺筑的，具有一定厚度的路面结构层。这类基层具有整体性好、强度高、刚度大、水稳性好等特点，是二级以上公路的主要基层类型。按结合料种类和强度形成机理的不同，稳定土基层分为水泥稳定类和石灰稳定类两种。

1. 稳定土基层（底基层）**材料质量要求**

（1）水泥稳定类基层

水泥稳定类基层是在粉碎的或原来松散的集料或土中，掺入适量的水泥和水，经拌和后得到的混合料，再通过压实及养生，使其抗压强度达到要求时所得到的结构层。

可用水泥稳定的材料包括级配碎石、砂砾、未筛分的碎石、砂砾土、碎石土、石屑、土等，经加工后性能稳定的钢渣矿渣等也可用水泥来稳定。

水泥稳定类基层具有较高的强度及刚度，适用于各种级别的公路路面基层和底基层，但水泥稳定细粒（水泥土）的细料含量多、强度低、容易开裂，不宜用作薄沥青混凝土面层的基层，只能用作底基层。

对于水泥稳定类基层，其原材料质量要求是：当用于高速公路及一级公路的基层（底基层）时，土的液限应小于25%，塑性指数小于6，集料压碎值不大于30%，粒径应满足相应要求。酸盐含量不应超过0.25%，有机质含量不应超过2%。超过上述规定时，不应单纯用水泥稳定，可先用石灰与土混合均匀，闷料一昼夜后再用水泥稳定。普通硅酸盐水泥、矿渣硅酸盐水泥和火山灰质硅酸盐水泥均可用于结合料。为了有充裕的时间组织施工，不应使用快硬水泥、早强水泥或受潮变质水泥，应选用终凝时间较长（6h以上）的水泥。

（2）石灰稳定类基层

石灰稳定类基层是在粉碎的或原来松散的集料或土中掺入适量的石灰和水，经拌和、压实及养生，使其抗压强度符合规定时得到的路面结构层。

可用石灰稳定的材料包括细粒土、天然砂砾土、天然碎石土、级配砂砾、级配碎石和矿渣等。同时用石灰和水泥稳定某种集料或土时，称为石灰水泥综合稳定类基层。

石灰稳定类混合料适用于各级公路路面底基层，也可用作二级公路的基层。与水泥稳定细土一样，石灰稳定细粒土（石灰土）不能用作薄沥青混凝土面层的基层，在冰冻地区的潮湿路段及其他地区的过湿路段也不宜采用石灰土作基层或底基层。

对于石灰稳定类基层，其原材料质量要求是：对于集料和土的一般要求与水泥稳定类基层相同，而具体指标有所区别。土应选用塑性指数为15～20的黏质土或含有一定量黏质土的中、粗粒土。石灰质量应符合三级以上消石灰或生石灰的质量要求。

2. 石灰稳定土基层（底基层）**路拌法施工工艺**

（1）准备工作

① 准备下承层。按规范规定对拟施工的路段进行验收，凡验收不合格的路段，必须采取措施，使其达到标准。

② 测量。在底基层或土基上恢复中桩，直线段每15～20m设一桩，平曲线段每10～15m设一桩，并在对应断面的路肩外侧设指示桩。在两侧指示桩上用红漆标出石灰稳定土层边缘的设计高程。

③ 备料

a. 集料。采备集料前，应先将树木、草皮和杂物清除干净，并在预定采料深度范围内自上而下采集集料，不宜分层采集，料中的超尺寸颗粒应预筛除。

b. 石灰。石灰堆放在拌和厂时，宜搭设防雨棚。石灰应在使用前 7～10d 充分消解。每吨石灰消解用水量一般为 500～800kg。消解后的石灰应保持一定的湿度，以免过于飞扬，但也不能过湿成团，应尽快使用。

c. 材料用量。根据各段石灰稳定土层的宽度、厚度及预定的压实度，计算各路段需要的干集料量。根据料场集料的含水率和运料车辆的吨位，计算每车料的堆放距离。根据石灰稳定土层的厚度和预定的干密度及石灰剂量，计算每平方米石灰稳定土需用的石灰数量，并计算每车石灰的摊铺面积。

（2）运输及摊铺

① 运料。对预定堆料的下承层在堆料前应先洒水，使其湿润，但不应过分潮湿。集料装车时，应控制每车料的数量基本相等。在同一料场供料的路段，由远到近将料按计算的距离卸置于下承层中间或一侧。

卸料距离应严格掌握，避免料不够或过多；料堆每隔一定距离应留一缺口，集料在下承层上的堆置时间不应过长，运送集料较摊铺集料工序宜提前 1～2d。

② 摊铺集料。通过试验确定集料的松铺系数。在摊铺集料前，应先在下承层上洒水使其湿润，但不应过分潮湿。

摊铺集料应在摊铺石灰的前一天进行。摊料长度应与施工日进度相同，以符合次日摊铺石灰、拌和、碾压成型为准。

③ 摊铺石灰。摊铺石灰时，如黏性土过干，应事先洒水闷料，使土的含水率略小于最佳值。细粒土宜闷料一夜；中粒土和粗粒土，视细土含量的多少，可闷 1～2h。在集料层上，用 6～8t 两轮压路机碾压 1～2 遍，使其表面平整，并有一定密实度。然后，按计算的每车石灰的纵横间距，将卸置的石灰均匀摊开。石灰摊铺完后，测量石灰的松铺厚度，根据石灰的含水率和松密度，校核石灰用量是否合适。

（3）拌和与洒水

① 集料应采用稳定土拌和机拌和，拌和深度应达到稳定层底。应设专人跟随拌和机，随时检查拌和深度，并配合拌和机操作员调整拌和深度。拌和应适当破坏（约 1cm）下承层的表面，以利上下层黏结。通常应拌和两遍以上。

② 在拌和过程中，及时检查含水率。使混合料的含水率等于或大于最佳值 1% 左右。含水率不足时要及时洒水，拌和机械应紧跟在洒水车后面进行拌和。拌和完成后，混合料色泽一致，水分合适均匀。

③ 拌和石灰加黏土的稳定碎石或砂砾时，应先将石灰土拌和均匀，然后均匀地摊铺在碎石或砂砾层上，再一起进行拌和。

（4）整形与碾压

① 整形。混合料拌和均匀后，先用平地机初步整平和整形，再用轮胎压路机快速碾压 1～2 遍，然后根据测量结果平整，最后用平地机进行精平。每次整形都要按照规定的坡度和路拱进行。

② 碾压。整形后，当混合料含水率处于最佳含水率 ±1% 范围时（如表面水分不足，应适当洒水），立即用 12t 以上压路机、重型轮胎压路机或振动压路机，在路基全宽内进行碾压。碾压一直进行到要求的密实度为止。在碾压过程中，石灰稳定土的表面应始终保持湿润。如有"弹簧"、松散、起皮等现象，应及时翻开重新拌和，或用其他方法处理，使

其达到质量要求。

（5）养生

① 石灰稳定土在养生期间应保持一定的湿度，但不应过湿。养生期一般不少于 7d。在养生期间石灰土表层不应忽干忽湿，每次洒水后，应用两轮压路机将表层压实。

② 如石灰稳定土分层施工时，下层石灰稳定土碾压完后，可以立即在其上铺筑另一层石灰稳定土，不需专门的养生期。

③ 养生期结束后，应立即喷洒透层沥青，并在 5～10d 内铺筑沥青面层。

（6）注意的问题

① 接缝处的处理。两工作段的搭接部分，应采用对接形式。前一段拌和后，留 5～8m 不进行碾压，后一段施工时，将前段留下未压部分，一起再进行拌和。拌和机械及其他机械不宜在已压成的石灰稳定土层上掉头。

② 纵缝的处理。石灰稳定土层的施工应尽可能避免纵向接缝，必须分两幅施工时，纵缝必须垂直相接，不应斜接。

一般情况下，纵缝可按下述方法处理。在前一幅施工时，在靠中央一侧用方木或钢模板做支撑，方木或钢模板的高度与稳定土层的压实厚度相同。混合料拌和结束后，靠近支撑木板的一条施工带用人工进行补充拌和，然后进行整形和碾压。在铺筑另一幅时，或在养生结束时，拆除支撑木板。第二幅混合料拌和结束后，靠近第一幅的一条施工带，人工进行补充拌和，然后进行整形和碾压。

3. 石灰稳定土基层厂拌法施工工艺

石灰稳定土集中拌和有利于保证配料的准确性和拌和的均匀性。

（1）备料

集料的最大粒径和级配都应符合要求，应先筛除集料中不符合要求的颗粒。配料应准确，在潮湿多雨地区施工时，还应采取措施保护集料，特别是细集料（含土）和石灰免遭雨淋。

二灰稳定土基层施工

（2）拌制

在正式拌制稳定土混合料之前，必须先调试所用的厂拌设备，使混合料的颗粒组成和含水率都达到规定的要求。集料的颗粒组成发生变化时，应重新调试设备。应根据集料和混合料的含水率，及时调整拌和站的供水量，拌和要均匀。

（3）运输

已拌成的混合料应尽快运送到铺筑现场。如运距远、气温高，则车上的混合料应加以覆盖，以防水分过多蒸发。

（4）摊铺及碾压

下承层为石灰稳定土时，应先将下承层顶面拉毛，再摊铺混合料。摊铺应采用稳定土摊铺机、沥青混凝土摊铺机摊铺混合料。用摊铺机摊铺时，拌和机与摊铺机的生产能力要相协调。摊铺后应用压路机及时进行碾压。

（5）横向接缝处理

① 用摊铺机摊铺混合料时每天的工作缝应做成横向接缝。

② 人工将末端混合料处理整齐，紧靠混合料放两根方木，方木的高度与混合料的压实厚度相同，整平紧靠方木的混合料。

③方木的另一侧用砂砾或碎石回填约 3m 长，其高度应高出方木几厘米。

④将混合料碾压密实。

⑤在重新开始摊铺混合料之前将砂砾（或碎石）和方木除去，并将下承层顶面清扫干净和拉毛。

⑥摊铺机返回到已压实层的末端，重新开始摊铺混合料。

⑦如压实层末端未用方木作支撑处理，在碾压后末端成斜坡，则在第二天开始摊铺新稳定混合料之前，应将末端斜坡挖除，并挖成一横向（与路中心线垂直）垂直向下的断面。挖出的混合料洒水到最佳含水率拌匀后仍可使用。

（6）纵向接缝

应避免纵向接缝。如摊铺机的摊铺宽度不够，必须分两幅摊铺时，宜采用两台摊铺机，一前一后，相隔 8～10m 同步向前摊铺混合料，一起进行碾压。在不能避免纵向接缝的情况下，纵缝必须垂直相接，严禁斜接。

（7）养生及路线处理

方法同路拌法。在石灰稳定土基层施工中，为避免基层受弯拉而断裂，并使在施工碾压时能压稳而不起皮，其层厚不宜小于 10cm。为便于拌和均匀和碾压密实，用 12～15t 压路机碾压时，压实厚度不宜小于 15cm；用 15～20t 压路机碾压时，压实厚度应大于 20cm，且采用先轻后重进行碾压（分层铺筑时，下层宜稍厚）。石灰稳定土基层施工在最低气温达 0℃之前完成，并尽量避免在雨季施工。

4. 水泥稳定土基层路拌法施工工艺

水泥稳定土施工时，必须采用流水作业法，使各工序紧密衔接。特别是要尽量缩短从拌和到完成碾压之间的延迟时间。所以在施工时应做延迟时间对强度影响的试验，以确定合适的延迟时间。

水泥稳定土基层的施工方法主要有路拌法和厂拌法两种。水泥稳定土路拌法施工与石灰稳定土的施工相似。

笔 记

（1）准备工作

①准备下承层。当水泥稳定土用作基层时，要准备底基层；当水泥稳定土用作底基层时，要准备土基。无论底基层还是土基，都必须按规范进行验收，达到标准后，方可铺筑水泥稳定土层。

②测量。首先是在底基层或土基上恢复中线，直线段每 15～20m 设一桩，平曲线段每 10～15m 设一桩，并在对应断面路肩外侧设指示桩。

其次进行水平测量，在两侧指示桩上用红漆标出水泥稳定土层边缘的设计高程。

③确定合理的作业长度。确定路拌法施工每一作业段的合理长度时，应考虑如下因素：水泥的终凝时间；延迟时间对混合料密实度和抗压强度的影响；施工机械和运输车辆的效率和数量；驾驶员操作的熟练程度；尽量减少接缝；施工季节和气候条件。

一般宽 7～8m 的稳定层，每一流水作业段以 200m 为宜。如稳定层较宽，则作业段应该再缩短。

④备料。在采备集料前，应先将料场的树木、草皮和杂土清除干净。采集集料时，应在预定采料深度范围内自上而下进行，不应分层采集。在集料中超尺寸颗粒应予筛除。

⑤计算材料用量，方法同石灰稳定土。

（2）集料运输与摊铺

方法同石灰稳定土。

（3）拌和

① 摊铺水泥。在人工摊铺的集料上，用 6～8t 两轮压路机碾压一遍，使其表面平整。然后计算每袋水泥可以摊铺的纵横间距。水泥应当日用运输车直接送到摊铺路段，每袋水泥从运输车上直接卸在做标记的地点，检查有无遗漏和多余后，打开水泥袋，将水泥倒在集料层上。应注意使每袋水泥的摊铺面积相等，水泥摊铺完后，表面应没有空白，也不过分集中。

② 干拌。用稳定土拌和机拌和。拌和深度应达稳定层底。应设专人跟随拌和机，随时检查拌和深度并配合拌和机操作员调整拌和深度。

③ 洒水湿拌。干拌过程结束时，如果混合料含水率不足，要用洒水车洒水补充水分。在洒水工作中，洒水车不应使洒水中断，水车起洒处和另一端掉头处都应超出拌和段 2m 以上。

洒水后，应再次进行拌和，使水分在混合料中分布均匀。拌和机械应紧跟在洒水车后面进行拌和，洒水及拌和过程中，应及时检查混合料的含水率，并参考室内击实试验最佳含水率的混合料的状态，水分宜略大于最佳值，应较最佳含水率高 0.5%～2.0%。

（4）整形与碾压

方法同石灰稳定土。

（5）接缝处的处理

① 当天两工作段的衔接处，应搭接拌和。第一段拌和后，留 5～8m 不进行碾压；第二段施工时，前段留下未压部分，要再加部分水泥重新拌和，并与第二段一起碾压。当天其余各段的接缝都可这样处理。

② 应注意每天最后一段末端缝的处理。在已碾压完成的水泥稳定土层末端沿稳定土挖一条宽约 30cm 的槽，直挖到下承层顶面。此槽与路的中心线垂直，靠稳定土一面应切成直线，而且应垂直向下。将两根方木（长度为水泥稳定土层宽的一半，厚度与其压实厚度相同）放在槽内，并紧靠着已完成的稳定土，以保护其边缘。

③ 工作缝也可按下述方法处理：在水泥稳定土混合料拌和结束后，在预定长度的末端，按前述方法挖一条横贯全路宽的槽，槽内放两根与压实厚度等厚的方木，方木的另侧用素土回填至 3～5cm 长，然后进行整形和碾压，第二天，邻接的作业段拌和结束后，除去顶木，用混合料回填，靠近顶木未能拌和的一小段，应人工进行补充拌和。

④ 纵缝的处理。水泥稳定土层的施工应该避免纵向接缝，在必须分两幅施工时，纵缝必须垂直相接，不应斜接。

5. 水泥稳定土基层厂拌法施工工艺

水泥稳定土可以在中心站用厂拌设备进行集中拌和，其施工方法与石灰稳定土厂拌法施工基本相同。但应该注意的是：在摊铺过程中，如中断时间已超过 3h，又未按横向接缝方法处理，则应将摊铺机附近及其下面未经压实的混合料铲除，并将已碾压密实且高程和平整度符合要求的末端，挖成横向（与路线垂直）垂直向下的断面，然后再摊铺新的混合料。

6. 基层养生

（1）养生

水泥稳定土基层每段碾压完成并经压实度检查合格后，应立即开始养生，不应延误。但如果水泥稳定土分层施工时，下层水泥稳定土碾压完后，过一天就可以铺筑上层水泥稳定土，不需经过 7d 养生期。但在铺筑上层稳定土之前，应始终保持下层表面湿润。为增加上下层之间的黏结性，在铺筑上层稳定土时，宜在下层表面撒少量水泥或水泥浆。

（2）水泥稳定土基层养生方法

① 用不透水薄膜或湿砂进行养生。用砂覆盖时，砂层厚 7～10cm，砂铺匀后，应立即洒水，并保持在整个养生期间砂的潮湿状态。也可以用潮湿的帆布、粗麻布、草帘或其他合适的材料覆盖，但不得用湿黏土覆盖。养生结束后，必须将覆盖物清除干净。

② 采用沥青乳液进行养生。乳液应采用沥青含量约 35% 的慢裂沥青乳液，使其能透入基层几毫米深。沥青乳液的用量为 1.2～1.4kg/m²，宜分两次喷洒。乳液分裂后，直撒布 3～8mm 或 5～10mm 的小碎（砾）石，小碎石约撒布 60% 的面积（不完全覆盖，但均匀覆盖 60% 的面积，露黑）。养生结束后，沥青乳液相当于透层沥青。也可以在完成基层上立即（或第二天）做下封层，利用下封层进行养生。

③ 也可用洒水车经常洒水进行养生，每天洒水的次数应视气候而定。整个养生期间应始终保持稳定土层表面潮湿，不应时干时湿。洒水后，应注意表层情况，必要时，用两轮压路机压实。

除采用沥青养生外，养生期不宜少于 7d，如养生期少于 7d 就做上承层，则应禁止重型车辆通行。若养生期间未采用覆盖等措施，除洒水车外，应封闭交通。养生期结束后，应立即喷洒透层沥青或做下封层，并在 5～10d 内铺筑沥青面层。在喷洒透层沥青后应撒 3～8mm 或 5～10mm 的小碎（砾）石。如喷洒的透层沥青能透入基层，且运料车辆和面层混合料摊铺机在上行驶时不会破坏沥青膜时，可以不撒小碎（砾）石。

三、石灰工业废渣基层施工

工业废渣包括：粉煤灰、煤渣、高炉矿渣、其他冶金矿渣、煤矸石等。

路用工业废渣一般用石灰进行稳定，故通常称石灰稳定工业废渣（简称石灰工业废渣）。它包括两大类：

一是石灰粉煤灰类，又可分为石灰粉煤灰、石灰粉煤灰土、石灰粉煤灰砂、石灰粉煤灰砂砾、石灰粉煤灰碎石、石灰粉煤灰矿渣等。这些材料分别简称二灰、二灰土、二灰砂、二灰砂砾、二灰碎石、二灰矿渣等。

二是石灰其他废渣类，可分为石灰煤渣、石灰煤渣土、石灰煤渣碎石、石灰煤渣砂砾、石灰煤渣矿渣、石灰煤渣碎石土等，用石灰工业废渣铺筑的路面基层和底基层，分别称石灰工业废渣基层和石灰工业废渣底基层。也可以在基层或底基层前标以具体简名，如二灰砂砾基层、二灰土底基层等。

石灰工业废渣稳定土特别是二灰材料，具有良好的力学性能、板体性、水稳性和一定的抗冻性，其抗冻性较石灰土高得多。石灰工业废渣的初期强度低，但随龄期的增长幅度大。二灰土中粉煤灰用量越多，初期强度越低。在二灰中加入粒料、少量水泥或其他外加剂可提高其早期强度。但由于干缩、冷缩，易产生裂缝。

石灰工业废渣适用于道路的基层和底基层，不宜用作二级和二级以上公路路面的基层，只能用作底基层。

1. 石灰工业废渣稳定土基层材料质量要求

对于石灰工业废渣稳定土基层，其原材料质量要求是：粉煤灰的主要成分 SiO_2、Al_2O_3、Fe_2O_3，三者总含量应超过 70%、烧失量不应超过 20%；若烧失量过大，则混合料强度将明显降低，甚至难以成形。粉煤灰粒径变化范围为 0.001～0.3mm。干湿粉煤灰均可使用，但湿粉煤灰含水率不宜超过 35%；干粉煤灰露天堆放时应洒水湿润，防止随风飞扬造成污染。使用时结团的灰块应打碎或过筛，清除有害杂质。煤渣是煤燃烧后的残留物，松干密度为 700～100kg/m³，最大粒径不应大于 30mm，颗粒组成以有一定级配为佳。

2. 石灰工业废渣稳定土基层厂拌法施工

与其他稳定土一样，石灰工业废渣稳定土可在拌和厂（场）集中拌和，也可沿路拌和，故施工方法有厂拌法和路拌法之分。高速公路和一级公路的稳定土基层对强度、平整度等技术性能有很高的要求，应采用施工质量好、进度快的厂拌法施工，其他公路的稳定土基层可用路拌法施工。

石灰工业废渣稳定土厂拌法施工的工艺流程可简述为：准备下承层→施工放样→厂拌稳定土混合料→运输拌好的混合料到施工现场→摊铺碾压→接缝处理→养生。

施工技术要点可简述如下。

下承层准备与施工放样按级配碎、砾石基层的方法和要求进行：原材料应符合技术要求，土块最大尺寸不应大于 15mm；粉煤灰块不应大于 12mm，且 9.5mm 和 2.36mm 筛孔的通过量应分别大于 95% 和 75%；不同粒径的砾石或碎石以及细集料应分开堆放。

石灰、粉煤灰和细集料都应有覆盖，防止雨淋过湿，配料应准确，拌和应均匀，混合料的含水率应略大于最佳含水率，使混合料运到现场摊铺后碾压时的含水率能接近最佳值，拌和机采用强制式拌和机或双转轴桨叶式拌和机或自落式拌和机（后者仅用于不含黏土的集料），混合料的成品的堆放时间不宜超过 24h。

对于横向接缝，如压实层末端未用方木做支撑处理，在碾压后末端成一斜坡，则在第二天开始摊铺新混合料之前，应将末端斜坡挖除并挖成横向垂直向下的断面。

石灰工业废渣稳定类混合料可在碾压完后 3d 内开始养生，养生期不少于 7d，养生期内应使基层表面保持湿润或潮湿，一般可洒水或用湿砂、湿麻布、湿草帘、低黏质土覆盖，基层表面还可采用沥青乳液做下封层进行养生，石灰工业废渣稳定类混合料需分层铺筑时，下层碾压完即可进行铺筑，下层无需经过 7d 养生。

3. 石灰工业废渣稳定土基层路拌法施工

在公路施工中，使用的稳定土种类很多。其中，二灰土作为一种半刚性材料，广泛应用于高等级公路路面的基层（或底基层）中。

现以修筑二灰土基层为例介绍路拌稳定土路面施工。

（1）施工前的准备工作

① 认真熟悉设计文件，确定施工组织形式和工艺流程。

② 合理地进行人员配置，在质量上要有专人把关。

③ 做好混合料中的二灰（石灰、粉煤灰）最佳配合比试验和二灰与土的最佳配合比试验，根据配合比备好所需的各种工程材料。

④ 确保机械的完好率，保证零配件的供应，使运输、拌和、碾压形成良好的生产流水线，确保施工顺利进行。

⑤ 在全面开工前至少一个月，进行二灰土基层（底基层）试验施工。试验的面积为 $400\sim800m^2$。试验路段要求使用与主体工程一致的材料、配合比、拌和机械、压实机械及施工工艺，以检验准备采用施工方案的适宜性。具体应包括采用不同的撒铺厚度进行拌和、碾压，测量其干密度、含水量，检验二灰土的拌和均匀程度，以确定拌和机械的性能、碾压遍数和施工工艺等。

（2）路拌施工程序

① 现场清理和测量放线。清理现场的垃圾、杂草，修补小冲沟。使用测量仪器校核各控制桩，进行高程放样，确保线型准确，保证全线高程贯通。用石灰划出边线及行车道与路肩的分界线。

② 路床修整。根据高程测量数据，做填方、挖方和路床标高，并根据标高指挥倒土，用推土机推平，平地机整形，压实机械稳压。对整形后的路床报监理人员验收。

③ 原材料摊铺。首先测试整形后路床铺土层的干密度和松散系数，计算出铺层厚度。按此厚度进行排料、打网格、倒土、摊铺、整平、稳压。铺土层应包括路肩和中央隔离带用土。在此基础上就可以摊铺粉煤灰。

粉煤灰的摊铺，也应测试出摊平、整形、稳压一遍后的干密度和松散系数，计算出摊铺厚度。按此厚度进行排料、打网格、倒料、摊平、整形、稳压、洒水，使其含水量在 33%～36% 之间。挖验厚度，做标高。最后用平地机精平一遍，压实机械通压一遍后，即可摊铺石灰。

石灰的摊铺，摊铺前先计算出石灰的用量。计算时应考虑石灰等级折减、含水量折减、质量湿度折减等。再由运输车辆的装载容量除以折减后单位面积的用量，得出每一运输车辆所能摊铺的面积。再根据计算面积打网格、运灰、摊灰。

④ 混合料拌和。拌和前，应首先检查稳定土拌和机的轮压、拌和刀具的磨损程度以及拌和深度指针是否归零等。然后进行试拌，拌和深度应控制在下层松铺土恰好能拌到为止。误差要求 ±2cm。拌和由两侧向中间进行，控制拌和速度在 6m/min。若拌和后大块较多，要拌和第二遍。每次拌和应由专人随机检查，挖验拌和深度。

⑤ 现场取样。拌和完毕后，按取样频率取样，测定混合料的石灰剂量、含水量，并做抗压强度试验。

⑥ 洒水碾压。取样石灰剂量合格后，先用凸块压路机振压一遍，然后洒水，洒水时夏季含水量可适当大于施工最佳含水量，只要不积水，不翻浆即可；其他季节应达到最佳含水量。然后用平地机整平，用光轮压路机碾压一遍（每次重叠1/2轮宽）。再用振动压路机振压三遍。

振压之后，进行复中线，断面找平，做标高，并预留 1cm 作为碾压下沿预留量，最后，根据标高用平地机精平，用光轮压路机碾压一遍。

⑦ 洒水养生。洒水时应均匀。洒水量和养生时间要根据气候条件来决定。养生期间应封闭交通。

上述工序全部完成后，进行自检，将不合格的高程点用平地机及时修正、刮平，交监理工程师验收。

四、路面基层施工质量控制

要确保基层的施工质量符合设计文件和技术规范要求，施工过程中应采取有效措施控制施工质量，如建立工地现场试验、质量检查与工序间的交接验收制度。各工序完成后应进行相应指标的检查验收，上一道工序完成且质量符合要求方可进入下一道工序的施工。施工质量的内容包括原材料与混合料技术指标的检验、试验路铺筑、施工过程中的质量控制与外形管理三大部分。

1. 质量控制和外形管理

基层质量控制是施工过程中对混合料的含水量、集料级配、结合料剂量、混合料抗压强度、拌和均匀性、压实度、表面回弹弯沉值等项目进行检查。外形管理包括基层的宽度、厚度、路拱横坡、平整度等。施工时应按规定的外形管理测量频率和质量标准进行检查（标准见表3-2）。

表3-2 外形管理测量频率和质量标准

工程类别	项目		频率	质量标准	
				高速公路和一级公路	二级及二级以下公路
基层	纵断高程 /mm		二级及二级以下公路每20m 1点；高速公路和一级公路每20m 1个断面，每个断面3～5点	+5～-10	+5～-15
	厚度 /mm	均值	每1500～2000m² 6点	≥-8	≥-10
		单个值		≥-10	≥-20
	宽度 /mm		每40m 1处	>0	>0
	横坡度 /%		每100m 3处	±0.3	±0.5
	平整度 /mm		每200m 2处，每处连续10尺（3m直尺）	≤8	≤12
			连续式平整度仪的标准差	≤3.0	—
底基层	纵断高程 /mm		二级及二级以下公路每20m 1点；高速公路和一级公路每20m 1个断面，每个断面3～5点	+5～-15	+5～-20
	厚度 /mm	均值	每1500～2000m² 6点	≥-10	≥-12
		单个值		≥-25	≥-30
	宽度 /mm		每40m 1处	>0	>0
	横坡度 /%		每100m 3处	±0.3	±0.5
	平整度 /mm		每200m 2处，每处连续10尺（3m直尺）	≤12	≤15

2. 质量的检查和验收

混合料应在施工现场级配每2000m²检测1次；集料压碎值根据观察，异常时随时取样试验；水泥剂量每2000m²检测1次，至少6个样品；含水量据观察，异常时随时取样试验；拌和均匀度随时观察试验；压实度每一作业段或不超过2000m²检查6次以上；无侧限抗压强度每一作业段或不超过 2000m² 检测 6 个或 9 个试件。检测时，必须挑选薄弱环节，检测结果必须满足《公路路面基层施工技术细则》(JTG/T F20—2015) 之规定，发现偏差，及时试验、调整。质量合格标准除了应满足表 3-2 以外，还需满足表 3-3。检查的频率，按规范规定的要求进行，具体见有关规范。

表 3-3 底基层（垫层）和基层的质量合格标准

工程类别	检查项目	检查数量[①]	标准值	极限低值
无结合料底基层	压实度	6～10 处	96%	92%
	弯沉值[②]	每车道 40～50 个测点	[③]	—
级配碎石（或砾石）	压实度	6～10 处	基层 98%	94%
			底基层 96%	92%
	颗粒组成	2～3	规定级配范围	
	弯沉值[②]	每车道 40～50 个测点	[③]	—
填隙碎石	压实度（固体体积率）	6～10 处	基层 98%	82%
			底基层 96%	80%
	弯沉值[②]	每车道 40～50 个测点	[③]	—
水泥土、石灰土、石灰粉煤灰、石灰粉煤灰土	压实度	6～10 处	93%（95%）	89%（91%）
	水泥或石灰剂量（%）	3～6 处	设计值	水泥 1.0% 石灰 2.0%
水泥稳定材料、石灰稳定材料、石灰粉煤灰稳定材料、水泥粉煤灰稳定材料	压实度	6～10 处	基层 98%（97%）	94%（93%）
			底基层 96%（95%）	92%（91%）
	颗粒组成	2～3	规定级配范围	
	水泥或石灰剂量（%）	3～6 处	设计值	设计值 -1.0%

① 以每天完成段落为评定单位时，检查数量可取低值；以 1km 为评定单位时，检查数量应取高值。
② 按《公路路面基层施工技术细则》(JTG/T F20—2015) 附录 A 计算得到的弯沉值即是极限高值。
③ 按《公路路面基层施工技术细则》(JTG/T F20—2015) 附录 C 所得的弯沉标准值。

五、不同类型基层材料碾压

在铺筑底基层之前，应用静力式压路机对路基按"先边后中，先慢后快"的原则碾压 3～4 遍。下承层压实作业不宜采用振动压路机，以免路基表层发生松散。

根据需要铺筑和压实垫层后，即可铺筑和压实基层。由于基层的种类和材料不同，压实作业方法也不尽相同。

1. 级配碎石和级配砾石基层的碾压

粗细碎石或砾石与石屑或砂按比例配制的混合料，称为级配碎石或级配砾石。

压实级配碎、砾石基层，应按"先边后中，先慢后快"的原则，碾压 6～8 遍。其中振动压路机压实效果较好,轮胎压路机次之,静力压路机较差。

采用振动压路机,一般先以静力碾压1~2遍,再以30~50Hz的振频和0.6~0.8mm的振幅进行振动压实。振动压实时,应严格控制碾压遍数,达到压实度标准后立即停止振动压实。一般碾压遍数为3~5遍,然后再以静力碾压1~2遍,消除表层松散。振动压实的碾压速度约为3~6km/h。

碾压注意事项:
① 相邻碾压带应重叠20~30cm。
② 压路机的驱动轮或振动轮应超过两段铺筑层横向、纵向接缝50~100cm。
③ 前段横向接缝处预留5~8m,纵向接缝处预留20~30cm可暂不碾压,待与下段铺筑层重新拌和后,再按②条的要求压实。
④ 路面两侧应多压2~3遍,以保证路边缘的稳定。
⑤ 根据需要,碾压时可向铺筑层上少量洒水,有利于压实和减少石料被压碎。
⑥ 不允许压路机在刚刚压实或正在碾压的路段内调头及紧急制动。
⑦ 压路机应尽量避免在压实段同一位置换向。

2. 填隙碎石基层的碾压

用单一尺寸的粗粒碎石骨料,摊铺压实后,再铺撒石屑充填石间空隙并压实而形成的结构层,称为填隙碎石基层。

填隙碎石基层的施工方法有干法和湿法两种。

(1) 干法施工填隙碎石基层的碾压

按松铺系数为1.2~1.3摊铺的粗粒石料铺筑,先选用静力式压路机或振动压路机以静压方式,碾压3~4遍,使粗粒石料稳定就位。然后,均匀地铺撒2.5~3cm厚的石屑。选用振动压路机以高振频、低振幅和较低的碾压速度进行振动压实。当大部分石屑嵌入石间空隙内时,再次铺撒2~2.5cm厚的石屑,继续振动压实,直至全部空隙均被填满为止。复压时,应随压随撒布石屑。复压结束后,扫除多余的石屑。

最后,向铺筑层喷洒少量的水,再换用静力式压路机碾压1~2遍,使压实层无明显轮迹和蠕动现象。

(2) 湿法施工填隙碎石基层的碾压

填隙碎石基层湿法施工在终压以前的施工程序和压实方法与干法施工相同。湿法施工是在终压作业开始之前,向铺筑层大量洒水,直至饱和。然后,采用静力压路机紧随洒水车后面进行碾压。碾压中,边压边撒布和补充石屑。一般碾压到水与压碎的石粉形成足够的石粉浆,充满全部孔隙时为止。通常,若压路机碾压轮前的石粉浆形成微状波纹或是投入碾压轮下的粗粒石料能被压碎,而不能压入压实层,即说明达到压实标准。

3. 稳定土基层的碾压

由石灰、水泥、工业废渣等材料分别与土按一定比例,加适量的水,充分拌和、铺筑及压实的结构层,称为稳定土基层。

稳定土基层的压实方法与路基的压实方法相近:
① 严格控制含水量,一般铺筑层含水量应比最佳含水量高1%,不可小于最佳含水量。碾压过程中,若表层发干,应及时补洒少量水。
② 水泥稳定土铺筑的基层,从拌和到碾压之间的延迟时间应控制在3.5h之内,施工

流水长度在200m以内，以免水泥凝固，影响压实质量。其他材料铺筑的基层，也应做到当天拌和，当天碾压。

③ 前一作业段横向接缝处应预留3～5m暂不碾压，待与下一作业段重新拌和后，再碾压，并要求压路机的驱动轮或振动轮压过横向接缝50～100cm。

④ 碾压作业时，应避免碾压轮粘带混合土。

⑤ 每班作业结束后，应使压路机驶离作业地段，选择平坦坚实地点停放。若需要临时在刚刚压实或正在碾压的路段内停放，则应使压路机与道路延线成40°～60°角斜向停放。

⑥ 压实终了，应及时整形，扫除多余的混合土，并铺盖麻片、草席或素土养生。

●[施工组织案例]

附1 水稳底基层施工组织案例

1. 总体方案

本工程路面底基层采用水泥稳定级配碎石，厚度为20cm、18cm两种，分别按一层施工。分别用在主线、匝道位置及服务区，将采用粒料拌和站集中拌和、粒料摊铺机摊铺，人工配合连续化机械作业的方案进行施工。

2. 施工步骤

（1）路床准备与施工放样

按路床的有关检验标准进行检测，并通过监理验收，使其达到标准，符合要求。

① 在路基上恢复中线。根据底基层铺筑宽度确定路基边缘桩位，间隔10m在半幅宽度两侧设导向控制桩；

② 进行水平挂线测量。根据试验段验证确定的松铺系数计算松铺高程，通过水准测量调整导向桩支架来确定钢丝高度，挂好钢丝；

③ 对挂好的钢丝进行复核确定。

（2）拌和与调试

① 铺筑用混合料在粒料拌和站集中拌和；

② 拌和站先经过多次试运转，调节电子控制以设定好传动带转速、加灰、加水阀门控制等，各项准备工作做好后，开机拌和；

③ 将拌和机各传送系统的自动控制装置设定在设计配合比范围内；

④ 首次试拌时不加结合料和水，对混合料进行级配检验，合格后正式拌和；

⑤ 再次加入结合料和水后，进行结合料和含水量检验；

⑥ 集料进斗时应有通过隔筛筛分，并随时根据需要启动附着振动装置，使之均匀进料；

⑦ 拌和要均匀，含水量要略大于最佳值，并根据集料含水量的变化、早晚变化、运距远近和现场反馈的混合料含水量信息，及时调整加水量，使混合料碾压时的含水量不少于最佳值。

（3）运输

使用载重15t以上的自卸运输车依次将拌和好的混合料运至工地摊铺现场，装运混合料的车厢应干净、严密不漏浆。

(4) 摊铺

① 底基层施工采用半幅梯队摊铺的方式进行；

② 摊铺前，将路床清扫干净，用洒水车适当洒水；

③ 检查机器各部运转情况，对摊铺机进行调试；

④ 摊铺时，由专人指挥运料车倒驶，将混合料倒入料斗，开动刮料板，待熨平板前喂足混合料便起动摊铺机投入摊铺运行；

⑤ 调整好传感器臂（自动找平装置）与钢丝的关系，严格控制厚度和高程，确保松铺厚度、平整度和路拱横坡度符合要求；

⑥ 梯队摊铺时，两台摊铺机一前一后相隔 5~10m，并使中间松铺合缝平整；

⑦ 摊铺机力求满负荷工作，中途尽力避免停机。行进和停机保证相同的振动拖平。停机时旋转盘埋入混合料深度不少于 2/3；

⑧ 横缝设置采用方木嵌隔法，即在摊铺的终点放与压实厚度相同的方木（厚度超过 15cm 可垫混合料），然后在方木前端多铺 2~3m 混合料一起碾压，使方木两边嵌挤牢固，后端达到规定的压实度和平整度，再次摊铺时清除方木前端多余混合料（也可在碾压终止后立即挖除）。

(5) 检测找补

专人跟随摊铺机量测平整度及摊铺厚度，及时处理摊铺层出现的缺陷。如出现纵向离析带等缺陷，应及时通知摊铺机手进行检修调整。

(6) 碾压

① 混合料经摊铺和检测找补后，立即进行碾压，直线段，由两侧向中心碾压；超高段，由内侧向外侧碾压，碾压时，应重叠 1/2 轮宽；

② 根据试验段铺筑验证确定的碾压组合方式进行碾压；

③ 用重型压路机进行稳压；

④ 振动压路机打开振动器加压，振幅以先小后大为原则，同时结合现场实际情况，以现场观测不出现横向裂纹为准，并决定其达到标准最大干密度的 97% 以上所需最佳的碾压遍数，通常除路面的两侧应多压以外，其余各部分碾压到的次数尽量相同；

⑤ 用胶轮压路机进行低速碾压；

⑥ 双钢轮进行碾压；

⑦ 洒水后胶轮进行终压；

⑧ 碾压时不能过振，压至无轮迹时，用核子仪初检压实度，不合格时，重复再压；

⑨ 压路机倒车换挡要轻且平顺；

⑩ 碾压过程中，水泥稳定土的表面应始终保持潮湿，如表面蒸发过快，应尽快补洒适量的水。如有松散、起皮、"弹簧"等现象，应及时做出相应的处理，使其质量达到要求；

⑪ 在碾压过程中，由专人指挥，严格控制碾压速度，严禁压路机在已完成的或正在碾压的路段上"调头"和急刹车；

⑫ 碾压须在水泥终凝前及试验确定的延迟时间内完成，并达到要求的压实度和较好的平整度，同时没有明显的轮迹。

(7) 接缝处理

每天最后一段末端工作缝应成直线，而且上下垂直，经过摊铺的混合料当天全部压实，不留尾巴。第二天铺筑时为了使已压成型的稳定边缘不遭受破坏，应用方木保护，碾压前把方木提出，用混合料回填整平，并保证形成平顺的接缝。

（8）养生

① 每一段碾压成型后（表面无明显轮迹，压实度、平整度等指标检测合格）根据现场气候条件采用塑料薄膜的办法养生，不得延误；

② 在整个养生期间每天洒水次数视气候而定，以使基层顶面保持潮湿状态为原则，养生结束后，将覆盖物清理干净；

③ 保湿养生至少 7d（连续施工另行考虑），并且不开放交通，当施工需要开放交通时，应采取限速、限荷载保护措施。

（9）一般注意事项

施工温度在 5℃以上；应勿使水泥和混合料遭雨水冲刷，降雨时应停止施工，但已摊铺的混合料应尽快碾压密实；水泥稳定混合料从拌和到碾压之间的延续时间宜控制在 3～4h 内并小于水泥的终凝时间。

附2　短路基混凝土基层施工组织案例

1. 总体方案

设计图样中，在主线内短于 80m 的结构物（桥与桥或桥与隧）之间的短路基，设计采用 2 层素混凝土基层加沥青中、上面层的复合式路面。混凝土基层采用 28cm 厚 C15 混凝土浇筑，混凝土面板采用 35cm 厚 C40 混凝土浇筑。

2. 施工步骤

（1）施工准备

① 开工前制定专项施工方案，工地试验室确定理论配合比和施工配合比。开始备料准备、选取试验路段、测量放样、技术交底等各项开工前的准备工作；

② 拌和设备采用强制式搅拌机进行拌和，计划在一期土建 15 标处设置一处及土建 19 标处设置一处。摊铺设备采用三辊轴配合人工摊铺，振捣采用插入式振捣棒加辊轴振捣，抹面机抹平。

（2）混凝土拌和物搅拌与运输

混凝土拌和采用强制式搅拌机搅拌，用 10m³ 混凝土罐车运输至施工现场，搅拌时试验人员留取试件标准养护 28d。

（3）混凝土铺筑施工

① 清扫路床及车辆行车部位，摊铺面上洒水湿润，但不得积水；

② 两侧的模板牢固，不松动；

③ 布料时混凝土罐车在前方均匀布料，倾倒高度不超过 2m；

④ 摊铺机应缓慢、匀速、连续不间断作业。严禁料多追赶，随意停机待料，间歇摊铺；

⑤ 振捣棒配合振捣时插入深度宜离基层 30～50mm，振捣棒应轻插慢提，不得猛插快拔，严禁在拌和物中推行和拖拉振捣棒振捣。每一处振捣时间不宜小于 30s，应以拌和物全面振捣、表面不冒气泡和泛水泥浆为限。

（4）整平抹面

振捣捣实后，拖动滚杠往返 2～3 遍提浆整平，第一遍应短距离慢推滚或拖滚，以后应较长距离匀速拖滚,并将水泥浆始终赶在滚杠前方,多余水泥浆应铲除。

拖滚后表面应用 3m 刮尺,纵横各 1 遍整平饰面,或采用圆盘式抹面机往返 2～3 遍压实整平。抹面后在面上用硬质的扫帚拉毛,拉毛深度 2～3mm。

附3　基层施工组织案例

1. 总体方案

本工程主线路面基层厚度有 18cm 一种,按一层施工。基层将采用粒料拌和站集中拌和、粒料摊铺机摊铺,人工配合机械作业的方案进行施工。基层施工与底基层施工非常相像,可以相互参照。

2. 施工步骤

(1) 下承层准备

对底基层顶部存在的浮渣、灰尘等用人工进行清扫,并填写下承层检验申请批复单,向监理工程师报请检验。

(2) 测量放样

① 在底基层上恢复中线。根据基层铺筑宽度确定边缘桩位,间隔 10m 在半幅宽度两侧设导向控制桩。

② 进行水平挂线测量。根据试验段验证确定的松铺系数计算松铺高程,通过水准测量调整导向桩支架来确定钢丝高度,挂好钢丝。

③ 对挂好的钢丝进行复核确定。

(3) 拌和与调试

① 铺筑用混合料在粒料拌和站集中拌和;

② 拌和站先经过多次试运转,调节电子控制以设定好传动带转速、加灰、加水阀门控制等,各项准备工作做好后,开机拌和;

③ 将拌和机各传送系统的自动控制装置设定在设计配合比范围内;

④ 首次试拌时不加结合料和水,对混合料进行级配检验,合格后正式拌和;

⑤ 再次加入结合料和水后,进行结合料和含水量检验;

⑥ 集料进斗时应有通过隔筛筛分,并随时根据需要启动附着振动装置,使之均匀进料;

⑦ 拌和要均匀,含水量要略大于最佳值,并根据集料含水量的变化、早晚变化、运距远近和现场反馈的混合料含水量信息,及时调整加水量,使混合料碾压时的含水量不少于最佳值。

(4) 运输

使用载重 15t 以上的自卸运输车依次将拌和好的混合料运至工地摊铺现场,装运混合料的车厢应干净、严密不漏浆。

(5) 摊铺

① 基层施工采用半幅梯队摊铺的方式进行;

② 摊铺前,将底基层顶面清扫干净;

③ 检查机器各部运转情况,对摊铺机进行调试;

④ 摊铺时,专人指挥运料车倒驶,将混合料倒入料斗,开动刮料板,待熨平板前喂足

混合料便起动摊铺机投入摊铺运行；

⑤调整好传感器臂（自动找平装置）与钢丝的关系，严格控制厚度和高程；

⑥梯队摊铺时，两台摊铺机一前一后相隔10～20m，并使中间松铺合缝平整；

⑦摊铺机力求满负荷工作，中途尽力避免停机，行进和停机保证相同的振动拖平。停机时旋转盘埋入混合料深度不少于2/3；

⑧横缝设置采用方木嵌隔法，即在摊铺的终点放与压实厚度相同的方木（厚度超过15cm可垫混合料），然后在方木前端多铺2～3m混合料一起碾压，使方木两边嵌挤牢固，后端达到规定的压实度和平整度，再次摊铺时清除方木前端多余混合料（也可在碾压终止后立即挖除）。

（6）检测找补

专人跟随摊铺机，测量平整度及摊铺厚度，及时处理摊铺层出现的缺陷，如出现纵向离析带等缺陷，应及时通知摊铺机手进行检修调整。

（7）碾压

①混合料经摊铺和检测找补后，立即进行碾压，直线段，由两侧向中心碾压，超高段，由内侧向外侧碾压；

②根据试验段铺筑验证确定的碾压组合方式进行碾压；

③用重型压路机进行稳压；

④振动压路机打开振动器加压，振幅以先小后大为原则，同时结合现场实际情况，以现场观测不出现横向裂纹为准，并决定其达到标准最大干密度的98%以上所需最佳的碾压遍数，通常除路面的两侧应多压以外，其余各部分碾压到的次数尽量相同；

⑤用胶轮压路机进行低速碾压；

⑥双钢轮进行碾压；

⑦洒水后胶轮进行终压；

⑧碾压时不能过振，压至无轮迹时，用核子仪初检压实度，不合格时，重复再压；

⑨压路机倒车换挡要轻且平顺，不要拉动底基层；

⑩碾压过程中，水泥稳定土的表面应始终保持潮湿，如表面蒸发过快，应尽快补洒适量的水，碾压过程中，对于少量"弹簧"、松散、起皮等现象，应及时予以处理，使其达到质量要求；

⑪在碾压过程中，由专人指挥，严格控制碾压速度，严禁压路机在已完成的或正在碾压的路段上"调头"和急刹车；

⑫碾压须在水泥终凝前及试验确定的延迟时间内完成，并达到要求的压实度和较好的平整度，同时没有明显的轮迹。

（8）接缝处理

每天最后一段末端工作缝应成直线，而且上下垂直，经过摊铺的混合料当天全部压实，不留尾巴。第二天铺筑时为了使已压成型的稳定边缘不遭受破坏，应用方木保护，碾压前方木提出，用混合料回填整平，并保证形成平顺的接缝。

（9）养生

①每一段碾压成型后（表面无明显轮迹，压实度、平整度等指标检测合格）根据现场气候条件采用塑料薄膜的办法养生，不得延误；

② 在整个养生期间每天洒水次数视气候而定，以使层顶面保持潮湿状态为原则，养生结束后，将覆盖物清理干净；

③ 保湿养生至少 7d（连续施工另行考虑），并且不开放交通，当施工需要开放交通时，应采取限速、限荷载保护措施。

（10）一般注意事项

施工温度在 5℃ 以上；应勿使水泥和混合料遭雨水冲刷，降雨时应停止施工，但已摊铺的混合料应尽快碾压密实，水泥稳定混合料从拌和到碾压之间的延续时间宜控制在 3～4h 内或小于水泥的终凝时间。

思考与练习

一、选择题

1. 路面结构层次由以下层次组成（　　）。
    A. 面层　　　　　B. 基层　　　　　C. 垫层　　　　　D. 路基
2. 基层材料按材料强度可划分为（　　）。
    A. 半刚性类　　　B. 刚性类　　　　C. 柔性类　　　　D. 级配类
3. 基层材料按材料组成可划分为（　　）。
    A. 稳定类　　　　B. 粒料类　　　　C. 嵌锁类　　　　D. 级配类
4. 基层按其组成结构状态可划分为（　　）。
    A. 骨架密实类　　B. 骨架空隙类　　C. 悬浮密实类　　D. 均匀密实类
5. 无机结合料稳定基层是一种半刚性基层，常用的有（　　）。
    A. 石灰（水泥）稳定土　　　　　　B. 石灰（水泥）稳定粒料
    C. 石灰粉煤灰稳定土　　　　　　　D. 石灰粉煤灰稳定粒料
6. 无结合料的粒料类包括（　　）。
    A. 嵌锁类　　　　B. 级配类　　　　C. 二灰土
7. 嵌锁型粒料包括以下（　　）。
    A. 填隙碎石　　　B. 沥青稳定碎石　C. 泥结碎石　　　D. 泥灰结碎石
8. 正转稳定土拌和机的特点（　　）。
    A. 切削阻力大　　B. 拌和宽度小　　C. 拌和深度小　　D. 拌和松散的稳定材料
9. 碎、砾石基层(底基层)材料类型有（　　）。
    A. 级配碎石　　　B. 级配砾石　　　C. 填隙碎石　　　D. 二灰土
10. 级配碎、砾石基层路拌法施工工艺有（　　）。
    A. 准备工作　　　B. 运输和摊铺集料　C. 拌和及整形　　D. 碾压
11. 道路施工质量控制的主要内容包括：（　　）。
    A. 原材料与混合料技术指标的检验　　B. 试验路铺筑
    C. 施工过程中的质量控制　　　　　　D. 基层外形管理
12. 基层的外形管理包括基层的（　　）。
    A. 宽度　　　　　B. 厚度　　　　　C. 路拱横坡　　　D. 平整度
13. 水泥稳定土铺筑的基层，从拌和到碾压之间的延迟时间应控制在____之内，施工流水长度在____以内，以免水泥凝固。（　　）
    A. 2h；200m　　　B. 3.5h；200m　　C. 5h；200m　　　D. 2h；300m
14. 稳定土基层压实时，铺筑层含水量应（　　）最佳含水量（　　）。
    A. 低于　　　　　B. 等于　　　　　C. 高于，1%　　　D. 高于，2%

15. 填隙碎石基层施工分为（　　）和湿法两种方法。
   A. 干法　　　　　B. 撒布法　　　　　C. 分层法　　　　　D. 湿法
16. 下列粒料类基层中，属于嵌锁型的是（　　）。
   A. 填隙碎石　　　B. 级配碎石　　　　C. 级配砾石　　　　D. 天然砂砾

二、判断题

1. 基层包括基层、底基层、上基层、下基层。（　　）
2. 基层材料按材料组成可划分为有结合料稳定类和无结合料的粒料类。（　　）
3. 所有稳定土都不能用作高等级路面基层，只能用作底基层。（　　）
4. 石灰稳定土材料包括石灰粒料和石灰土。（　　）
5. 二灰土是用石灰、粉煤灰稳定粗粒土和中粒土得到的混合料。（　　）
6. 二灰粒料是用石灰、粉煤灰稳定细粒土（含砂）得到的混合料。（　　）
7. 级配碎石由粗、细碎石集料和砂按一定比例组成的密实级配的混合料。（　　）
8. 填隙碎石路面是用单一尺寸的粗碎石作骨料，用石屑填满碎石间的空隙形成的路面。（　　）
9. 在土壤中加入无机料或有机料使其发生物理化学变化称之为土壤稳定。（　　）
10. 稳定土拌和机按转子的旋转方向可分为正转和反转两种。（　　）
11. 基层压实时应按"先边后中，先慢后快"的原则进行压实。（　　）
12. 稳定土基层压实时，铺筑层含水量应等于最佳含水量。（　　）
13. 压路机相邻碾压带应重叠 20～30cm。（　　）
14. 垫层的作用是调节和改善水温状况，以保证面层和基层具有必要的强度。（　　）
15. 在铺筑底基层之前，下承层压实作业可以采用振动压路机。（　　）
16. 稳定土都不能用作高等级路面基层，只能用作底基层。（　　）

三、填空题

1. 面层应具备较高的力学强度和_____，而且应当具有耐磨和_____，其表面还应有良好的_____和_____。
2. 垫层材料不要求强度高，但要求_____和_____好。
3. 用石灰稳定_____和_____得到的混合料称为石灰粒料，用石灰稳定_____得到的混合料称为石灰土。
4. 粗、细碎石集料和_____各占一定比例，组成符合密实级配要求的混合料，称级配碎石。
5. 粗、细碎石集料和_____各占一定比例，组成符合密实级配要求的混合料，称级配砾石。
6. 用_____作主骨料，用_____填满碎石间的空隙，这种路面结构称作填隙碎石。
7. 把_____和_____进行破碎、撒铺、拌和及压实等工作的机械统称为稳定土路面机械。
8. 基层结构的稳定性包括_____和_____。
9. 基层的外形管理包括基层的_____、_____、_____、_____等管理。
10. 级配碎石、砾石基层设计厚度一般为_____cm，当厚度大于_____cm时，应分层铺筑。

四、简答题

1. 简述稳定土厂拌设备结构及作用。
2. 简述级配碎、砾石基层路拌法施工工艺。
3. 简述铺筑基层试验路段的作用。
4. 简述级配碎、砾石基层厂拌法施工工艺。
5. 简述振动压路机碾压基层的方法。

第四章

路面工程机械化施工组织

第一节 沥青混凝土路面施工概述

> **知识目标**
> 1. 熟悉沥青混凝土路面结构及性能；
> 2. 熟悉路面建筑材料类型及特点。

> **能力目标**
> 1. 能够根据施工要求合理选择路面建筑材料；
> 2. 具备识别不同建筑材料的能力。

建设良好的沥青路面，需要熟悉不同路面结构特点及施工要求，熟悉不同道路建筑材料性能，合理地选择道路建筑材料，严格把好材料的质量关，做好路面材料的配比试验工作。

一、沥青路面结构及性能要求

（一）道路结构

沥青面层铺筑在道路表面，直接承受汽车车轮的压力，车轮加速、减速的摩擦力和对地面的推挤作用，还要受到日晒、雨淋、严寒等自然因素的影响。为了使路面达到最佳的承载能力，沥青面层按使用不同的材料和配比分两层或三层施工，称为底面层、中面层和表面层，底面层也称承重层，具有较高的承载能力，中面层起承重与连接作用，表面层也称磨耗层，具有较高的耐磨性能，同时具有较好的防滑能力，还要具有防止雨水渗漏的功能。图4-1所示为典型的沥青路面结构。

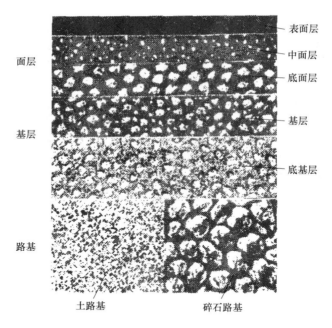

图 4-1　沥青路面结构层

1. 面层

面层是道路的最上层,直接承受车辆重力的垂直荷载和车辆行驶及制动的水平荷载,因此,面层应有较高的强度、刚度和耐磨性。为了使车辆能够高速行驶,表面要有较好的平整度。为了使车辆行驶安全,车辆制动良好,面层要有一定的粗糙度。面层暴露在空气中,受到降水的侵蚀和温度变化的影响,面层不能透水,还要具有较好的温度稳定性。面层一般分 2~3 层铺筑,各层分别称为表面层、中面层和底面层。

2. 基层

基层是路面结构的承重部分。主要承受车辆荷载的垂直力,并把面层传下来的力扩散到垫层或路基,故基层也应具有足够的强度和刚性。

3. 底基层

底基层是基层下面的一层,用于加强基层的强度,并将荷载传递到下面,底基层材料的强度和刚度可以略次于基层。

4. 垫层

垫层是介于基层(或底基层)和路基之间的层次,在冻深较大的地区铺设具有防冻功能的垫层,可以防止路基冻胀;在地下水位较高的地区铺设垫层可以防止地表水下渗或有效地将地下水隔绝。

5. 联结层

有些道路为了加强面层和基层的联结作用,在面层和基层之间设置联结层,以减少基层的裂纹向上扩展,联结层与面层共同承受车轮的荷载。

路基在路面之下,承受车辆的荷载和路面的自重,它不属于路面的结构层次,但它是路面的基础。

在不同地区修筑道路,路面的等级不同,设计结构层的层数、厚度、使用的材料以及施工方法各不相同。

（二）沥青路面种类

沥青面层以沥青作结合料，以碎石、砂和矿粉等作填充物，使其形成既坚实而又有轻微弹性和韧性的路面。

根据路面材料的不同，沥青路面可分为：

1. 沥青碎石路面

沥青碎石路面使用的矿料中粗石料较多，细石料和矿粉较少，甚至没有矿粉。路面承受压力是靠大块石料相互嵌挤的作用，因此，其承载能力和热稳定性好，天气炎热时也不会软化，而且工程造价相对低廉。但沥青碎石路面一般空隙率较大，一般大于10%，路面容易老化，当路面稍有破坏时，石料也容易脱落失散形成凹坑，这些大空隙容易造成渗水，会造成下面基层浸蚀损坏，缩短道路的使用寿命。沥青碎石混合料路面属于骨架结构。骨架结构的优点是路面承载能力强，受环境温度影响小，夏季重车碾压不会变形，缺点是防水能力差，雨水侵袭易于渗漏，易于老化和开裂。因此，沥青碎石路面更多地用于中面层和底面层。沥青碎石路面作为表面层，只适用于二级及以下的公路，属于次高级路面。

2. 沥青混凝土路面

沥青混凝土路面的石料粒径采用大小不同规格，各种石料粒径的比例是按照相互填充的原理配合，加上一定数量粒径极小的矿粉。其路面的空隙率较小，一般小于10%，通常为4%～6%。沥青混凝土路面质地均匀密实、路面强度高、耐磨损、不易损坏、不渗水、不易老化、使用寿命长，但沥青混凝土路面对材料和设备要求较高，会使工程造价有所提高。沥青混凝土路面属于密实结构，这种结构的优点是防水性好，不易开裂，不易老化。缺点是路面的承载能力对环境温度比较敏感。夏季气温较高时，沥青变软后在重型车辆的碾压下易于产生车辙和拥包。沥青混凝土路面属于高级路面，可以用于高速公路、一级公路和二级公路的表面层及面层的其他各层次。

3. 沥青玛蹄脂碎石混合料（SMA）路面

沥青玛蹄脂碎石混合料英文名称为 Stone Matrix Asphalt，缩写为 SMA，它集中了以上两种结构的优点，为密实的骨架结构，是一种全新的结构形式。图 4-2 为 SMA 沥青玛蹄脂碎石混合料路面结构与沥青混凝土路面结构的比较，SMA 的特点是：

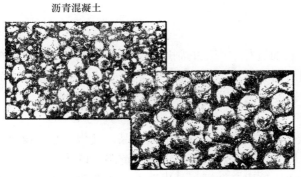

图 4-2　SMA 沥青玛蹄脂碎石混合料与沥青混合料的比较

① 粗集料的用量较多，粒径 4.75mm 以上的粗集料占到 70% 以上，细集料较少，为间断级配结构。

② 沥青用量较多，一般不小于 6.2%。

③ 矿粉的用量多，高达 12% 左右。

④ 加入了纤维稳定剂，通常为木质纤维素，用量为混合料总质量的 0.3%。

用 SMA 修筑的路面，荷载主要靠粗集料的骨架结构形成的嵌挤作用承受，具有很好的承载能力，特别是在夏季具有很好的抗车辙能力。由于采用了间断级配的碎石骨架结构，在道路表面形成大的孔隙，增加了表面的构造深度，提高了道路的抗滑性能。SMA 的沥青用量较多，与矿粉和纤维稳定剂共同形成沥青玛蹄脂，可以很好地填充粗集料间的空隙，使混合料内部空隙率较小，约为 2%～4%，改善了路面的防水性能，很好地解决了路面抗滑性能与防水性能之间的矛盾。纤维稳定剂的使用，可以减少和消除混合料拌和、运输和摊铺过程中沥青的流淌现象。

SMA 由于其自身的结构特点，大部分 SMA 要使用改性沥青，对石料的质量要求高，必须使用坚硬、耐磨、颗粒近似于立方体的石料，细集料应使用 100% 破碎人工砂，不宜使用天然砂，因此修筑的道路具有较好的质量。

总之，SMA 结构的特点是粗集料多，细集料少，沥青多，矿粉多，同时添加了适量的纤维稳定剂。这种混合料抗裂、耐高温、水稳定性好，可以延长道路的使用寿命。而且，铺筑的路面表面粗糙度高，可提高车辆行驶的安全性，目前 SMA 主要应用于高等级沥青路面的表面层。

二、沥青混合料路面材料认知

沥青混合料是由一定数量的沥青与一定数量粒径不同的集料按规定比例在给定温度下加热搅拌制成，沥青及集料的质量对路面的质量影响很大。

笔记

（一）沥青

1. 沥青的种类

沥青的英文名称为 asphalt，是一种黑色、黏稠的胶体物质，属高分子碳氢化合物。修筑沥青路面，沥青在路面结构中起到黏结剂的作用，沥青分为石油沥青、煤沥青和天然沥青。

（1）石油沥青

石油沥青是提炼石油过程中产生的副产品。石油炼油厂通过对石油的蒸馏从中提炼汽油、煤油、柴油和润滑油等各种工业油脂，随之产生出来的残留物质为石油沥青。石油沥青在经过稠度调配、轻度氧化等进一步加工后制成道路石油沥青。

（2）煤沥青

煤沥青是炼焦碳、制煤气时干馏烟煤的副产品。其粗制品为煤焦油，经过再度蒸馏去除部分轻质油分后，即为煤沥青。用煤沥青修筑道路可以始终保持路面粗糙。但是，煤沥青修筑的路面易于老化，使用寿命短，且煤沥青中含有致癌物质。因此，煤沥青较少用于修筑道路。

（3）天然沥青

石油从地壳裂缝渗到地球表面，经过常年日晒和风吹的作用，易于挥发的轻油脂自然蒸发，残留下不易挥发的沥青部分。天然沥青的稳定性大大优于石油沥青。但天然沥青由于产量稀少，因此价格昂贵。

石油沥青是目前修筑道路最常用的沥青材料。

2. 道路石油沥青的性能

石油沥青安全无害，可以溶解于汽油、柴油、煤油等溶剂中，不能在水中溶解。石油沥青有很多状态，有固态沥青、膏体沥青和液态沥青。修筑道路使用的沥青称道路石油沥青，常温下呈膏体状态。

沥青的各项性能指标主要有：

（1）针入度

沥青的稠度影响到修筑的沥青路面在炎热的夏季是否变软，冬天是否脆硬，因此，黏稠度是道路石油沥青的重要指标。通常用针入度方法可以间接表示沥青的黏稠度。黏稠度低的沥青，针入度值就大；黏稠度高的沥青，针入度就小。

我国道路石油沥青的标号就是用针入度值表示。如 50 号的道路石油沥青，针入度值为 40～60：标号 70 号的道路石油沥青，针入度值为 60～80：标号 90 号的道路石油沥青，针入度值为 80～100。

（2）针入度指数

针入度指数是表示沥青对温度感应性指标，通过测量沥青在 15℃、25℃、30℃ 3 个或 3 个以上温度条件下的针入度后，然后根据规定方法计算而得，反映针入度随温度变化的程度。针入度指数通常用 PI 表示。

（3）软化点

软化点表示沥青加热后开始软化的温度，可以体现沥青不易软化的性能。软化点通常用字母 SP 表示，单位℃。

（4）延度

延度也称延性，它表示沥青受外力作用发生变形而不被破坏的能力，可以体现沥青不易开裂的性能。

（5）含蜡量

石油沥青中蜡成分的存在，会使沥青的黏性降低、抗水侵蚀性以及抗缩裂的能力降低，因此，重交通道路石油沥青中含蜡量应加以控制。一般用含蜡量少的石油可以制成优质道路石油沥青。

3. 液体石油沥青

石油沥青通常要加热到 120～150℃后才能呈流体状态，达到使用要求。用汽油、煤油、柴油等溶剂将沥青稀释，使沥青在常温下可以流动，制成液体石油沥青，用液体石油沥青可以在常温下作业，使施工大为方便。溶剂蒸发后，沥青变硬，形成坚硬的结构。

4. 乳化石油沥青

乳化石油沥青是在沥青中加入水、乳化剂和稳定剂制成的沥青乳液，常温下乳化石油沥青呈液体。

乳化沥青一旦接触空气后，水就会蒸发，恢复成沥青的膏体状态，变成黑色沥青。这个过程也称"破乳"。

乳化沥青常温下呈液态,拌制混合料时乳化沥青和石料都不用加热,可以在常温下进行,拌制方便。乳化沥青碎石混合料路面使用的沥青即为乳化沥青,制成乳化沥青混合料后,摊铺在路面上,待水分完全蒸发"破乳"后,沥青将集料黏结牢固,形成坚实的路面。由于质量的局限,乳化沥青碎石混合料路面仅适用于低等级公路。

(二)集料

集料也称矿料或骨料,是不同粒径石料的集合,在沥青混合料中,集料占总体积的90%以上,沥青混合料路面使用大小不同的石料,产生相互填充和嵌挤作用,在路面结构中主要起骨架作用。集料按粒径分为粗集料、细集料、填料。

1. 粗集料

粗集料是指粒径大于 2.36mm 的石料,粗集料分为天然砾石和人工碎石。天然砾石是从河床中筛选出的鹅卵石和河床的砾石,外表呈圆形,没有棱角,它的防滑性能和相互嵌合性能较差,只能用于三级及三级以下的沥青表面处治路面。人工碎石是由破碎机轧制而成,呈多菱形表面,压实后能产生相互嵌合作用,是最好的粗集料。

石料的质量直接影响沥青混合料路面的强度,石料应坚硬不易压碎,用于沥青表面层的石料还应耐磨,具有良好的抗冲击性。

粗集料应洁净、干燥、无泥土和杂质。

2. 细集料

细集料是粒径小于 2.36mm 的砂,在沥青混合料中起填充碎石颗粒间的孔隙、增强均匀性及和易性的作用,并能促使沥青混合料在压实过程中形成较好的结构。砂按粒径可分为粗砂、中砂和细砂。

细集料按加工方法分为天然砂、石屑和机制砂。

(1)天然砂

天然砂是岩石风化经河水和海水冲刷自然形成的圆形颗粒,沥青混合料中加入天然砂,在施工时混合料容易被压实,使用太多对沥青混合料的高温稳定性不利,因此天然砂的使用不能占到细集料的 20%。

(2)石屑

石屑是生产粗集料时,在破碎石料过程中生产出来的细碎石料。具有较多的棱角,与沥青的黏附性好,但石屑中粉尘含量较多,扁片状及碎土比例较大,易造成强度低且施工性能较差,不易压实,造成路面残留空隙率大。天然砂与石屑共同使用,往往能起到互补的效果。

(3)机制砂

机制砂是由专门的制砂机用石料破碎而成,具有多棱角、粗糙、洁净的优点,是性能最好的细集料。

3. 填料

填料是粒径小于 0.075mm 的矿物质粉末,也称矿粉,是由石灰岩、岩浆岩或白云石中的强基性岩石石料经粉碎磨细而成,也可使用水泥、石灰、粉煤灰等材料作填料。填料的作用是改变沥青的力学物理性质,提高混合料的强度及温度稳定性,增强矿料与沥青的黏结力。

（三）沥青混凝土级配结构

级配是指沥青混合料中各种不同粒径集料的配合比例，可通过筛分试验确定。沥青混凝土是路面施工常用的一种级配结构形式，各种粒径的矿料从大到小连续分布，形成相互填充的结构。压实后矿料的剩余空隙小于10%，矿料空隙内填充4%～6%沥青和矿粉，使矿料黏结牢固，实际的空隙只有3%～5%，是一种密实的结构，采用沥青混凝土修筑的路面不易透水、不易开裂，使道路具有较长的使用寿命。

沥青混凝土规格用 AC 表示，后面的数字表示集料中使用的最大矿料的粒径。如级配类型为 AC-25 的沥青混合料，使用的矿料最大粒径可以通过 26.5mm 的方孔筛，粒径约为 25mm。

（四）沥青混合料的分类

根据不同的道路使用要求，人们开发了很多种结构形式的沥青混合料，各种不同形式的混合料可以按以下几种方法进行分类：

1. 按材料组成及结构分类

（1）连续级配

各种粒径的矿料从大到小连续分布，形成相互填充的结构。

（2）间断级配

矿料级配组成中缺少一种或几种（或用量较少）矿料而形成的沥青混合料。

2. 按矿料级配组成及空隙率大小分类

（1）密实级配沥青混合料

按密实级配原理设计组成的各种粒径颗粒的矿料，与沥青结合料拌和而成，设计空隙率较小的密实型结构，通常有以下几种：

① 密实型沥青混合料，用 AC 表示。

② 密实型沥青稳定碎石混合料，也称"场拌大料"，用 ATB 表示。

③ 沥青玛蹄脂碎石混合料，用 SMA 表示。

（2）半开级配沥青混合料

由适当比例的粗集料、细集料及少量填料（或不加填料）与沥青结合料拌和而成，经压实后剩余空隙率在6%～12%，典型的半开式结构的沥青混合料为沥青稳定碎石混合料，用 AM 表示。

（3）开级配沥青混合料

矿料级配主要由粗集料嵌挤组成，细集料及填料较少，设计空隙率18%，通常有以下几种：

① 排水式沥青磨耗层，用 OGFC 表示；

② 排水式沥青碎石基层，用 ATPB 表示。

3. 按使用石料的粒径，大体划分类型

① 特粗式：公称最大粒径等于或大于31.5mm；

② 粗粒式：公称最大粒径为 26.5mm；

③ 中粒式：公称最大粒径为 16mm 或 19mm；
④ 细粒式：公称最大粒径为 9.5mm 或 13.2mm；
⑤ 砂粒式：公称最大粒径小于 9.5mm。

（五）改性沥青

改性沥青是在沥青中加入一种或多种改性剂而形成。改性剂是一种高分子聚合物，通过适当的工艺使改性剂均匀地分布在沥青中，改性剂会在沥青内形成网状结构，改性剂能吸附相当于自身质量若干倍的沥青，从而提高沥青的黏度和硬度，改善路面的性能。

1. 改性沥青的优点

沥青路面使用改性沥青有以下几方面优点：
① 提高道路抗永久变形能力；
② 提高道路抗低温开裂性能；
③ 提高道路抗疲劳开裂性能；
④ 提高道路抗水损害性能。

2. 改性剂的种类

现在有多种聚合物可用于改善沥青的性能，但常用的改性剂大体可分为以下三类：
① 橡胶类改性剂。如苯乙烯-丁二烯橡胶，也称丁苯橡胶，简称 SBR。
② 热塑性橡胶类改性剂。如苯乙烯-丁二烯-苯乙烯嵌段共聚物，简称 SBS。
③ 热塑性树脂类改性剂。如乙烯-醋酸乙烯酯共聚物，简称 EVA，聚乙烯，简称 PE。

一般认为，橡胶类改性沥青具有较好的低温抗裂性，适用于北方气候寒冷地区；热塑性树脂类改性沥青具有较好的高温稳定性，适用于南方气候炎热地区；热塑性橡胶类改性沥青兼有树脂类和橡胶类改性沥青的优点，适用范围更广一些。当前，热塑性橡胶类改性沥青（使用 SBS 改性剂）应用最为广泛。

改性沥青与普通沥青相比其原材料价格昂贵、加工工艺复杂、生产成本较高，因此，一般改性沥青混合料只在高速公路、一级公路的中面层和表面层使用。

笔记

● 第二节　路面施工机械认知

📖 知识目标

1. 熟悉路面施工机械结构与工作原理；
2. 熟悉施工机械与设备选型的方法；
3. 熟悉施工机械与设备的配套方法。

📖 能力目标

1. 能够根据施工要求合理选择施工机械及设备；
2. 初步具备对摊铺机、沥青拌和站进行参数调试的能力。

要建设质量良好的沥青路面，既需要熟悉道路材料的特点，也需要熟悉沥青混凝土生产设备的结构、原理及特性，并根据工程实际需要合理地选择混合料的生产拌和设备及配套设备，并精心组织施工，提高生产效率和生产质量。

一、沥青拌和设备结构认知

沥青混合料拌和设备也称沥青混合料拌和站，是沥青路面施工重要的大型专用成套设备，安装在沥青混合料生产场地内。自卸车将各种粒径的碎石、砂、矿粉和沥青等各种原材料运到沥青混合料生产厂存放，生产时将原材料输送到沥青混合料拌和站内，经过配比、加热、拌和制成热拌沥青混合料，自卸车再将混合料运到施工现场，由摊铺机摊铺到路面上，由压路机碾压，修筑成沥青混凝土路面。沥青混合料拌和设备按拌和工艺流程可分为间歇式拌和站和连续式拌和站。

1. 连续式沥青混合料拌和站

连续式沥青混合料拌和站的特点是加热、拌和、掺入沥青都是在一个长的加热烘干滚筒内一次完成的拌和设备。生产工艺如图 4-3 所示，不同粒径的石料经过配料机按比例配合，加入矿粉，通过输送机连续不断地从一端送入加热烘干筒内。烘干筒不断转动，矿料在烘干筒内搅拌均匀，烘干筒的一端有燃烧器，燃烧器燃烧柴油或重油，向烘干筒内喷射高温气体，矿料在烘干筒内不断翻滚中搅拌、加热，然后喷入沥青，继续搅拌直至均匀，拌好后沥青混合料从加热烘干筒的另一端连续不断地输出，故称为连续式沥青混合料拌和站，拌好的沥青混合料暂时存放在成品料仓中，再由自卸车将沥青混合料运走。

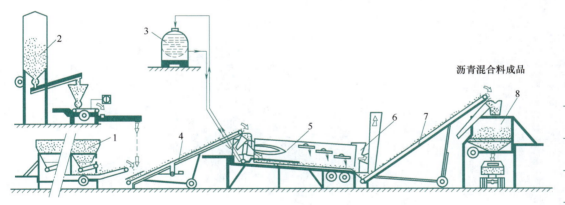

图 4-3　连续式沥青混合料拌和站

1—集料配料机；2—矿粉仓；3—沥青罐；4—输送带；5—加热烘干筒；6—燃烧器；7—输送带；8—成品料仓

连续式拌和站工艺流程短，生产效率高，但连续式拌和站对采石场提供矿料的粒径的准确度要求高，否则不能保证沥青混合料的级配。

2. 间歇式沥青混合料拌和站

这种拌和设备将矿料加热后，按粒径大小重新进行筛分，每种粒径的石料在投入搅拌器之前经过重新筛分，由电子计量斗秤逐一称量，按照级配需要配比，卸入一个大的搅拌容器内进行强制搅拌，然后加入沥青，继续搅拌直至均匀，制成沥青混合料后从搅拌器卸出。再次投料，进行下一批混合料的搅拌，因此称这种工艺拌和站为间歇式拌和站。

使用间歇式沥青混合料拌和站，矿料粒径的偏差经过重新筛分和配比，如果采石场供应的矿料粒径不准确，可以通过拌和设备自身进行重新校正，使矿料级配准确。再经过强制式搅拌器的拌和，使混合料搅拌均匀。目前我国使用的拌和设备大多数是间歇式拌和设备。

3. 间歇式沥青混合料拌和站结构及工作原理

制备沥青混合料使用的沥青、集料和矿粉等原材料运到拌和站分别存放起来，沥青存放在沥青罐内，矿粉存放在矿粉储存筒仓内，集料分成不同粒径分堆存放在料场。由沥青拌和站将这些原材料生产出沥青混合料。

图4-4为大型间歇式沥青混合料拌和站的构造，工作原理如下：集料配料装置1用于矿料初步配和，皮带输送机2将配好的矿料送入加热烘干滚筒3，烘干筒的另一端有燃烧器4，燃烧器燃烧柴油或重油，向烘干筒内喷射高温气体，矿料在烘干筒内不断翻滚加热，矿料加热后由热矿料提升机5送至拌和楼上的振动筛分机6，经过筛分后各种粒径的石料重新分开，分别存放在热矿料储存仓7的各个料仓内，热矿料称量斗8以每一批沥青混合料需要的矿料为基数，分别称量需要的各种粒径矿料，按级配要求配合，矿粉储存在矿粉筒仓9内，矿粉称量斗10以该批混合料为基数称量出需要的矿粉，沥青保温罐11用于储存沥青，导热油加热装置12用于给沥青加热，沥青称量桶13以该批混合料为基数，称量出需要的沥青，所有称量好的级配集料、矿粉、沥青为一批，在搅拌器14内搅拌均匀，生产出热拌沥青混合料，成品料仓17用于储存生产出来的热拌沥青混合料，消烟除尘装置15用于消除生产过程中出现的烟尘，操纵控制室18对整个拌和站进行控制。

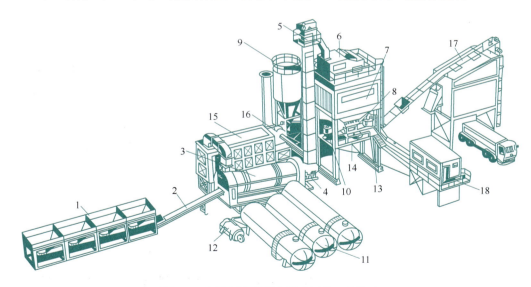

图4-4　大型间歇式沥青混合料拌和站构造

1—集料配料装置；2—皮带输送机；3—加热烘干滚筒；4—喷气式燃烧器；5—热矿料提升机；6—振动筛分机；7—热矿料储料仓；8—热矿料称量斗；9—矿粉筒仓；10—矿粉称量斗；11—沥青保温罐；12—导热油加热装置；13—沥青称量筒；14—搅拌器（矿粉称量斗的下面）；15—消烟除尘装置；16—鼓风机；17—成品料仓；18—操纵控制室

图4-5所示为间歇式沥青混合料拌和站生产工艺流程。

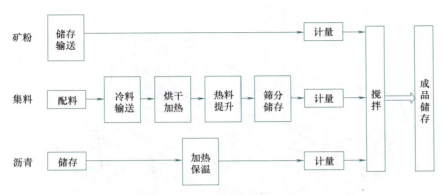

图 4-5　间歇式沥青混合料拌和站生产工艺流程

4. 间歇式沥青混合料拌和站使用

① 拌和机在工作前需进行全面的检查。如检查各部紧固螺丝是否松动；拌和机内是否有余料；传动带是否跑偏；各机组及辅助设备安装是否正确；沥青管路接头是否漏气。

② 拌和机在起动时，一般逆着运料流程进行。当烘干筒达到一定的温度后才能起动冷料输送机和配料给料装置。

③ 拌和机在正式拌和成品料之前，应先用热砂石料预拌 2～3 次，以便给拌和机壳体预热。在正式拌和时，应先将热砂石料与石粉在拌和机内干拌 10～15s 后，再喷入沥青拌和。间歇式拌和机每盘的生产周期不宜少于 45s（其中干拌时间不少于 5～10s），改性沥青和 SMA 混合料的拌和时间应适当延长，烘干集料的残余含水量不得大于 1%。

在工作中，供料应均匀，以防止热料仓各料斗内物料堆积过多，发生串仓现象，而影响砂石料的配合比。

④ 拌和机的矿粉仓应配备振动装置以防止矿粉起拱。添加消石灰、水泥等外掺剂时，宜增加粉料仓。

⑤ 成品储料仓，贮存过程中混合料温降不得大于 10℃，且不能有沥青滴漏。普通沥青混合料的贮存时间不得超过 72h；改性沥青混合料的贮存时间不宜超过 24h；SMA 混合料只限当天使用；OGFC 混合料宜随拌随用。

⑥ 拌和机停机时，应将烘干筒、料斗、料仓以及拌和机内余料卸空；停机后，应用柴油或煤油清洗沥青系统，以防止堵塞沥青供应管路及卡死沥青泵，影响下次使用。

二、摊铺机结构认知

沥青混合料摊铺机是移动作业的机械。沥青混合料拌和站生产的热拌沥青混合料运到路面施工现场后，卸在摊铺机接料斗内，随着摊铺机向前行驶，将沥青混合料均匀地摊铺在路面上，摊铺要达到设计的厚度，路拱要符合设计要求，摊铺的表面要非常平整，摊铺机要对混合料进行初步的压实。摊铺完成后，由压路机压实，形成平整、均匀、坚实的沥青混合料路面。沥青混合料摊铺机在路面施工中，对道路厚度、平整度和道路的外观质量起到关键作用，是路面施工的重要设备。

1. 摊铺机基本构造

沥青混合料摊铺机的基本构造结构如图 4-6 所示，主要包括以下装置：

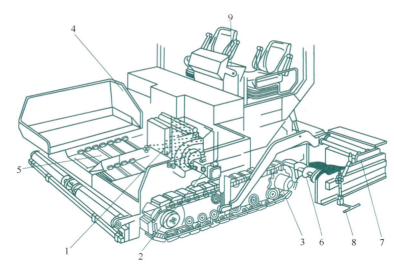

图 4-6　沥青混合料摊铺机的基本构造

1—发动机；2—液压传动系统；3—行驶系统；4—接料斗；5—刮板输送器；6—螺旋摊铺器；
7—熨平板；8—自动调平纵坡传感器；9—驾驶台

① 动力装置。发动机 1 是摊铺机的动力。

② 液压传动系统。将发动机的动力通过液压传动系统输出，并传递到各个部位，使摊铺机各机件运转。

③ 行驶系统。行驶系统 3 使摊铺机行进。

④ 工作装置。接料斗 4、刮板输送器 5、螺旋摊铺器 6、熨平板 7 等使摊铺机完成摊铺作业。

2. 摊铺机作业

作业时摊铺机缓缓向前行驶，自卸车将沥青混合料倒入接料斗 4 内，刮板输送器 5 将料输送到后部，螺旋摊铺器 6 将混合料横向摊开，熨平板 7 将混合料铺平，随着摊铺机向前行驶，连续不断地将沥青混合料摊铺在路面上。

摊铺机一般由 2～3 人操作，一名驾驶员坐在操作台 9 上操作摊铺机向前行驶，熨平板两侧各有一名操作人员检查熨平板的摊铺情况，控制摊铺的厚度和摊铺的宽度。摊铺机安装有自动调平装置 8，可以自动控制熨平板摊铺状况，达到预定的摊铺厚度和平整度。由于采用自动调平装置，熨平板的控制也可由一人操作。

沥青混合料摊铺机还可以摊铺道路基层材料，如稳定土、稳定砂砾及半刚性基层材料等，也可以摊铺干性水泥混凝土（又称碾压混凝土）等其他路面材料。

三、施工设备的选型

施工机械的选型和配套是沥青路面施工的重要工作。沥青混合料路面施工完全采用机械化施工、流水作业，设备的质量和数量是保证工程质量和施工进度的关键。从工程成本上讲，所使用的设备技术越先进、数量越多，机械费占整个工程费用的比例越大，因此，要根据工程的具体质量要求和施工的进度要求合理选型优化配套，既要保证施工质量和进度，又要经济合理，尽可能降低工程成本。

（一）沥青混合料拌和站的选型

沥青混合料拌制是施工的第一道工序，沥青混合料拌和站的性能对施工的影响非常重要。

沥青混合料拌和站应满足以下条件：

① 有足够大的生产率，保证摊铺作业连续性。

② 有足够准确的计量配比精度，一般沥青的计量精度应达到 ±0.5%，矿料的计量精度应达到 ±1.0%，沥青混合料中沥青与矿料质量百分比的误差小于 ±0.5%。

③ 温度控制精度也应达到要求，沥青混合料出料控制温度的精度应达到 ±5℃。

④ 距离施工地点较近，以减少运输时间和运输费用。

⑤ 故障率低，能保证施工顺利进行。

⑥ 使用的燃料费应少，生产每吨沥青混合料消耗燃料一般为 7～8kg。消耗电力少，生产成本低。

⑦ 环保性能达到当地的标准，指标包括经过消烟除尘器后烟囱排烟的烟度值，整个设备运行时的噪声值。

⑧ 设备适应能力强，如矿料含水量达到 5% 时，设备依然能够达到额定的生产率。

（二）压实机械的选型

沥青混合料路面施工使用的压实机械有双钢轮振动压路机、钢轮静作用压路机、轮胎压路机、小型振动压路机等。

1. 双钢轮振动压路机

可变振幅和振频的双钢轮振动压路机是压实沥青混合料最好的压路机。

现在通常双钢轮振动压路机都具有双轮驱动、双轮振动，每个振动轮的振幅和振频可调，初压时可关闭振动，采用静作用力碾压，随着混合料密实度增加，复压时，可逐渐加大激振力，以增加压实能力，因此，双钢轮振动压路机可以适应各种压实工况。

双钢轮振动压路机的选型主要是选择压路机的自重，常用的双钢轮振动压路机自重为 6～13t。

① 在压实工序中主要通过复压使铺筑的沥青混合料达到规定的密实度，而且，复压工作量大，要求压实能力强，因此，选型时，从复压使用的压路机着手。

② 以粗集料为主的较大粒径的混合料尤其是大粒径沥青稳定基层，应优先采用 10t 或 10t 以上的大型双钢轮振动压路机复压。

③ 高速公路、一级公路及城市主干路等铺筑厚度大、摊铺面积大、压实度要求高，复压应使用 10t 或 10t 以上的大型双钢轮振动压路机。其线压力大，压实深度大，碾压轮直径大，压实平整度好，碾压轮宽，压实生产率高。作业时，可以用最少的碾压遍数、最少的碾压幅数将铺筑的混合料压实。

④ 由于道路施工受天气、施工组织、设备能力、当地交通等众多因素的影响，情况复杂多变，为了减少施工风险，高速公路、一级公路每个摊铺工作面配备 1～2 台 13t 的压路机，施工过程中，当某些部位因种种原因达不到压实度时，使用该压路机追加压实度。

⑤ 如果修筑的道路使用的是改性沥青混合料，而改性沥青混合料需要在较高的温度下压实成活，为了使混合料尽快压实，也应使用 10t 或 10t 以上压路机。

⑥ 环境温度较低，铺筑的厚度较薄，摊铺后混合料很快冷却，应尽快压实，使用 10t 或 10t 以上的大型压路机可以减小施工风险。

⑦ 二级公路、城市次干道及以下的道路，压实面积较小的工程，可使用 8～9t 的双钢轮振动压路机。

2. 轮胎压路机

轮胎压路机的碾压轮为橡胶轮胎，碾压沥青混合料时，轮胎的柔性变形对混合料产生揉搓作用，有利于消除压实表面的裂纹，增加沥青混合料的密水性。

① 密级配沥青混凝土的复压宜优先采用重型轮胎压路机，压路机应满足以下要求：

a. 压路机总质量不得小于 25t，吨位不足时可以附加重物。

b. 每个轮胎对地面的压力不小于 15kN。

c. 冷态时的轮胎充气压力不小于 0.55MPa，轮胎发热后不小于 0.6MPa，各个轮胎的压力应大体相同。

② 小吨位轮胎压路机自重一般为 9t，通过加水和加配重的方法质量可增加到 16t，大吨位轮胎压路机自重一般为 16t，通过加水和加配重的方法质量可增加到 25t。

③ 轮胎压路机不适宜用于初压，初压时混合料较软，易于产生轮迹。

④ 轮胎压路机不适宜碾压 SMA 沥青玛蹄脂碎石混合料，可能使沥青玛蹄脂胶浆被挤出，使路面纹理消弱，表面不能到最佳的构造深度。

3. 小型压实机械

小型压实机械有小型振动压路机和振动平板夯。

小型振动压路机自重较轻，质量仅为 1～3t，压实能力小，一般不作为主要碾压设备，只能用于辅助作业。

① 用于碾压道路两侧的沥青路面与路缘石接茬的部位。如果使用大型压路机贴边碾压，极易压碎和挤坏路缘石，而使用小型压路机就安全多了。

② 小的弯道、加宽段和港湾式停车带大型压路机难于碾压的部位，可以采用小型压实机械和振动平板夯补压。

③ 小型振动压路机还可用于沥青混合料摊铺时接缝或修补地面凹坑，具有机动灵活、使用方便的优点。

④ 振动平板夯自重较轻，使用更为方便，适宜路面接缝时使用，也可用于沥青混合料路面修补作业。

四、施工设备的配套

沥青混合料路面施工是整个道路施工最关键的工序，也是难度最大的工序，各道工序采用流水作业，衔接非常紧密，由于采用综合的机械化施工，设备的配套非常重要。

① 从作业时间考虑，热拌沥青混合料从生产出来，运到施工现场进行摊铺，直至碾压成形，整个生产过程必须在短时间内完成，否则混合料冷却凝固，无法施工。

② 从保证平整度考虑，摊铺机必须连续不断进行摊铺作业，中途停顿，然后再次起

步,会在路面形成一个波形,如果由于拌和站和运输车造成沥青混合料供应的不均衡,摊铺机被迫开开停停,势必影响整条道路的平整度。

③ 从保证压实度考虑,压路机配备的数量也很重要,如果压实效率跟不上,不能保证足够的压实遍数,摊铺的混合料还没有得到压实就已冷却,就会影响碾压的密实度。

④ 在施工过程中如果造成质量缺陷,一旦沥青混合料冷却,就不可能进行修复。

为了保证施工质量和进度,尽可能降低施工成本,最重要的是保证整个施工过程达到均衡生产,特别是保证拌和设备、运输设备、摊铺设备和碾压设备的生产率保持平衡。因此,施工前要进行周密的计划,选用的设备的生产率应配套,使全套设备生产达到平衡。

在测算时,首先要分别计算出每种设备的生产率,然后计算出所需设备的数量。

(一)拌和设备生产率的确定

沥青混合料拌和设备的生产率取决于每缸搅拌数量、进料时间、拌和时间、卸料时间及搅拌机效率,可按式(4-1)计算:

$$Q_B = 60 C_B \times K_B / (t_1 + t_2 + t_3) \tag{4-1}$$

式中　Q_B——拌和站生产率,(t/h);
　　　C_B——每缸搅拌数量,t;
　　　t_1——进料时间,min;
　　　t_2——拌和时间,min;
　　　t_3——卸料时间,min;
　　　K_B——效率系数。

实际生产中进料时间和卸料时间是固定的,拌和时间根据实际生产的沥青混合料而定,不同类型的沥青混合料配比不同,拌和时间不同,生产率就会有所不同,这些数值可以通过拌和设备的使用经验进行初步推算,再经过生产配合比验证阶段,即铺筑试验段后经过试拌验证,方可得出精确的生产率数值。

有些拌和设备用生产率标定型号,如某拌和设备型号为MAP320,标定生产能力为320t/h,这个生产率是沥青拌和站实际生产能力的中值,可以作为生产率的基本参考值。

拌和设备的生产率取决于矿料的加热温度,加热温度高,矿料加热时间长,生产率就会降低。生产率还取决于矿料的含水量,含水量大,矿料加热时间长,生产率也会有所降低。

(二)沥青混合料运输车生产率和数量

沥青混合料运输车的运输能力应保证生产出的混合料及时运到施工现场,保证摊铺机连续不断地摊铺,为防止热拌沥青混合料在运输过程中温度下降过快,应选用大吨位自卸汽车。为了保证摊铺现场有足够的混合料,每台摊铺机前应有5辆自卸车等候卸料,防止混合料不足,造成摊铺机被迫停车。

运输车的数量的计算可按式(4-2)计算:

$$N_C = Q_B \times K_C \times (t_1 + t_2 + t_3) / (60 \times Z_c) + N_2 \tag{4-2}$$

式中　N_C——运输车的数量,辆;

Q_B——拌和站生产能力,(t/h);

t_1——运输车往返所需时间,min;

t_2——装料时间,min;

t_3——卸料时间,min;

Z_c——单台运输车载质量,(t/辆);

N_2——保证摊铺连续性,在摊铺机前等待卸料的车数;一般每台摊铺机前应为 3~5 辆,多台摊铺机并列摊铺,N_2 应为各台摊铺机前面等候自卸车数量之和;

K_C——时间利用率,时间利用率为受社会交通影响因素的数值。

沥青混合料运输车的运输能力和沥青拌和站的拌和能力相比应有所富余,特别是城市施工,道路交通可能出现拥堵,防止由于运力不足造成摊铺机被迫停顿。

(三)摊铺施工生产率的计算

① 单台沥青混合料摊铺生产率的计算公式:

$$Q_p = 60 \times T \times W_P \times V_P \times D \times K_P / 100 \tag{4-3}$$

式中 Q_p——生产率,(t/h);

T——摊铺层压实后的平均厚度,cm;

W_P——摊铺宽度,m;

V_P——摊铺机运行速度,(m/min);

D——沥青混合料的密度,(t/m³);

K_P——效率系数。

摊铺厚度为路面设计厚度(压实后的厚度)。

沥青混合料密度一般为 2.3~2.4t/m³。

摊铺宽度为摊铺机安装熨平板的宽度,根据所选摊铺机的型号和实际摊铺宽度而定。大型摊铺机可安装较宽的熨平板,摊铺宽度可大一些。当施工道路较窄,小于选定的摊铺机熨平板最大摊铺宽度时,可采用一台摊铺机作业,将熨平板组装成路面宽度,进行全路幅摊铺。

摊铺机的摊铺速度一般可从 0~16m/min 无极调节,为了保证施工质量,作业时一般应控制在 2~6m/min 的范围内,计算时可初步设定为 4m/min,SMA 混合料宜放慢至 1~3m/min。待所有施工设备的生产率确定后,通过调整摊铺机作业速度,使生产率达到平衡。

效率系数取决于施工整体配合情况,一般效率系数为 0.7~0.95,根据实际作业情况和施工条件确定,如混合料供应是否均衡充足,施工组织是否周密,作业时其他辅助工作量的多少,效率系数可以提高。

② 摊铺机生产率应与拌和站生产率配套,可以通过调整摊铺速度和摊铺机数量实现,以达到均衡生产,摊铺机实际行驶速度为:

$$V_P = 100 \times Q_B / (60 \times T \times W_P \times D \times K_P) \tag{4-4}$$

式中 Q_B——拌和站生产率,(t/h);

其他参数同前面的公式。

当计算出的摊铺机的摊铺速度大于合理的速度时,应增加摊铺机的数量。

(四) 压路机生产率和台数的计算

1. 单台压路机的生产率

$$Q_Y = 10 \times (W_Y - L_Y) \times V_Y \times T \times D \times K_Y / B_Y \tag{4-5}$$

式中　Q_Y——压路机生产率,(t/h);
　　　W_Y——碾压轮宽度,m;
　　　L_Y——碾压轮重叠量,m;
　　　V_Y——压路机行驶速度,(km/h);
　　　T——摊铺层压实后的平均厚度,cm;
　　　B_Y——压实遍数;
　　　D——沥青混合料的密度,(t/m³);
　　　K_Y——效率系数。

碾压轮宽度为该型号压路机压轮的宽度。

2. 碾压轮重叠量

碾压轮重叠量根据施工要求而定,三轮静作用压路机重叠量为后碾压轮宽度的1/2轮宽度。双钢轮振动压路机重叠量基本要求为10~20cm,实际碾压时应对碾压带进行规划,根据路面宽度 W、碾压轮宽度 W_Y 和重叠量基本要求,大致规划摊铺带需要 n 次才能完全碾压一遍,然后按照下式计算实际重叠量 L_Y:

$$L_Y = (n \times W_Y - W) / (n-1) \tag{4-6}$$

重叠量在满足基本要求10~20cm的前提下应尽可能小,这样可以提高压实生产率。

压实速度的确定一般根据先慢后快的原则,初压1.5~2km/h,复压4~5km/h,终压2~3km/h。

压实遍数取决于压路机类型、自重、摊铺厚度、摊铺材料、环境温度等因素,另外初压、复压和终压的遍数也不相同,一般初压2遍,复压4~8遍,终压2~4遍,计算时可用中值或上限值,经过实验路段试压后再确定。

效率系数是由于前进、倒退、换向时间及纵向碾压带重叠量等因素影响的效率降低程度,一般为0.6~0.8。

3. 计算所需压路机台数

计算出单台压路机生产率后,还要根据实际作业的摊铺生产率确定所需压路机台数,计算方法如下:

$$N_Y = Q_P / Q_Y \tag{4-7}$$

式中　N_Y——压路机台数;
　　　Q_P——单台压路机生产率;
　　　Q_Y——摊铺机总生产率。

压路机台数的数值出现小数时应进位取整数。

初压、复压和终压三道工序应分别计算,一般初压和终压碾压遍数较少,压路机工作量小,复压碾压遍数较多,碾压工作量大。

高速公路碾压密实度要求高，以铺筑双车道沥青路面为例，压路机数量不宜少于5台，施工温度低、风大、碾压层薄时，压路机的数量应适当增加。

（五）各道工序的生产能力要匹配

在计算生产率和确定设备需求数量时，应使后道工序的生产能力比前道工序略大，即压实能力＞摊铺能力＞运输能力＞拌和能力，从而保证能把拌和好的沥青混合料运到现场，摊铺到路面上，并且得到充分的压实。如果后道工序施工能力不足，如摊铺能力不足，沥青混合料运到施工现场后没有摊铺就冷却凝固，无法摊铺，就会造成浪费。如果压实能力跟不上，摊铺后的混合料碾压遍数不够或碾压温度低，就会造成密实度不够，使碾压质量达不到规定的要求。

● 第三节　沥青混合料质量控制

📖 知识目标

1. 了解沥青路面施工准备工作；
2. 熟悉《公路工程质量检验评定标准》（JTGF 80/1—2017）；
3. 熟悉沥青混合料质量控制要点；
4. 熟悉沥青混合料拌和站参数调整方法。

📖 能力目标

1. 具备合理地选择道路建筑材料能力；
2. 能够正确地调整沥青混合料控制参数。

沥青混合料的质量关系到沥青路面的使用寿命，直接影响着道路的经济效益，因此，沥青混合料的质量控制是路面施工的关键控制点。进行沥青混合料质量控制需要掌握道路建筑材料的合理选择以及沥青混合料配合比的控制方法。

一、施工人员与设备准备

（一）沥青混合料生产区的布置

图 4-7 为沥青混合料生产区平面布置图，兴建前要精心规划，可从以下几点考虑：
1. 设备

安装沥青拌和设备位置要方便生产，砂石料要便于上料，生产出的沥青混合料便于运出。沥青路面施工的辅助设备，如生产透层沥青、黏层沥青用的乳化沥青制作设备，改性沥青制作设备都应安装在相应的位置，便于协调作业。

沥青混合料拌和设备的安装工作要符合设备生产厂家的技术要求。所有设备安装完毕后,先要进行空载试运转,检验设备的各个装置是否能正常工作,调整沥青拌和站运行参数,使其符合拌和设备生产厂家提供的技术指标。

2. 料场

原材料存放场地要足够大,地面应进行硬化,因为各种矿料都堆放在地面上,生产时用装载机向料仓上料,如果地面不进行硬化,就可能将地面的土撮起来一同装到料仓内,影响沥青混合料质量。各种粒径的矿料要分堆存放,必要时各堆之间要有隔离墙,防止原材料混杂。

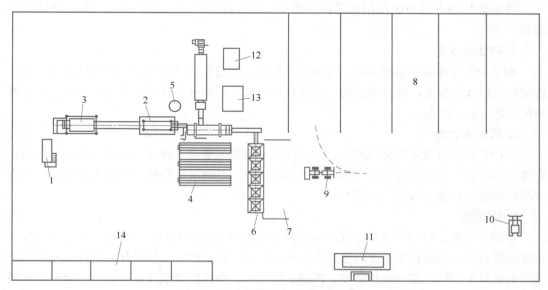

图 4-7 沥青混合料生产厂平面布置图

1—控制室;2—拌和楼;3—混合料成品储料仓;4—沥青储料罐;5—矿粉储存仓;6—冷料仓;7—上料坡道;
8—矿料储存场;9—装载机;10—推土机;11—地秤;12—乳化沥青生产设备;13—改性沥青生产设备;
14—配电室、实验室、办公室、库房、休息室及生活用房等

3. 地秤

沥青混合料拌和厂要设置地秤,以便原材料运进场时进行称重,称重方法是装满原材料的车辆进场时先开到地秤上,称量出车辆和原材料的总质量,原材料卸车后,空车再通过地秤,称量出空车的质量,用车辆满载的总质量减去空车的质量即为送来原材料的质量。地秤可设置在场区的大门附近,使车辆过秤方便。

4. 场内交通

场内交通道路要进行合理规划,保证施工时车辆行驶畅通,交通道路的地面也应进行硬化,防止下雨后路面松软使运输车辆陷车。

(二)施工现场人员的组织

由于沥青混合料路面施工特点是机械化作业、连续施工、工序衔接紧密,施工人员要严密配合、各负其责,作业时分工明确,重点突出,各道工序的衔接工作界定清晰,使施工的各个环节紧密配合。

摊铺施工现场一般可分成以下几个作业组。

1. 测量组

使用测量仪器保证施工过程的几何尺寸和高程等准确无误，铺筑路缘石、检查井时测量高程，摊铺前测量路面基础高程，协助设置摊铺基准。摊铺作业时测量摊铺碾压成形后的铺筑厚度。

2. 砌筑组

承担路面施工的所有土工方面的手工作业和各种辅助作业。

3. 乳化沥青洒布组

使用乳化沥青洒布机根据需要洒布黏层沥青和透层沥青，边角部位用人工补洒乳化沥青。

4. 摊铺作业组

摊铺前架设摊铺机纵坡基准，与测量组配合，使设置的摊铺基准符合设计要求。使用摊铺机进行铺设作业，保证摊铺的平整度和均匀性，控制摊铺机行走速度。辅助工作有摊铺机的各项配合作业。

5. 碾压作业组

使用压路机以规定的碾压程序、碾压速度和碾压遍数进行碾压，使铺层达到规定的压实度。当检验组测出密实度和平整度达不到标准时，及时采取措施，保证碾压质量。配合砌筑组搞好构筑物边缘的压实工作。

6. 检验组

检验各个施工环节的质量，保证质量满足施工规范和业主的质量目标。摊铺前，配合测量组检查路面高程和平整度，检查路面基础质量。检查路缘石质量和井雨水口质量，指导砌筑组对不合格的部位进行修复。摊铺机作业时，测量沥青混合料进场时的温度，摊铺作业时测量沥青混合料的摊铺温度，测量初压温度、终压温度，测量压实后的密实度和平整度。负责工序间检验验收。钻取试样送试验室检验。收集质量数据，整理质量资料，为竣工验收做准备。配合监理工程师随时监督检查施工质量。

7. 设备保障组

负责设备转移工作地点的运输和组装，设备燃油的补充，压路机加水，组织设备故障抢修。

各作业组人员的数量，要根据实际工作量需要的人数进行配备。

二、施工现场准备

（一）铺筑基础的检查和处理

沥青混合料路面摊铺前，应对摊铺的基础质量进行检查，对薄弱部位进行处理，使基层的质量符合要求。

1. 新修筑的基层应进行检查

新铺筑的基层，如使用水泥、石灰等稳定土材料修筑的基层，质量符合下列要求：

① 基层的高程、纵坡、横坡及平整度应符合设计要求。

② 具有足够的强度和适宜的刚度。

③ 具有良好的稳定性。

④ 干燥收缩和温度收缩变形小。
⑤ 表面平整密实。

2. 旧的沥青路面或水泥路面应进行处理

旧的沥青路面一般采用加铺沥青混合料面层进行修复，水泥路面损坏严重，也可采用加铺沥青混合料面层进行修复。铺筑前应对旧路面现况进行检查，如出现破损、脱落、开裂、凹坑或拥包等，要根据旧路的实际情况，对原路面进行整平或补强，可采取以下措施：

① 旧路面应检查基础的承载能力，可用弯沉仪测量路面的弯沉，判断基础的状况，当弯沉值达不到规定时，说明基础整体性不好，已出现松散，应彻底刨开重新铺筑道路基层。

② 旧路面表面出现严重破损、松散，应全部挖除，用沥青混合料或水泥混凝土填平。

③ 凹陷的部位清除浮土，用沥青混合料或水泥混凝土整平，面积较大凹陷深的部位可分层整平，每层最大厚度不宜超过 10cm。

④ 旧的沥青路面出现拥包，水泥路面出现错台，应进行整平，对高出的部位用铣刨机铣平。

⑤ 重交通量的旧水泥路面，铺筑沥青混合料时，一般需要用铣刨机将旧路面刨出毛茬，使表面的粗糙，增加沥青混合料的附着力。

（二）设置摊铺机的找平基准

现代沥青混合料摊铺机有完善的自动调平装置，包括纵坡调平和横坡调平两种调平装置。

纵坡调平控制是在摊铺机一侧的地面上设置一个水平的纵坡基准线作为参照物，摊铺机作业时比照该基准线摊铺，使该侧摊铺始终保持设定高度。

横坡控制是在纵坡控制的基础上进行控制。当熨平板的一侧用纵坡控制保持设定高度后，横坡控制可使熨平板横向保持水平，使铺筑的路面成为一个水平面，横坡控制也可使熨平板始终保持一定的横向坡度，满足道路横向路拱的坡度。

使用时可根据需要采用纵坡和横坡配合控制，也可以选择使用两个纵坡控制。

纵坡基准是摊铺机能够摊铺出平整路面的基础，分为绝对高程基准和地面平均高程基准。在实际施工中，绝对高程基准适用于摊铺下面层和中面层，以保证路面各个部位的高程。平均高程基准适用于摊铺表面层，使摊铺表面圆润、平滑，提高车辆行驶的舒适性。

绝对高程基准有很多种形式，如图 4-8 所示，图中 a 为钢丝绳基准线，图中 b 为铝合金梁基准，图中 c 为路缘石基准。绝对高程基准一般应在摊铺施工前在地面上设置出来。

（三）钢丝绳基准线设置

1. 钢丝绳基准线的构造

钢丝绳基准线如图 4-9 所示，钢丝绳基准应设置在道路的外侧，先在道路的侧面每隔 5～10m 钉上一个钢橛 2，套管桩 1 套在钢橛 2 上，通过顶丝 3 与钢橛固定，套管桩 1 的外侧面有一个横臂，安装套管桩 1 时横臂的高度经过测量，使每个套管桩横臂的高度在道路设计高程的基础上加高一个常数，在套管桩的横臂上拉上一根钢丝绳4，将钢丝绳绷紧，并且固定在横臂上，钢丝绳上表面就成为一个平滑的表面，且高程与道路设计高程的变化规律相符，摊铺机作业时，纵坡传感器的摆臂搭在钢丝上，摊铺机行进时摆臂在钢丝绳上滑动，使摊铺机可以模拟钢丝绳高程进行摊铺，铺筑的路面就达到了道路设计高程。

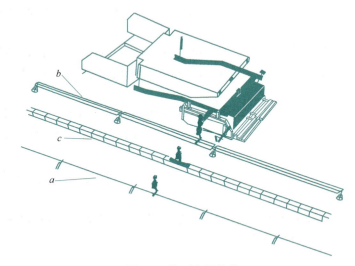

图4-8　绝对高程基准

a—钢丝绳基准线；b—铝合金梁基准；c—路缘石基准

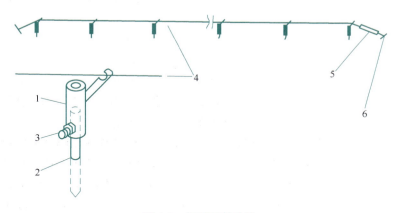

图4-9　钢丝绳基准线

1—套管桩；2—钢橛；3—顶丝；4—钢丝绳；5—紧线器；6—地锚桩

2. 基准线设置方法

① 钢橛定位：钢橛设置在距摊铺机熨平板侧面20～30cm处，钢橛间距为10m，露出地面的高度比路面设计高程增加20cm或30cm，每次设置时应确定为一常数，钢橛钉制时应保持直线，高程的变点和弯道处钢桩的数量要增多，钢橛间距为5m，使转折点柔和过度。

② 装套管桩：套管桩套在钢橛上，横臂垂直于道路中心线，每个套管桩的高度用水准仪测量。方法是测量员看水准仪，一人扶塔尺，将塔尺支在套管上，另一人在下面升降

套管桩，二人听从测量员指挥，待高度合格时立即拧紧顶丝。

③ 拴钢丝绳：先钉地锚桩，将钢丝绳一端固定在地锚桩上，并从一端开始经过各套管桩托杆拉至另一端，用地锚桩固定，用紧线器将钢丝绳拉紧，拉力为300～400N，可安装一个弹簧秤测量拉力，将钢丝绳绷紧拉直后，用细铁丝将钢丝绳拴在托杆的槽内。整条道路的钢丝绳基准应分段设置，每段钢丝绳的长度不能超过200m，钢丝绳过长，会造成松弛，达不到水平的效果。

④ 复测检验：架设完成后，要对高程进行复测，保证高程符合要求，还要检查钢丝绳安装是否牢固。

三、沥青混合料质量控制

（一）建立沥青混合料实验室

沥青混合料生产厂要建立试验室，配备相应的试验设备，对进厂原材料如沥青和矿料等都要进行检验，沥青混合料目标配合比设计、生产配合比设计、生产配合比验证等实验都要在试验室完成。生产过程中，还要对沥青混合料的质量取样试验。沥青路面施工过程中，对现场压实度的试样进行试验。

（二）材料的准备和检验

生产沥青混合料需要大量的原材料，材料的质量、价格和供应能力是道路质量、施工进度和施工成本的关键，因此，材料的质量控制是生产沥青混合料的重要工作。

1. 材料的选择

① 沥青的标号取决于当地气候条件和道路的使用性质，一般在道路设计时确定。沥青的质量取决于石油的产地和提炼方法及炼油厂的生产水平，选择生产厂家时可根据炼油厂提供的质量报告，厂家还应提供用该型号的沥青修筑的道路，以证明沥青的实际使用质量。

② 当缺乏所需标号的沥青时，可采用不同标号掺配的调和沥青。

③ 矿料的质量要满足道路设计要求和施工规范的要求，选择时应考虑以下因素：

a. 石料硬度、物理性能和化学性能取决于石料的产地及岩石的成分。

b. 石料的粒径和颗粒的形状取决于破碎方法及使用的破碎机。

c. 采石场在生产过程中必须彻底清除覆盖层及泥土夹层，生产碎石用的原石不能含有土块、杂物，集料成品不得堆放在泥土地上。

④ 天然砂可采用河砂或海砂，通常宜采用粗、中砂，砂的含泥量较多时应水洗后使用。

2. 材料的进货质量控制

① 购买的沥青、集料等重要材料，供货单位必须提供该批产品的质量检验证明。

② 材料进货时必须对材料的规格、数量、价格、进货时间和产地进行记录，建立进货材料账。

③ 同一产地的材料、同一次购入的材料运至生产现场作为一批进行质量检查。对沥青等重要试样，每一批都要留一些试样封存，以备今后发生质量问题时查对。

④ 要建立材料进货检验制度，确定质量检验方法，在整个施工过程中每次进货都要进行检验。

⑤ 要根据施工规范的要求检查粗集料、细集料、填料和沥青制品的质量。

（三）目标配合比设计

沥青、粗集料、细集料填料经过检验合格后，应使用这些材料进行目标配合比设计。

（四）沥青混合料拌和站参数调整

沥青混合料拌和设备安装调试合格后，根据施工的需要，将设备运行参数调整成符合沥青混合料的要求。

沥青混凝土路面施工组织

沥青拌和站调试应确定以下基本参数：
① 冷料仓配合比及冷料仓上料速度；
② 热料仓振动筛组筛各级筛子筛孔的直径；
③ 热料仓电子秤进料配比质量；
④ 生产配合比沥青用量；
⑤ 矿粉用量；
⑥ 搅拌时间；
⑦ 矿料加热温度，沥青加热温度，拌和温度，沥青混合料出厂温度。

（五）沥青拌和站矿料级配调试

参照目标配合比设计的参数，调整沥青拌和站的矿料配比装置，使其能够配比出目标配合比的矿料级配，为生产配合比设计做好准备。

1. 拌和站矿料级配参数的设定程序

① 以每一缸拌和的数量和装料时间、拌和时间、卸料时间确定搅拌缸生产率，该生产率为整个拌和站的生产率。装料时间和卸料时间可从拌和站说明书中找出或由经验确定，搅拌时间一般不小于45s，根据所拌混合料类型加以修正，一般改性沥青混合料搅拌时间应适当延长。

② 拌和站的生产率减去填料的数量，就是冷料供给装置输送各种粒径的粗集料、细集料的总生产率。

③ 以冷料供给装置总生产率为基数，根据目标配合比设计矿料配比，计算出每种粒径的粗集料、细集料的供给速度。

④ 根据各种矿料的供料速度确定每种粒径的粗集料、细集料装入相应的冷料仓。

⑤ 根据振动筛的筛分情况确定每种粒径的粗集料、细集料装入相应的热料仓。

⑥ 根据目标配合比设计确定的矿料级配，确定拌和站热料称量装置各种粒径矿料的称量比例，如果目标配合比设计时使用的筛子与沥青拌和站用的组筛孔径不统一，可从目标配合比设计矿料通过率筛分曲线图中近似地找出相当于拌和站组筛的通过率，以该通过率作为计算依据。

⑦ 以搅拌缸的容量为基数，根据称量比例计算出热矿料称量装置每次称量需要投入各种规格矿料重量，按照计算结果设定电子秤各种规格矿料的称量数值。

2. 矿料进行试配和试拌

① 试验要开动拌和站，模拟生产过程进行，但烘干筒的火焰加热器不必开动，也不用加入沥青和矿粉，这样配出的矿料，取出后可以用组筛筛分，检验级配结果。

② 根据以上初步确定拌和站配料参数对设备进行调整，电脑控制拌和站还要比较电脑程序推荐值进行设定。

③ 投料试验，将各种粒径的矿料装入冷料仓，经过配料机进行粗配，经传动带运输机送入加热烘干筒，经热料提升机送入热料仓上的振动筛，经筛分进入热料仓，经过电子秤精确配比，卸入搅拌缸，搅拌出均匀的级配矿料。

④ 将拌和站配好的矿料送到试验室检验，用标准筛检查矿料的级配，与目标配合比设计的数据进行比较，当配合比不合适时，如某种粒径的矿料数量偏多或偏少时，适当调整热料仓电子秤控制该种粒径矿料的数量，使配比达到要求。如此经过反复调整，使级配达到要求。如果热料仓电子秤调整效果不好，还可以更换振动组筛相应孔径筛片，调整各粒径热料仓进料量。

⑤ 适当调整冷料仓给料速度，使冷料仓和热料仓的供料量达到均衡。

通过以上试验，得出冷料仓配合比、冷料仓上料速度、振动筛组筛各筛子筛孔的直径和热料仓电子秤进料配比。

（六）生产配合比设计

沥青拌和站矿料级配试验完成后应进行生产配合比设计，用以指导沥青拌和站沥青用量的设定。

（七）沥青拌和站沥青称量桶和矿粉称量桶的设定

以搅拌缸每次称量的矿料量为基数，按以上试验设计出沥青用量和矿粉用量值，调整沥青称量桶和矿粉称量桶一次称量的数量，确定沥青拌和站生产时的沥青、矿粉用量。

（八）矿粉称量装置的设定

根据目标配合比设计和生产配合比的修正确定矿粉的比例，以每一缸拌和的矿粉为基数，确定每一缸需要的矿粉数量，对矿粉称量桶电子秤进行设定。

（九）沥青拌和站其他参数的设定

1. 沥青加热温度

沥青加热温度取决于沥青的黏度，黏度大的沥青，加热温度高，黏度小的沥青加热温度可略低一些，沥青黏度与沥青的标号相关，加热温度可参见表4-1，沥青的加热温度还取决于沥青混合料是否易于拌和，不易拌和的混合料加热温度取高限。沥青加热温度还取决于施工环境的温度，施工环境温度低取高限。沥青加热温度由导热油的温度控制，从沥青罐处测量。

2. 矿料加热温度

矿料加热温度通过加热烘干筒燃烧器出风口温度和排气温度控制，矿料加热温度比沥青加热温度高 10~20℃。

表 4-1 沥青加热温度

沥青种类	沥青标号	加热温度 /℃
道路石油沥青	50 号	160~170
	70 号	155~165
	90 号	150~160
	110 号	145~155

3. 搅拌器搅拌时间

搅拌器搅拌时间包括干拌时间和加入沥青后搅拌时间，这些参数先以经验值设定，一般搅拌时间为 30～50s，其中干拌时间不得少于 5s，待铺筑实验段时在实际生产沥青混合料时根据实际观察，再进一步修正。

● 第四节　沥青混合料摊铺施工组织

📖 知识目标

1. 熟悉沥青路面施工程序；
2. 熟悉《公路沥青路面施工技术规范》（JTGF 40—2004）；
3. 掌握沥青路面施工组织与管理方法；
4. 掌握沥青路面质量控制方法。

📖 能力目标

1. 初步具备沥青混凝土路面生产、运输、摊铺及压实施工组织能力；
2. 能够正确地调整混合料的配比，控制摊铺质量。

沥青混凝土路面施工是一项复杂的施工组织过程，包括施工现场的准备、浇洒透层沥青黏层沥青、摊铺试验路段、沥青混合料的生产、运输及摊铺等程序，这是施工组织的综合运用，也是路面质量控制的关键。

一、铺筑试验路段

（一）铺筑试验段的目的

修筑沥青混合料道路一般采用就地取材，由于每个地区的材料性能和特点各不相同，在进行道路设计时，要根据现有的材料确定矿料的级配、沥青用量。

为了减少这些不定因素的影响，防止道路铺筑后造成缺陷，需要采用铺筑试验路段的方法，对这些技术、工艺、材料、设备进行综合验证和评定，待各项指标完全满足设计要求后，才能投入正式摊铺施工。

（二）确筑试验段的要求

《公路沥青路面施工技术规范》对铺筑试验段有具体规定：

① 高速公路和一级公路在正式施工前都应铺筑试验段。

② 其他等级的公路，在缺乏施工经验或使用新材料、新设备、采用新的施工方法时，也应铺筑试验段。

③ 只有同一个施工单位、同一种材料、同样的机械设备以及施工方法都相同时，才能用已有的经验施工，不用铺筑试验段。

④ 试验段的长度一般为100～200m。

⑤ 为了使试验结果准确，应选择直的路段进行试验。

⑥ 沥青混合料路面的每个结构层都要进行试验段的试铺。

⑦ 选择各层试验段位置时，不能在同一地段。

（三）铺筑试验段需要取得的数据

通过试验段试铺应得到以下数据：

① 通过试验段试铺应验证设计阶段取得的沥青混合料配比数据，如目标配合比、生产配合比等数据是否满足设计要求。

② 要对施工准备阶段设定的沥青拌和站的各项参数进行验证，包括拌和时矿料加热温度、沥青加热温度、混合料拌和时间及其他设备生产参数，测量混合料出厂温度，还要测算拌和站实际生产率。

③ 测量运输车将混合料运达现场后混合料的温度，运输过程所用的时间，运输车数量是否满足施工要求。

④ 通过实际施工，验证各种施工机械的性能是否满足施工质量要求，施工机械的数量是否足够，施工机械匹配是否合理，全套施工机械是否能够满足均衡生产的要求，设备的技术状况是否可靠，性能是否达到最佳稳定运转状态，保证设备不出故障，使整个施工能够顺利完成。

⑤ 测量摊铺机摊铺温度、松铺系数、摊铺机各项作业数据。

⑥ 测量压路机初压时混合料的温度，复压时混合料的温度，复压遍数，终压混合料的温度，碾压过程所用的时间，使用振动压路机时，比较各振动频率和振幅的碾压效果，确定最佳振动频率和振幅参数。

（四）铺筑试验段注意事项

试验段的施工方法与正式的施工基本相同，应严格按照正规的施工方法进行，铺筑试验段施工还应注意以下几点：

1. 试验段施工混合料生产

① 沥青混合料生产应在沥青拌和站试运转完成，并将拌和站调试成生产配合比设计的数据，要进行充分准备，不能盲目试验。

② 通过铺筑试验段要对生产配合比的矿料级配和沥青用量进行验证，这是配比设计从

试验室转化为实际生产的过程,是保证路面质量的关键。

③ 沥青混合料拌和时沥青的加热温度和矿料的加热温度影响到沥青混合料的出厂温度,以至对整个施工全过程包括摊铺、碾压的温度都有影响,开始试拌时,温度可先以规范的中值加热,还要根据沥青黏温特性、沥青和易性及以往的经验对该值进行适当修正,待试验段铺筑过程中,观察沥青混合料运到现场的温度、摊铺温度、初压温度、终压温度是否能够满足施工要求,如果不能满足要进行调整。

④ 确定沥青混合料拌和时间时,先以略长于规定的拌和时间搅拌,拌和时严密观察混合料的拌和质量,应使所有集料颗粒全部裹覆沥青,保证拌和均匀,在保证质量的前提下,逐步缩短拌和时间,使生产能力逐步加快。

⑤ 沥青混合料拌和站试拌过程中,尽可能通过实测收集一些自动控制生产的加热温度、称取质量和拌和时间等数据,与计算机打印系统输出数据对比,检查计算机打印系统输出数据的可信度和准确性。

2. 试验段混合料摊铺

① 喷洒透层沥青时确定洒布机洒布操作的数据,检查单位面积的洒布量,检查透层沥青渗透深度。

沥青路面
施工组织

② 在沥青混合料试铺过程中,通过测量混合料摊铺温度,并与混合料出厂温度比较,可以判断出混合料在运输和摊铺过程中温度下降情况。

③ 初步确定松铺系数。先以经验值确定松铺系数,(沥青混凝土混合料取 1.15～1.35,沥青碎石混合料取 1.15～1.30),然后结合经验做适当修正,作为试验段松铺系数值。

④ 验证摊铺机自动找平方法是否可行,纵坡找平基准是否达到预期效果。

⑤ 检验摊铺设备性能、设备是否配套。

⑥ 确定摊铺速度。根据拌和、运输和摊铺设备实际生产率,检验是否满足施工进度的要求,确定实际摊铺速度。

3. 混合料试碾压

(1) 确定初压温度

在试验段沥青混合料试压过程中,当混合料达到规定的初压温度时,压路机开始碾压,观察碾压轮前面对沥青混合料的推移情况和热混合料的承载能力,推移量过大时应暂缓碾压,待推移量适度时,测量该状态下混合料的温度,即为初压温度的试验结果。

(2) 确定复压遍数

复压时先以规程规定的遍数进行复压、一般为 4～6 遍,碾压过程中随时用核子密度仪检查密实度,达到规定的压实度后,统计压实遍数,即为复压的压实遍数试验结果。

(3) 振动压路机选择振幅和振频

振动压路机初压时,应使用静作用压实,复压时使用振动压实。铺筑厚度薄时应使用小振幅,防止将混合料的集料压碎,使用高振频,提高压实速度。铺筑厚度大时应采用大振幅,提高压实能力。一般应尽可能使用大振幅,使沥青混合料迅速得到压实,提高压路机的生产率。但应注意观察碾压轮对混合料的推挤状况,推挤量过大不能保证压实的平整度。在试验段试压时应进行各种振幅、振频的试验,总结出振幅、振频的数据。通过实际观察压实状况,最后确定振幅和振频。

(4)终压时应消除纵向碾压轮迹

在混合料没有完全冷却前完成全部压实工作,完全达到压实质量后,测量混合料的温度,即为压实终了温度的试验结果。

(5)评定所选压路机的压实性能

从试验段的平整度、压实度的结果,评价压路机型号、数量是否满足施工要求,检查各碾压工序的安排及碾压速度是否合理。

(五)试验段检验和数据整理

试验段施工完成后要进行检验。

① 用钻孔取样法取得试样,做马歇尔试验,将试验数据与生产配合比的数据进行比较,检验沥青混合料各项指标是否满足设计要求。

② 进行路面渗水系数试验,检查路面沥青混合料的防水性能。

③ 通过钻孔取样法取出试样,实测出试样的厚度,与初步确定松铺系数比较,确定出精确的松铺系数。

④ 建立钻孔取样法与核子密度仪测量密实度的对比关系。试验段试铺压实完成后,用核子密度仪测得热态的密度数据,施工完成后,钻孔取样得到的试件测得试件的密度,将两个数据对比,就可得出对应关系,然后对核子密度仪的精度进行校对,正式施工时,就可以利用校对后的核子密度仪准确测量碾压的密实度。

⑤ 获得试验数据、钻取试件和计算时应注意:

a. 核子密度仪测试的结果波动较大,因此,要取 13 个测点为一组,取平均值,作为一个试验数据,试验段检测时不得少于 3 组。

b. 实际路面的压实度有一定的离散性,钻孔取样数量不得少于 12 个,钻孔取样要在第 2 天或第 3 天钻取。

c. 马歇尔试验、松铺系数试验、密实度检验都要从路面进行钻孔取样,为了减少钻孔取样的数量,减少对路面的破坏,可将以上试验结合起来进行。

⑥ 根据拌和生产能力、摊铺机施工能力,确定施工产量及作业段长度,制定施工进度计划。

⑦ 检验施工工艺、施工程序、质量检验方法是否满足设计要求,人员、设备、材料的组织是否满足施工要求,要将以上实验的各项数据认真分析整理,总结出试验段的施工经验。同时对不完善的地方进行相应的调整,做好下一阶段的施工准备。

二、透层沥青和黏层沥青浇洒

浇洒透层沥青和黏层沥青由施工现场的乳化沥青洒布组负责,施工要服从质量控制人员的指导。

(一)浇洒透层沥青

新修筑的道路,无论是采用水泥、石灰、粉煤灰等结合料铺筑的半刚性基层,还是采用无结合料的级配沙砾、级配碎石铺筑的柔性基层,在摊铺沥青混合料面层前都应浇洒透层沥青。

1. 透层沥青的种类和用量

透层沥青也称透层油，应完全渗透入基层，可以作为透层沥青材料的名称、规格和用量如表 4-2 所示，目前，采用慢裂乳化沥青作为透层沥青最为广泛。

表 4-2　沥青路面透层材料的规格和用量表

用途	液体沥青		乳化沥青		煤沥青	
	规格	用量/(L/m²)	规格	用量/(L/m²)	规格	用量/(L/m²)
无结合料粒料基层	AL（M）-1、2 或 3 AL（S）-1、2 或 3	1.0～2.3	PC-2 PA-2	1.0～2.0	T-1 T-2	1.0～1.5
半刚性基层	AL（M）-1 或 2 AL（S）-1 或 2	0.6～1.5	PC-2 PA-2	0.7～1.5	T-1 T-2	0.7～1.0

注：表中用量是指包括稀释剂和水分等在内的液体沥青、乳化沥青的总量。乳化沥青中的残留物含量以 50% 为基准。

2. 透层沥青洒布时机

（1）柔性基层

柔性基层渗透效果较好，对洒布透层沥青的时间没有特殊要求，为了防止喷洒后表面被污染，可在铺筑沥青层前 1～2 天前洒布。

（2）半刚性基层

半刚性基层要经过养生，才能达到一定的强度，洒布透层沥青最好在基层施工结束待表面稍干后马上浇洒，这样方可使透层沥青渗透下去，如果错过洒布时机，半刚性基层已经硬化，透层沥青难以渗透，达不到透层的效果。洒布透层沥青对半刚性基层也可以起到养护作用，可以防止半刚性基层表面水分蒸发过快，避免造成表面干缩，出现开裂。

洒布透层喷洒时，如果基层施工晾晒时间较长，致使表面出现干燥，应该在表面洒少量水，待表面水分稍干后浇洒透层沥青，这样有利于乳化沥青更好地渗透。

透层沥青洒布应用量准确、洒布均匀，最好使用沥青洒布车进行洒布。

3. 洒布透层沥青的技术要求

① 浇洒前应将路面清扫干净。

② 沥青的品种和用量应按照设计要求。

③ 气温低于 10℃ 或大风、即将降雨时不得喷洒。

④ 透层沥青应渗入基层一定深度，半刚性基层不小于 5mm，柔性基层不小于 10mm。为了保证渗透深度，应进行试喷，喷洒后应通过钻孔或挖掘确认渗透的深度。达不到渗透深度，可调整透层沥青的稠度或更换其他品种的透层沥青。

⑤ 透层沥青洒布后不能在表面有流淌的现象，不能在表面形成油膜，如果局部地方有多余的沥青未渗入基层，应及时予以清除。

⑥ 透层沥青浇洒完成后可根据需要洒布石屑或粗砂，作用是：

a. 可以使基层与上层的沥青混合料产生良好的过渡作用，使基层与上面的沥青混合料结合牢固。

b. 当浇洒基层表面的透层沥青稍多时，洒布石屑或粗砂，可以起到一定的下封层的作用。

c. 可以防止摊铺沥青混合料时,沥青混合料运输车通过时将浇洒的透层沥青黏附在车轮上带走。

洒布石屑或粗砂用量为 2～3m³/1000m²。

⑦ 透层沥青洒布后严禁车辆和行人通行,并应尽快摊铺沥青面层,乳化沥青作透层沥青时洒布后应待其充分渗透,且水分完全蒸发后铺筑沥青面层,一般不宜少于24h。

(二) 浇洒黏层沥青

旧的沥青路面或水泥路面铺筑沥青混合料面层前应浇洒黏层沥青,在铺筑中面层和表面层的沥青混合料前也应浇洒黏层沥青。

1. 黏层沥青的种类和用量

可以作为黏层沥青的材料见表4-3,表中还说明了规格和用量,目前,采用最多的是快裂或中裂乳化沥青、改性乳化沥青,使用的基质沥青应与主层沥青混合料所用沥青相同。

表4-3 沥青路面黏层材料的规格和用量表

下卧层类型	液体沥青		乳化沥青	
	规格	用量/(L/m²)	规格	用量/(L/m²)
新建沥青层或旧沥青路面	AL(R)-3～AL(R)-6 AL(M)-3～AL(M)-6	0.3～0.5	PC-3 PA-3	0.3～0.6
水泥混凝土	AL(M)-3～AL(M)-6 AL(S)-3～AL(S)-6	0.2～0.4	PC-3 PA-3	0.3～0.5

注:表中用量是指包括稀释剂和水分等在内的液体沥青、乳化沥青的总量。乳化沥青中的残留物含量以50%为基准。

由于黏层沥青单位面积用量少,且要求喷洒均匀,可使用喷洒呈雾状的气压式沥青洒布机喷洒。

2. 喷洒黏层沥青注意事项

① 施工时气温低于10℃时不得喷洒黏层沥青,寒冷季节施工不得不喷洒时可分两层喷洒。

② 浇洒前,应将旧路面上的污物及尘土清扫干净。可用压缩空气将缝隙内的尘土吹干净。也可用水冲刷干净,但要等表面完全干燥后才能喷洒。

③ 沥青的品种和用量应按照设计要求,当黏层沥青上铺筑薄层大空隙排水路面时,黏层沥青的用量应增加到 0.6～1.0L/m²。在沥青层之间兼作封层而喷洒的黏层应采用改性沥青或改性乳化沥青,用量不少于1.0L/m²。

④ 黏层沥青要喷洒均匀,使表面形成一薄层,不能有漏洒部位,不能在表面形成花白状的漏洒出现,不能有流淌现象,喷洒过量处应刮除。操作人员挥动喷枪时移动的速度应均匀,应使喷嘴离地面高度 40～50cm。

⑤ 由于黏层沥青以高压雾状喷出,易于产生飞溅,喷洒人员应佩戴口罩,并对皮肤暴露部位进行必要的保护。

⑥ 雨水口和检查井等构筑物与沥青混合料接缝处应刷黏层沥青,沥青混合料路面的冷

接缝处垂直面也应刷黏层沥青,这样可使接茬黏结牢固,这些部位可使用刷子刷涂。

⑦洒布黏层沥青应在铺筑沥青混合料的当天洒布,待乳化沥青破乳、水分蒸发后,或稀释沥青中的稀释剂基本挥发后,紧接着摊铺沥青混合料,避免黏层沥青受到污染。

(三)路缘石表面的保护

浇洒透层沥青和黏层沥青时,如果接近路缘石作业,可能会喷洒在路缘石上,影响路缘石的美观,可用塑料布对路缘石等其他构筑物进行遮挡保护。

摊铺施工时,作业人员沾满沥青的鞋子踩到路缘石上,可能将路缘石踩脏。摊铺施工前应在路缘石表面刷上一层石灰,用于保护路缘石,摊铺完成后,用水将石灰冲刷干净。

三、沥青混合料生产

沥青混合料生产是沥青路面施工第一道工序,是施工质量的重要环节。

(一)生产前的准备

①沥青混合料的生产由拌和站的生产管理机构组织生产。
②生产沥青混合料前应对沥青拌和设备和辅助设备进行全面检查,保证处于良好的状态。
③按照试验段施工取得的数据对各项装置进行调整:
a.将矿料级配数据、沥青用量数据调整为生产配合比验证后确定的数据;
b.沥青加热温度、矿料加热温度、沥青混合料搅拌时间要严格遵守试验段确定的数据。
④沥青、各种粒径矿料和矿粉的数量要满足连续生产的要求。
⑤按照质量标准和检验程序对材料进行检验。
⑥燃烧器所用的重油、液化石油气,沥青加热用的柴油应准备充足。

(二)沥青混合料的生产

①沥青混合料拌和站操作应严格遵守安全技术操作规程及相关的注意事项。
②生产时要配备足够的管理人员、作业人员和检验人员做好以下工作:
a.保证设备正常运转;
b.对质量进行监控;
c.对现场的车辆进行调度;
d.保证原材料和沥青混合料的供应;
e.保持与摊铺施工现场的密切配合。

(三)控制沥青混合料的温度

拌制沥青混合料的加热温度对混合料的拌和质量影响很大。沥青混合料拌制完成出厂,运到施工现场混合料的温度对摊铺质量影响很大,特别是摊铺完成后铺层混合料的温度对压实的密实度影响最大,如果混合料温度过低,铺筑的混合料还没有完全压实就已经冷却,铺筑层混合料将不能压实,路面就达不到规定的密实度。路面的强度、防水性能、就会受到很大的影响。表4-4为普通沥青混合料的施工温度。表4-5为改性沥青混合料的施工温度,通常改性沥青混合料凝结的温度高,且施工温度要比普通沥青施工温度高。

表4-4 热拌沥青混合料施工温度　　　　　　　　　　　　　　　　　单位：℃

施工工序		石油沥青的标号			
		50号	70号	90号	110号
沥青加热温度		160～170	155～165	150～160	145～155
矿料加热温度	间隙式拌和机	集料加热温度比沥青温度高10～30			
	连续式拌和机	矿料加热温度比沥青温度高5～10			
沥青混合料出料温度		150～170	145～165	140～160	135～155
混合料贮料仓贮存温度		贮料过程中温度降低不超过10			
混合料废弃温度（高于）		200	195	190	185
运输到现场温度（不低于）		150	145	140	135
混合料摊铺温度（不低于）	正常施工	140	135	130	125
	低温施工	160	150	140	135
开始碾压的混合料内部温度（不低于）	正常施工	135	130	125	120
	低温施工	150	145	135	130
碾压终了的表面温度（不低于）	钢轮压路机	80	70	65	60
	轮胎压路机	85	80	75	70
	振动压路机	75	70	60	55
开放交通的路表温度（不高于）		50	50	50	45

注：1. 沥青混合料的施工温度采用具有金属探测针的插入式数显温度计测量。表面温度可采用表面接触式温度计测定。当采用红外线温度计测量表面温度时，应进行标定；
2. 表中未列入的130号、160号及30号沥青的施工温度由试验确定。

表4-5 改性沥青混合料施工温度　　　　　　　　　　　　　　　　　单位：℃

工序	聚合物改性沥青品种		
	SBS类	SBR胶乳类	EVA、PE类
沥青加热温度	160～165		
改性沥青现场制作温度	165～170		165～170
成品改性沥青加热温度（不大于）	175		175
集料加热温度	190～220	200～210	185～195
改性沥青SMA混合料出厂温度	170～185	160～180	165～180
混合料最高温度（废弃温度）	195		
混合料贮存温度	拌和出料后降不超过10		
摊铺温度（不低于）	160		
初压开始温度（不低于）	150		
碾压终了的表面温度（不低于）	90		
开放交通时的路表温度（不高于）	50		

注：当采用表列以外的聚合物或天然沥青改性沥青时，施工温度由试验确定。

沥青混合料出厂温度通常由沥青、矿料的加热温度控制。

（四）检查矿料和沥青的质量

沥青混合料拌和站生产过程中要随时对质量进行检验。

1. 沥青混合料拌和站现场应检查内容

① 检查料堆上有无泥块或粒径超大的碎石块。

② 装载机将不同粒径的材料装入相应的冷料仓装料时，装料要准确，不能流入其他料仓，造成窜仓现象。

③ 随时目测检查传动带运输机上各种材料的质量材料要均匀。

④ 目测检查制成的沥青混合料拌和是否均匀。

⑤ 所有矿料颗粒应全部裹覆沥青、不能有花白料。

⑥ 沥青混合料不能有结成团块状混合料。

⑦ 沥青混合料不能有粗细料离析情况。

2. 控制室应检查内容

① 观察计算机屏幕显示的各项参数应始终达到设定的数值，核对计算机打印记录的数据与显示值应一致。

② 观察沥青、矿料的加热温度控制，使其能够有效地控制沥青混合料的出厂温度，满足施工对沥青混合料温度的要求。

3. 专业质量检验员应检查

① 每天上午和下午各取沥青混合料样品，制成标准试件，并对试件进行试验：

a. 测出沥青混合料的标准密度，该密度值作为路面压实度的标准密度值。

b. 进行马歇尔试验，测定空隙率、稳定度、流值、计算合格率。

c. 取样抽提、筛分检测混合料的矿料级配比、油石比。筛分应至少检查 0.075mm、2.36mm、4.75mm、公称最大粒径及中间粒径 5 个筛孔的通过率。

② 应保存试验结果和样品，以备验收时数据的整理。

③ 拌和生产过程中计算机记录的各种矿料的用量，沥青用量、拌和温度都应逐盘记录，并打印出来，记录应保存，以备对生产质量进行分析。

（五）沥青混合料出厂记录

沥青混合料出厂应逐车用地磅称量，并按规定测量运料车中沥青混合料的出厂温度，签发一式三份的沥青混合料运料单，一份存拌和厂，一份交驾驶员留存，一份由驾驶员代交摊铺现场。

（六）沥青混合料储存

拌好的热拌沥青混合料应当天拌和当天摊铺，遇特殊情况，如下雨或摊铺设备出故障不能立即摊铺时，可存放在成品储料仓内储存。储料仓没有保温设备时，允许储存时间视混合料温度而定，沥青混合料储存在储料仓内温度会有所降低，但运到摊铺现场后不应低于摊铺要求的温度。有保温设备的储料仓储存时间不宜超过 72h。

四、沥青混合料运输

沥青混合料生产出来后使用自卸车运到施工现场，应注意以下几点：

（一）沥青混合料运输车施工前的准备

① 施工前应查看运输路线，估测运输里程，估算沥青混合料运输车来回所用的时间。
② 估算沥青混合料运输车在拌和站等候装料所用的时间，以及摊铺现场等候的时间。
③ 按照选定的车型和数量配备沥青混合料运输车，保证车辆具有良好的技术状况，使运输顺利进行。
④ 运输沥青混合料的车辆应清扫干净。为了防止沥青混合料与车厢板的黏结，车厢内壁的侧板和底板可薄薄涂一层油水混合液，但不得有余液积聚在车厢底部。
⑤ 沥青混合料运输车要配备苫布。

（二）沥青混合料的运输

① 拌和站向自卸车卸料过程中，为了不使沥青混合料产生离析，应向前挪动车辆，分 3～4 次卸料，卸料不可卸成一大堆，这样大块集料可能顺着斜坡滚到车厢底部或车槽边，造成粗细料离析。
② 沥青混合料运输车装满后驾驶员要索要运料单，并进行核对。
③ 沥青混合料运输过程中，车厢应用篷布苫盖，既可起到保温作用，又可防止遗撒造成浪费或污染环境。
④ 沥青混合料运输车进入不得在喷洒透层、黏层沥青上急刹车、急转弯，防止对铺层造成损坏。
⑤ 自卸车将沥青混合料运到摊铺现场后应听从交通疏导员的指挥，将车停到路边排队等候，将路的中间留作通道，以便卸完料的车辆离去。

五、沥青混合料摊铺

（一）铺筑施工现场的准备

① 路面施工的组织由路面施工现场管理机构组织施工。
② 施工人员必须准备好设备、工具，提前到达施工现场，做好各项摊铺准备工作。
③ 铺筑沥青混合料前，应检查透层、黏层沥青的洒布质量。
④ 要根据预先设计的调平方案，检查调平基准设置状况。

（二）摊铺机准备

① 摊铺作业由摊铺组负责，沥青混合料运输车向摊铺机卸料时应与交通疏导员配合，要服从质量控制人员的指导。
② 摊铺机按规定的程序起动发动机，检查各部机件运转状况。
③ 熨平板按摊铺宽度将加长熨平板组装好，液压伸缩熨平板将熨平板伸出，并将熨平板调整好。
④ 开启熨平板预热装置，对熨平板预热，熨平板加热需要 10～20min，振捣梁上的沥青必须完全融化，使振捣梁能够运转自如。
⑤ 所有准备工作完成后，将摊铺机开至预定的摊铺位置。熨平板外侧与基准绳保持 5～10cm 距离，防止行进中挤坏路肩。

⑥ 为了防止混合料粘连在工作装置上，可用喷雾器在接料斗和刮板输送器上喷一些柴油。喷洒柴油时，必须待预热结束，关闭火焰加热装置后进行，防止失火，保证安全。

（三）摊铺机调整及就位

1. 放置熨平板垫木

摊铺机开至摊铺地带，如图4-10所示，将预先准备好的两块摊铺厚度基准垫木9放在熨平板1下面，垫木分别放在两侧熨平板的中间位置，使熨平板1落在垫木9上，熨平板1的后端面与垫木9对齐。

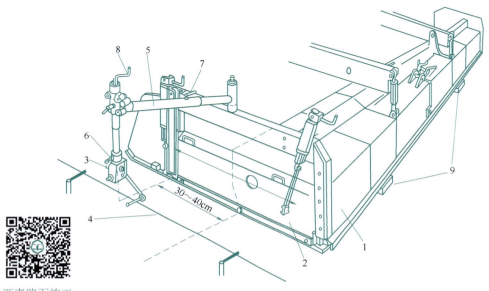

沥青路面施工

图4-10 纵坡传感器的安装和调整

1—熨平板；2—挡料板；3—纵坡传感器；4—纵坡基准；5—传感器安装支架；6—传感器固定螺栓；7—支架伸出长度紧固螺栓；8—传感器高度调整手柄；9—摊铺厚度基准垫木

2. 熨平板调整

铺筑不同类型的沥青混合料或铺筑厚度不同时，应对熨平板进行调整。

（1）路拱调整

先检查熨平板路拱是否满足施工要求，观察熨平板下平面与路面的缝隙是否均匀，如果缝隙不均匀，说明熨平板路拱不合适，调整熨平板路拱调节装置，使熨平板下端面与地面缝隙均匀。

（2）牵引枢铰点高度设定

观察熨平板牵引枢铰点高度标尺和熨平板仰角，调整熨平板仰角控制液压油缸，使熨平板仰角控制在 $15'\sim40'$。摊铺层薄或摊铺的混合料密实，仰角应小一些，摊铺厚度大或摊铺的混合料松软，仰角应大一些。实际作业时不同类型的熨平板、不同的混合料、不同的摊铺厚度，熨平板的仰角不同，摊铺机驾驶员要注意收集所操作的摊铺机铺筑不同类型混合料不同摊铺厚度标尺和仰角变化规律，使进行该项调整时做到心中有数。

（3）仰角调整

在一般情况下，可将调节螺杆右旋（使熨平板后端向下压）1～1.25 圈即可，此时熨平板的前端微升，形成 20′～40′ 的仰角，摊铺厚度较大时，初始仰角应稍大些。

（4）液压伸缩熨平板调整

摊铺机采用液压伸缩熨平板，固定板和伸缩板前后有距离，应调整伸缩熨平板的高度，使固定板和伸缩板后沿的高度相同。

3. 传感器的安装和调整

（1）安装自动找平装置

安装支架、纵坡传感器、横坡传感器和控制器，将所有的电线连接上，接通电源。

（2）调整纵坡传感器安装位置

调整纵坡传感器安装支架 5 的位置，使纵坡传感器 3 的摆臂搭在纵坡基准 4 上，纵坡传感器 3 的纵向位置应在熨平板前端面以前 30～40cm 处，然后将支架 5 固定好。

（3）调整纵坡传感器高度

转动调节手柄 8 的升降螺杆，同时观察传感器指示灯，使传感器指示灯处于中位，这样在摊铺时，纵坡传感器就会控制熨平板以摊铺厚度基准垫木 9 的厚度进行摊铺。

（4）调整横坡控制器

使用纵坡和横坡综合控制时，调整横坡控制器的坡度控制旋钮，将预计摊铺横坡数值输入横坡控制器。

4. 摊铺机就位

调整好熨平板和传感器后，将垫木撤掉，将摊铺机停在开始摊铺位置，如果道路边缘有路缘石，熨平板边缘应与路缘石保持 3～5cm 距离。

（四）摊铺作业

所有准备工作完成后，即可进行摊铺作业。

1. 自卸车卸料

（1）保证现场混合料充足

摊铺机前至少要有 5 辆以上的自卸车才能开始摊铺。以保证摊铺机连续作业，不致由于沥青混合料供料不足，使摊铺机被迫停机，摊铺机停机会影响摊铺的平整度。

（2）卸第一车料

为了使摊铺机接触沥青混合料的部位更好地预热，卸第一车料应使用温度较高混合料，后拌和出厂运到现场的自卸车上的混合料温度会略高一些，故卸入摊铺机的第一车混合料应挑选后拌和出厂的混合料。

（3）办理收料手续

自卸车卸料前，要对沥青混合料运料单进行签收，办理收料手续。

（4）测量卸料温度

要测量沥青混合料运到现场的温度，可使用数字显示式温度计或度盘指针显示式温度计，温度计的测杆长度不小于 300mm。测量时将测杆插入运料车上部侧面混合料堆内，插入深度应大于 150mm，观察温度变化，直至不在继续上升为止，读取温度值并进行记录。

(5) 卸料方法

自卸车倒车时驾驶员应听从卸料指挥人员指挥，倒车时对准摊铺机接料斗，慢慢接近摊铺机，避免与摊铺机猛烈撞击，自卸车应距摊铺机 10～30cm 后停车，挂空挡，解除制动，等待摊铺机前行，推动自卸车前进。卸料时要听从摊铺机驾驶员和卸料指挥人员指挥，徐徐起斗将混合料倒入摊铺机接料斗内。卸完料后，摊铺机驾驶员发出信号，自卸车离去。

2. 开始摊铺

在每天开始施工前或停工后再工作时，都应对熨平板进行加热，加热后的熨平板可对铺层起到熨烫的作用，避免了混合料的黏结，从而使路面平整光滑。但是，加热熨平板时，不可过热。

(1) 使混合料充满熨平板

接料斗卸满后，摊铺机操作人员启动刮板输送器将混合料送到熨平板处，开启螺旋摊铺器，使整个熨平板前都充满混合料，并滞留 3～5min，用热的沥青混合料对熨平板预热，同时对接茬部位旧的沥青路面加热，以利于接茬牢固。

(2) 摊铺机供料的正确操作

预热后将摊铺机所有控制钮置于自动位置，开动摊铺机开始摊铺前进。

摊铺机的供料机构包括通过闸门向后供料到摊铺室的刮板输送器和向两侧布料的螺旋摊铺器两部分。供料时，闸门开启适当，不能开启过高或过低，摊铺室内最恰当的混合料数量是料堆高度应保持一致，料堆高度平齐于或略高于螺旋摊铺器的轴心线。

(3) 测量摊铺厚度

摊铺机摊铺出 1.5～2m 后，观察纵坡传感器工作情况，当纵坡传感器厚度上调信号灯和厚度下调信号灯交替闪烁时，说明自动调平装置已将熨平板调整到预先设置的厚度，且运行稳定，这时用厚度尺测量摊铺厚度，观察是否符合要求，摊铺厚度应为试验段试铺确定的摊铺厚度，熨平板的中间和两侧三个位置都应进行检查。如果测出摊铺厚度不合格，应做微量调整，方法是调整纵坡传感器支架螺杆，纵坡传感器向上移动，摊铺厚度加厚，纵坡传感器向下移动，摊铺厚度减薄。调整后待传感器指示灯工作稳定后，再次测量摊铺厚度，如此反复调整，直至厚度符合要求为止。

笔记

(4) 测量摊铺温度

摊铺温度测量是在螺旋摊铺器的位置进行测定，测量时，将温度计插入料堆中并跟随摊铺机前进，如果料堆滚动，可拔出来再插入，注意观察温度表变化，直至温度不再继续上升为止，记录摊铺温度数值，温度应符合试验段试铺的数值。

(5) 两台摊铺机并列摊铺行进顺序

两台摊铺机并列成梯队联合摊铺时，第一台先从一侧开始摊铺，行进 10～20m 后，第二台摊铺机开始摊铺。第二台摊铺机熨平板应与第一台摊铺机摊铺带搭接 3～6cm，并与第一台摊铺机纵向保持 10～20m 的距离。

(6) 匀速摊铺

摊铺机摊铺速度应控制在预定的摊铺速度，应控制在 2～6m/min 范围内，一般最佳摊铺速度为 3～4m/min，改性沥青混合料及 SMA 混合料摊铺速度应放慢至 1～3m/min，可以使摊铺层获得更好的初压实效果。行驶速度要保持稳定，摊铺时要随时注意沥青运输车的数量，保证供料充足，当沥青运输车数量减少，供料量不足，可逐渐放慢摊铺速度，目的是为了防止混合料铺完后被迫停机。

（7）振捣板振动频率的选择

为了保证沥青混凝土摊铺层有足够的密实度和平整度，振动频率与摊铺速度应相互匹配。特别是在摊铺细粒度沥青混凝土薄面层时更应注意。经验证明：摊铺机以 3m/min 工作速度施工，振捣板的振动频率不应低于 600 次/min。

振捣板振动频率除与工作速度相匹配外，还应考虑其他因素的影响。例如：摊铺厚度增大，捣固行程增大；材料骨料粒径增大、混合料温度较低时，振动频率调低些。

3. 弯道摊铺

摊铺至弯道摊铺机须转向时，动作应非常缓慢，可先轻微转向，观察熨平板边缘，当略感转向不足后，再逐渐增加转向量。切不可一次转向过猛，使转弯过量，之后再向回调整，这样反复调整，会使熨平板移动速度忽快忽慢，影响摊铺的平整度。

（五）摊铺厚度控制

1. 影响摊铺厚度的因素

（1）摊铺机的因素

摊铺机铺筑的松铺厚度一般按下式设定：

松铺厚度＝松铺系数 × 路面设计厚度

施工时摊铺机按松铺厚度铺筑，压路机碾压完成后摊铺层达到设计厚度。松铺系数受摊铺机熨平板初压实能力的影响，不同的摊铺机采用不同形式的熨平板，初压实能力不同，摊铺机初压实能力弱，松铺系数取值就应当小，松铺厚度可以减小，初压实能力强，松铺系数取值就应当大，松铺厚度应当加大。因此，采用不同的摊铺机，设定的松铺厚度是不同的，这给松铺厚度的确定造成一定的困难。

（2）沥青混合料的因素

实际施工时，松铺系数还与混合料的类型、摊铺温度、铺筑厚度等因素有关，造成实际松铺系数难以精确的确定。

（3）基础不平的因素

摊铺机在铺筑过程中对基础的不平具有找平功能，在测量局部松铺厚度时，如果测到低洼部位铺筑厚度就会加厚，铺筑底部凸起的部位测量的厚度就会减薄，实际作业时检查松铺厚度，每个局部的测量都不能反映整体的摊铺厚度，要经过多次测量取平均值。

因此，摊铺厚度要采用综合控制。

2. 摊铺厚度应采用综合控制

（1）在线控制

① 摊铺机操作人员作业时应每隔 10～20m 用厚度尺或其他工具插入摊铺层测量松铺厚度。

② 随时通过铺筑边缘观察摊铺厚度，发现厚度发生变化时，及时测量厚度。

③ 随时观察摊铺厚度自动调平装置的显示灯，发现指示信号灯连续控制朝一个方向变化时，说明自动控制在调整摊铺厚度，应测量摊铺厚度。

④ 调整时应循序渐进，调整过猛、反复调整，会影响铺筑的平整度。

(2)总量检查

① 摊铺一段距离后,如达到500m后,根据运料车运到现场摊铺使用的混合料的总量与摊铺面积核算摊铺厚度,用式(4-8)计算:

$$T=100\times M/(D\times L\times W) \tag{4-8}$$

式中 T——摊铺层压实成型后的平均厚度,cm;

M——摊铺的沥青混合料总质量,t;

D——压实成型后沥青混合料的密度,(t/m³);

L——摊铺段长度,m;

W——摊铺宽度,m。

不符合要求时应根据铺筑情况及时进行调整。

② 每一天施工完成后,利用拌和厂沥青混合料总生产量与实际摊铺的面积计算平均厚度,进行总量检查。

(六)沥青混合料离析控制

1. 离析的种类和原因

沥青混合料的离析现象易于发生在摊铺过程中,离析分为温度离析和矿料离析。

(1)温度离析及原因

温度离析是指有些部位的混合料已经冷却,造成温度过低,使整个摊铺面的混合料温度不均匀。温度离析的原因如下:

① 运输过程中运输车车厢边缘冷却;

② 摊铺机接料斗边缘冷却;

③ 熨平板边缘处没有得到混合料的加热,使熨平板冷却;

④ 熨平板边缘混合料堆积时间过长,没有及时摊铺,造成混合料冷却。

温度离析的危害是冷却部位的沥青混合料难以压实,可能造成路面早期破坏。

(2)矿料离析及原因

矿料离析是指摊铺的混合料粗细分离,使摊铺面有的部位分布混合料较粗,有的部位分布混合料过细。

矿料离析是由于沥青混合料堆移动时,料堆表面的粗集料从混合料堆的上面滚落,集中到料堆下面,造成料堆下面集中了一部分粗集料,产生离析,如图4-11(b)所示。

① 拌和站向自卸车装车时,如果采用大堆卸料,大块混合料将滚落的车厢边缘处,造成车厢边缘处粗集料聚集,产生离析;

② 自卸车向摊铺机接料斗卸料时表面的大块的矿料向下滚落造成离析;

③ 接料斗内混合料基本用完后,接料斗两侧翼板抬起时,表面混合料的粗集料滚落造成离析;

④ 熨平板过宽,螺旋输送器在输送过程中,造成粗集料上浮,熨平板的振动器振动作用,使上浮作用更加明显,造成上浮的粗集料输送到熨平板的边缘,使摊铺带的边缘粗集料较多,熨平板摊铺宽度越大,边缘部位离析现象越明显;

⑤ 熨平板靠近螺旋输送器驱动箱处,螺旋输送器轴承支座处,由于这些装置的阻挡,混合料不够饱满,易于造成亏料,使上浮的粗集料从这些亏料处流到熨平板的下面,造成

该部位铺筑混合料较粗,产生离析。熨平板边缘的离析、螺旋输送器驱动箱及轴承支座处产生的离析,施工时可以从摊铺层看到,如图 4-11(a)所示。

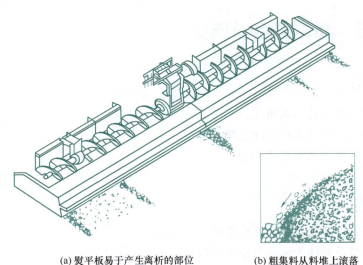

(a)熨平板易于产生离析的部位　　　(b)粗集料从料堆上滚落

图 4-11　离析原因及现象

在施工过程中,矿料离析问题尤其以④和⑤熨平板处的离析最为明显,应当重点控制。

矿料离析的危害是沥青混合料级配破坏,粗集料集中的部位路面易于渗水、松散,细集料集中的部位易于造成泛油、拥包和波浪。

2. 避免产生离析的方法

① 拌和站向自卸车卸料时,车辆应挪动 3～4 次,不要大堆卸料。

② 自卸车运输混合料时要加盖苫布保温。应合理地选择路线,缩短运输时间,尽量避免在运输途中混合料降温。

③ 现场合理调配卸车顺序,使先来的车辆先卸车,防止混合料停留在车上时间过长,混合料温度降低。

④ 自卸车向摊铺机接料斗卸料时,翻斗应徐徐升起,避免造成混合料卸料过快,使大块矿料滑落,造成离析。

⑤ 摊铺机驾驶员要观察接料斗内的混合料,随时调整接料斗翼板,使接料斗处刮板输送器上的混合料始终保持饱满。不要等刮板输送器上的混合料不足时,猛抬起翼板,这样会造成离析。

⑥ 摊铺机最大摊铺宽度不宜超过 7.5m,过大的摊铺宽度很难控制边缘处混合料不出现离析。

⑦ 摊铺机驾驶员要观察熨平板前摊铺仓内混合料,使其始终保持饱满,混合料不足会使熨平板螺旋输送器驱动处、支架处熨平板边缘处产生离析,还会造成该部位混合料变冷,造成温度离析。

⑧ 用低而稳定的速度调整螺旋输送器输料量,过猛的调整、时转、时停都会造成矿料离析。摊铺仓内的混合料应高于输送器叶片 2/3。

⑨ 作业人员在施工中应随时观察铺筑层是否有矿料离析现象，发现离析应马上找出原因，及时排除。

第五节　沥青混合料压实

📖 知识目标

1. 熟悉压实机械的特性及用途；
2. 熟悉《公路工程质量检验评定标准》；
3. 掌握路面压实作业工艺及要求。

📖 能力目标

1. 能够根据施工质量要求合理地选择压实机械；
2. 能够根据路面实际情况选择合理的压实工艺。

路面的压实效果关系到路面的密实性、不透水性和强度，如何根据沥青路面摊铺的实际情况选择不同的压实机械、运用恰当的碾压程序和工艺，保证路面（包括弯道和接缝等处）的碾压质量，是沥青混合料压实施工组织的关键。

一、压实作业程序及要求

碾压分为初压、复压、终压。

（一）确定开始碾压的时机

摊铺机摊铺一段距离，形成碾压工作面后，压路机应紧跟摊铺机进行初压，摊铺层迅速得到初压，可以使摊铺层散热速度减慢，有利于保证后续压实能够达到规定的压实度，开始碾压时应注意以下几点。

1. 测量初压温度

开始碾压前应测量混合料的温度。测量时将温度计插入路面混合料一半的深度，轻轻压紧温度计旁被松动的混合料，观察温度计数值，当温度上升停止后，拔出温度计读取数值。如此测量 3～4 次，取平均值作为测试温度。初压温度在试验段试压时应进行确定。初始碾压温度应符合表4-4、表4-5，当达到初压温度，即可上压路机进行碾压。

2. 观察碾压轮碾压状况

开始碾压时还应观察碾压轮对混合料的推移量，如图 4-12 所示。碾压过早，沥青混合料温度

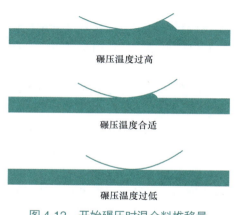

图 4-12　开始碾压时混合料推移量

较高，混合料过软，摊铺带承载能力不够，易于造成碾压轮对混合料的推移，影响碾压的平整度；碾压过晚，混合料温度过低，在后续碾压时混合料已冷却，使最终碾压密实度达不到要求。因此，开始碾压时要观察碾压轮对混合料的推移量。

3. 控制初压温度和时机

确定初压温度和时机后，使压路机初压带与摊铺机始终保持一定距离，这样就可以保证以后的初压始终为开始测量的初压温度。

4. 改性沥青混合料初压控制

改性沥青混合料温度稍一降低就会冷却凝固，因此，改性沥青混合料压实应在摊铺后紧接着进行，不能有片刻的等待时间，否则在后续的复压和终压时，沥青混合料就会冷却，无法压实。

（二）初压

初压的目的是使混合料初步形成一定的密实度，使路面混合料能够承载压路机，减缓摊铺层的冷却速度。

1. 一般要求

初压是保证碾压平整度的关键环节，如果操作不当，碾压时易产生推移和拥包，缺陷一旦产生，很难通过复压整平。因此，初压对碾压质量要求较高，应配备技术水平高的操作人员。

（1）初压时应轻压

混合料温度较高，质地松软，支承能力差，为了避免产生混合料推移现象，应使用双钢轮静作用压路机。使用双钢轮振动压路机时，第一遍碾压应关闭振动装置，待第二遍碾压时再开启振动。

（2）开启洒水装置

为了防止混合料黏着在碾压轮上，应开启压路机碾压轮上的洒水装置，也可以涂刷隔离剂或防黏结剂，严禁刷柴油。

（3）驱动轮在后

由于驱动轮比从动轮碾压效果好，当使用后轮驱动的压路机碾压时，驱动轮应朝向摊铺机方向，这样可减小碾压轮对混合料推移现象。

（4）碾压速度应缓慢

初压时铺层承载能力不够，为了防止推移，压路机行进速度应缓慢，速度的控制见表4-6。

表4-6 压路机碾压速度　　　　　　　　　　　　　　　　　　单位：km/h

压路机类型	初压		复压		终压	
	适宜	最大	适宜	最大	适宜	最大
钢筒式压路机	2～3	4	3～5	6	3～6	6
轮胎压路机	2～3	4	3～5	6	4～6	8
振动压路机	2～3（静压或振动）	3（静压或振动）	3～4.5（静压或振动）	5（振动）	3～6（静压）	6（静压）

（5）碾压道路边缘

如果压路机有错轴功能，应将后轮向内错开一定距离，这样可使压路机司机专心观察前轮碾压，防止后轮碰坏路缘石。如有条件，最好使用小型压路机在路缘石边缘来回各压一遍，这样就可以使边缘既有较好的密实度，又不会挤坏路牙。

（6）碾压作业基本行进路线

为避免混合料碾压时向两侧推移，应从边缘开始碾压，将边缘混合料稳住。基本行驶路线如图4-13所示，应注意：

① 相邻碾压带重叠应大于10～20cm，实际重叠量在压路机选型、配套时已确定，每一幅碾压的重叠量应均匀。

② 每次停车换向不能在同一横截面上，即每次倒轴应向前推进，应呈阶梯型，纵向推进距离为2～3m。

③ 碾压时要往返碾压各一次，错轴换向的位置应选择在初压完成的地段。

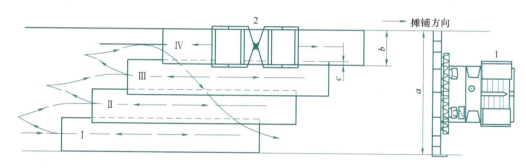

图4-13　压路机基本碾压路线

1—摊铺机；2—压路机

a—摊铺宽度；b—压路机压轮宽度；c—碾压重叠宽度；→压路机行驶路线

（7）压路机进退

前进转为倒退操作应平稳，停机换向时，应提前减速，再慢慢停车，操作要柔和，不能紧急制动。

（8）转弯

转向时应缓慢，不能急转弯。生硬的操作会在路面上产生拥包，甚至造成开裂。

（9）碾压段长度

初压时碾压作业面长度取决于环境温度和沥青混合料的类型。环境温度高，可延长碾压长度，以减少停车换向次数，有利于提高平整度。环境温度低，摊铺后沥青混合料很快降温，应缩短碾压长度。改性沥青碾压温度高，成活温度高，也应适当缩短碾压长度，具体可参考表4-7。为了保证碾压的密实度，应尽可能缩短初压作业面长度。

表4-7　压路机碾压段长度

环境温度/℃	普通沥青/m	改性沥青/m	环境温度/℃	普通沥青/m	改性沥青/m
<10	20～40	10～20	20～30	50～70	30～50
10～20	40～50	20～30	>30	70	50

（10）碾压遍数

初压遍数根据实际情况确定，一般为 1～2 遍。

2. 初压质量管理

路面施工进入碾压阶段是整个施工过程的关键，保证路面的平整度和密实度，质量检验员要密切注意碾压质量，重点做好以下工作：

① 测量初压时沥青混合料的温度，确定初压时机，沥青混合料路面的施工温度对道路的质量影响非常大，应符合表 4-4、表 4-5 的要求，对实际测量的结果要认真进行记录，施工过程中各个环节的温度都应记录在表格中。

② 观察碾压轮的碾压状况，检查碾压轮对沥青混合料的推移量，当推移量过大时，指挥压路机暂缓碾压，可待温度降低后再进行碾压。

③ 检查初压停车换向的位置，可在初压位置上的路边插彩旗，标出初压开始的位置，指示给压路机司机，彩旗要随着摊铺推进而逐渐向前移动。

④ 质量检验员还要检查路面各个部位都得到碾压，碾压遍数达到要求，防止发生漏压。

⑤ 质量检验员要注意检查初压后路面质量，经过一遍碾压后，碾压层表面应密实、平整，表面均匀一致。如果发现某个部位表面有粗糙麻面，说明该位置可能有凹坑，沥青混合料不足，应填补一些混合料。如果表面过于光滑，说明该位置可能有凸起，应重点将其压平。对凹坑和凸起较为明显的部位，应采用人工方法整平。

（三）复压

1. 采用双钢轮振动压路机的压实方式

① 复压应开启振动器，采用振动压实，以提高压实效率。

② 振动频率和振动幅度的选择应注意以下几点：

a. 根据铺筑层的厚度选择振频、振幅。薄层混合料易于将集料振碎，应采用低振幅。薄层混合料冷却速度快，应采用高振频，使材料迅速压实。因此薄层混合料采用低振幅、高振频能获得良好的压实效果。

b. 根据环境温度选择振频、振幅。环境温度低时应使用大振幅，使混合料在短的时间内迅速压实。

c. 根据沥青混合料类型选择振频、振幅。粗粒式厚层混合料难以压实，应使用大振幅进行碾压才能达到规定的密实度。细粒式混合料承载能力差，用大振幅会产生混合料的推移，应使用小的振幅或使用静作用碾压。

d. 改性沥青混合料碾压。改性沥青混合料黏度大，温度较高就有凝固的趋势，开始时应使用较大的振幅碾压，使其迅速达到规定的密实度。

③ 复压碾压轨迹，由于碾压遍数多，应采用错轴碾压方法，如图 4-14 所示，图中 1～7 表示压路机的碾压顺序。

④ 复压碾压重叠量，通过控制碾压重叠量调整碾压遍数，碾压带重叠宽度取决于碾压轮的宽度和碾压遍数，重叠量可用式（4-9）计算：

$$L_Y = (B_Y - 1) \times W_Y / B_Y \tag{4-9}$$

式中 L_Y——碾压轮重叠量，m；
W_Y——碾压轮宽度，m；
B_Y——压实遍数。

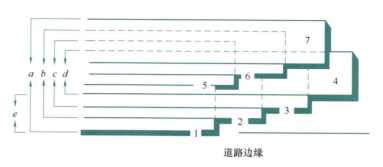

图 4-14 复压的碾压方法
a—碾压一遍的区域；b—碾压二遍的区域；c—碾压三遍的区域；d—碾压四遍的区域；
e—边缘部位碾压遍数不足，应增加碾压遍数

2. 钢制光轮静作用压路机压实方法

① 使用静作用三轮压路机相邻碾压带应重叠后轮 1/2 宽度，重叠量不能少于 20cm。

② 三轮压路机完全靠自重碾压，线压力一般较大，当混合料较软时，易于造成混合料推移，开始碾压时应慢速碾压，随着碾压遍数的增加，逐渐加快碾压速度。

3. 轮胎压路机压实方法

① 密级配沥青混凝土复压宜优先采用重型的轮胎压路机，作业前应检查轮胎状况以满足相关的技术要求。

② 通常用钢轮压路机复压完成后，再用轮胎压路机碾压，可消除表面的裂纹。

③ 用轮胎压路机碾压沥青混合料，当轮胎的温度升高后，轮胎上不会黏附沥青混合料。开始作业时，将轮胎压路机开至高温区对轮胎进行预热，此时为了防止粘连，可少量洒水，待温度升高后停止洒水。为了使轮胎保温，可在轮胎周围安装皮质围裙。

④ 碾压作业时，相邻碾压带应重叠后轮 1/3～1/2 轮宽。

4. SMA 路面碾压要求

① SMA 沥青玛蹄脂碎石混合料路面，一般认为不宜采用轮胎压路机碾压。

② SMA 路面应采用振动压路机和钢制光轮静作用压路机碾压，振动压路机应遵循"紧跟（摊铺机）、慢压、高频、低幅"的原则，如发现 SMA 混合料高温碾压有推拥现象，应复查级配是否合适。

5. 复压质量控制

① 复压时应由质量检验员插彩旗，指示开始复压和结束复压的位置，明确复压地带的范围，复压完成，范围逐步向前推进。

② 检验压实度

复压完成后，质量检验员要用核子密度仪及时检查碾压的压实度，对达不到压实度要求部位，可增加压实遍数进行补压，或用振动压路机大振幅强行压实。

③ 用核子密度仪检查密实度

该数值作为检验结果时,要取 13 个测点为一组,取平均值,作为一个检测数据。

④ 压实度不足的处理方法

当检查出压实度整体不足时,应及时调整压实工序的安排,可采用以下几种方法:

a. 缩短初压、复压碾压段长度,缩短压实时间,使混合料在短的时间内得到压实。

b. 将碾压工序向前推移,即初压的压路机跟随摊铺机间隔尽量缩小,使压实作业在混合料较高的温度开始进行碾压。

c. 可以提高振动压路机的振幅和振频,增加压路机的压实能力。加快碾压速度,使沥青混合料没有冷却前及时得到碾压。

⑤ 复压后沥青混合料面层应达到规定压实度,表面应没有明显的碾压轮迹。

(四)终压

终压的目的是消除碾压轮迹,最终形成平整美观的压实路面。

1. 碾压方式

终压时可采用 6～10t 双钢轮静作用压路机,采用振动压路机应关闭振动装置。

2. 终压质量控制

(1)检查终压温度

碾压终了时,应测量混合料的温度,温度不应低于表 4-4、表 4-5 的数值。

(2)平整度检查

用 3m 直尺检查,碾压质量检验员用 3m 直尺检查表面平整度,如果检查时发现有纵向的轮迹,应继续碾压,直至轮迹消失,如果个别部位较高,采用振动压路机强行压实,可在一定程度上消除凸起。复压时检查出密实度不足的部位,也可安排在终压时追加密实度。

(3)外观检查

复压完成后路面应达到较好的平整度、光洁均匀的表面质量,具备验收的质量。

(4)摊铺厚度检查

碾压完成后应使用水平仪测量铺筑路面的高程,与基层的高程数值比较,可计算出摊铺厚度。

二、沥青路面接缝处理

当修筑的道路较宽时,一台摊铺机的摊铺宽度不能将整幅路面覆盖,就必须采用分幅摊铺,两摊铺带的接缝处整体性和连续性较差,是路面的薄弱环节,如果作业时采取的措施不当,易于从接缝处开裂,应采用必要的处理方法。

(一)接缝的种类

1. 热接缝和冷接缝

沥青混合料路面施工中,可能在以下几种情况下需要接缝:

① 两台或多台摊铺机并列梯队摊铺,相邻处需要接缝,这种接缝属于热接缝。

② 使用一台摊铺机,摊铺完一幅后,压路机将其压实,摊铺机掉过头来再摊铺第二

幅，两幅之间需要接缝，如果混合料还没有冷却，也属于热接缝。

③ 第一天摊铺的路面已碾压完成，第二天继续铺筑，前一摊铺带已搁置一夜，接缝处已经完全冷却，属于冷接缝。

④ 新铺筑的路面与旧路面接缝，也属于冷接缝。

2. 纵接缝和横接缝

实际在道路施工时，与道路平行的接缝叫纵接缝，上面所讲述的都属于纵接缝。

与道路垂直的接缝叫横接缝，摊铺机铺筑完成后，第二天接着原摊铺带继续向前摊铺，与原摊铺带的接缝是横缝。

（二）接缝部位的选择

① 纵向接缝应选择在预计施划道路分道线的位置，减少车轮碾压造成的损坏。

② 上下层接缝位置应错开：摊铺施工时，选择接缝位置应使上下摊铺层的接缝的位置错开，如果两层的接缝重叠，一旦接缝处损坏造成渗漏，可能会对基层造成损坏。

a. 纵接缝上下层应错开，采用热接缝应错开 15cm 以上，冷接缝应错开 30～40mm 以上。

b. 横接缝上下层应错开 1m 以上。

（三）纵接缝处理

1. 两台或多台摊铺机并列摊铺的热接缝处理

（1）摊铺

① 使用两台或多台摊铺机呈梯队摊铺作业，前面摊铺机铺筑行进 10～20m 后，后面摊铺机开始摊铺，作业时始终保持摊铺机的间距，这样可以保证两摊铺带混合料温度接近。

② 后面摊铺机以前一摊铺带为纵坡传感器基准，保证两摊铺带厚度相同，接缝平顺，没有错台。

③ 后面摊铺机熨平板应与前面摊铺带搭接 3～6cm。

④ 接缝处混合料应饱满。

笔记

（2）碾压

① 压路机碾压前一摊铺带时，留下 10～20cm 宽暂不碾压，后面的摊铺机铺筑时，纵坡传感器搭在没有碾压过的混合料上，保证两摊铺带的铺筑厚度相同。

② 压路机碾压后一摊铺带时，跨缝碾压，消除接缝的痕迹，同时消除前面压路机碾压轮迹。

（3）检验

摊铺碾压过程中，检验人员要检查接缝质量。

① 如果接缝处混合料不足，应及时向缝隙内补料，使接缝饱满。

② 使用 3m 直尺检查，确保平整度符合要求。

高等级公路都采用热接缝处理，热接缝效果良好，接缝几乎没有痕迹，这就是高等级公路使用多台摊铺机并列梯队摊铺的主要目的。

2. 冷接缝

新摊铺的沥青混合料与经过一昼夜完全冷却的路面接缝或与旧的沥青路面接缝，前一摊铺带已经完全冷却，接缝处的沥青混合料已经固化变硬。

（1）前一摊铺带边缘的处理

在铺筑前一摊铺带时，要使边缘整齐，便于后续接缝作业：

① 可用压路机的切边器将摊铺的边缘切齐。

② 摊铺时也可在边缘处设置木条作为挡板，使边缘处保证整齐。

（2）与旧路面接缝对旧茬的处理

摊铺带与旧沥青路面的接茬要对旧茬进行处理。

① 检查旧荐质量时可将直尺放在旧茬处检查高度，对高度不够的坡面要全部铲除。接茬处有松散开裂现象，也要全部铲除。

② 铲除时要将边缘修整成一条直线，在边缘处用凿岩机凿出毛茬，以便铺筑的混合料接缝融合。

③ 不能用切缝机切成垂直断面，这样不利于接缝的融合。

④ 破碎和铲除不要破坏下部基础层，铲除大面积的沥青路面可使用铣刨机刨除。

⑤ 刨除后要将残渣清扫干净。

⑥ 接缝处要刷黏层沥青，以利于接缝处黏结牢固。

（四）横接缝处理

横接缝是摊铺机开始摊铺时与前一天摊铺路段或与旧路面衔接处的接缝，横接缝一般都是冷接缝。

1. 接缝断面形式

① 高速公路、一级公路的中面层和底面层应采用自然的斜接缝，如图4-15（a）所示，斜接缝施工难度大，不易接顺，容易产生接头跳车，但接缝的连续性好，不易开裂。

② 沥青层较厚时也可做阶梯型接缝，如图4-15（b）所示。

③ 表面层应采用垂直的平接缝，如图4-15（c）所示，平接缝易于保证平整度，但接缝的连续性较差，处理不好易于产生开裂。

2. 接茬处的处理

旧路面接茬处应进行处理：

（1）平接缝

新修筑的道路在最后铺筑完成的横断面为下次摊铺接缝做好准备，摊铺结束后，抬起熨平板驶离现场，用一根木板，宽度为15～20cm，厚度相当于压实后的铺层厚度，长度为摊铺带的宽度，用该木板挡在混合料的边缘，由人工将端部混合料整平，并与木板齐平，铺平后用压路机碾压。待混合料压实后撤掉木板，即形成整齐的边沿，下次摊铺时接缝就不用进行处理，为下次摊铺的接缝工作创造了良好条件。

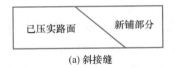  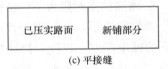

(a) 斜接缝　　　　　　(b) 阶梯形接缝　　　　　　(c) 平接缝

图4-15　横向接缝的几种形式

（2）斜接缝

斜接缝的搭接长度应根据厚度而定，一般为 0.4～0.8m。前一摊铺带铺筑完成后，应将横接缝的边缘做成斜面，边缘应平直整齐，并将接缝处压实，以便下一摊铺带接缝时不必投入较大的整修工作量。

（3）阶梯接缝

接茬处用铣刨机将上面一层铣掉，成阶梯型，搭接长度不宜小于 3m。

铺筑前应在接缝处洒适量黏层沥青。

3. 摊铺

（1）摊铺时，将熨平板放在接缝处，输送器将热混合料输送至熨平板处，使混合料充满，此时使熨平板停留 5～10min，用经过预热的熨平板和热的混合料对旧茬预热，再使摊铺机向前摊铺，对旧茬的预热，有利于接缝处新、旧混合料的融合。

（2）斜接缝整平时应将铺层较薄部位的粗集料颗粒剔除，补充细料，这样便于整平。

4. 碾压

（1）横接缝与纵接缝碾压顺序

横接缝与纵接缝同时出现，应先碾压横接缝，使横接缝处连接牢固，之后再压纵接缝。如果先碾压纵接缝，易于造成横接缝处开裂，也会影响横接缝的平整度。

（2）横接缝碾压方法

碾压横接缝时，应先用压路机沿横接缝方向碾压一遍，如图 4-16 所示，外侧没有侧限的摊铺带，碾压前应放置供压路机行驶的垫木，防止将侧面边缘处压成斜坡。先使压路机主要重量位于已压实的混合料层上，伸入新铺层的宽度为 15cm，每压一遍，向新混合料移动 15～20cm，然后依次错轮碾压，直至碾压轮全部侧移过接缝。

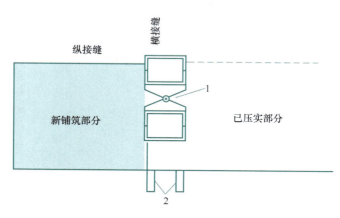

图 4-16　横接缝碾压方法

1—压路机；2—垫木

5. 摊铺结束时要为下一步横接缝创造条件

摊铺结束后，抬起熨平板驶离现场。用一根木板，宽度为 15～20cm，厚度相当于压实后的铺层厚度，长度为摊铺带的宽度，用该木板挡在混合料的边缘，由人工将端部混合料整平，并与木板齐平，铺平后用压路机碾压。待混合料压实后撤掉木板，即形成整齐的边沿，下次摊铺时接缝就不用进行处理，为下次摊铺的接缝工作创造了良好条件。

【施工组织案例】

附1 沥青路面施工组织案例

一、沥青下面层和中面层施工组织

宜巴高速公路某合同段沥青下面层7cm,采用AC-25(C)型结构;中面层厚6cm,采用AC-20(C)型结构。

1. 总体方案

沥青混凝土下面层和中面层施工采用半幅全宽一次铺筑成型法,基准钢丝挂线与走平衡梁相结合,机械化连续作业的施工方法。在沥青面层的施工中积极灵活地调整计划,选在气温较高的工作日先行铺筑距离拌和站远的路段,在运输过程中用棉被覆盖保温。

2. 工程流程

详见附3:沥青面层施工程序框图

3. 施工步骤

(1)前期准备

采用乳化沥青或改性沥青对下承层进行封层(或黏层)施工,对已完成联结层的施工段落进行清扫,清除表面松散的泥土、杂物等。隧道施工段摊铺现场还应布置足够的照明灯具,保证隧道内的正常施工;摊铺现场配备通风机械,保证隧道内施工的安全;对于碾压完毕的沥青面层应配备水车采取人工降温,以保证隧道内的温度。

(2)测量放样

挂线按10m一桩测定,松铺系数根据试验段确定。用距中线两侧控制点高程,打设导向控制桩,安装支架,挂钢丝。

① 进行水平测量,按松铺高程确定钢丝高度。

② 外侧通过边线控制线型,使沥青砼边缘整齐、顺直。

(3)沥青混合料的拌和

沥青混合料拌和设备为1套玛连尼4000型沥青拌和站,设计生产能力为3200t/h。

① 根据混合料目标配合比确定用量调整送料口的大小及沥青、矿料的进料速度。

② 沥青砼混合料应按设计沥青用量进行试拌,试拌后取样进行马歇尔稳定试验,验证沥青用量是否准确,必要时可做适当调整。

③ 拌料前要对拌和设备及附属设备进行检查,开始拌料后要经常检查各种计量仪表,保证计量的准确性。

④ 为确保混合料出厂温度,要求矿粉加热温度控制在185~195℃,普通沥青加热温度150~170℃,改性沥青温度控制在170~180℃,做到拌和混合料温度出厂温度150~165℃(普通沥青)、160~175℃(改性沥青)。

⑤ 拌和时间控制在30s以上,确保沥青混合料拌和充分均匀。拌制的混合料应均匀一致,无花白、无粗细料分离和结团成块现象。

⑥ 专人检查、记录混合料的质量情况，检测混合料的出场温度，对不符合规范要求的禁止出场。

（4）沥青混合料的运输

混合料运输均采用大吨位自卸车。运输车要做到以下几点要求：

① 车箱底板及四壁涂肥皂水，防止热料冷却黏结箱壁。

② 施工时摊铺机前方应有运料车在等候卸料，以保证连续摊铺。

③ 服从现场指挥人员、交通管理人员指挥。

④ 在距摊铺机前 20～30cm 处停车，不得冲撞摊铺机。

⑤ 卸料时分两次将料卸下，料车及时进出，确保摊铺机连续工作。

⑥ 运输车采用保温篷布或棉被覆盖保温。

（5）沥青混合料摊铺

采用基准钢丝挂线方法摊铺，摊铺温度根据试验段确定。

① 摊铺机就位，根据松铺厚度、纵横坡度调整好摊铺机的初始状态，熨平板下垫以木板，测量人员进行横坡度测试。

② 加热熨平板 30min 以上，确保熨平板加热温度不低于 80℃。

③ 调好熨平板。

④ 由专人指挥料车将料卸入摊铺机料仓内，然后由螺旋布料器将料均匀输出布满搅笼，至少 2/3 以上。

⑤ 摊铺机开始时以 1m/min 为宜。摊铺温度 110～140℃，改性沥青混合料摊铺温度 120～150℃。

⑥ 安排专人对厚度进行悬高与插入检测相结合，对横坡度和松铺高度进行跟踪检测。

⑦ 摊铺机的混合料如有缺料现象，应及时进行人工找补，确保摊铺机后的混合料表面平整、均匀、无离析现象。

（6）沥青混合料碾压

① 初压温度控制在 135～155℃，终压温度不低于 115℃。

② 碾压遍数及碾压组合方式根据试验段铺筑确定。

③ 碾压起步、刹车要缓慢，在行驶中起振，严禁在新铺层上及未压实的面上转向、调头。严禁压路机在新铺层上停机。

④ 碾压顺序由外侧到内侧，每次重叠后轮 1/3～1/2 轮迹宽，终压直到表面无明显轮迹。

⑤ 压路机在未碾压一端换挡位置错开。

⑥ 未压实、未冷却的段落严禁车辆通行。

（7）施工接缝处理

接缝：采用平接缝，待压路机碾压完毕，混合料冷却后，用 3m 直尺找平，用切割机将末端沥青混合料整齐。

（8）养生

碾压完毕后，封闭施工段落进行自然降温养生，混合料表面温度冷至常温后，方可开放交通。混合料未完全冷却，禁止任何车辆在其上行驶调头等。

（9）沥青中下面层的检测验收

沥青面层施工过程中要加强质量检查，以预防为主的原则，对工程质量进行动态控制。生产中发生异常现象，立即采取有效措施，必要时立即停止施工，待查明原因纠正后继续施工。

二、沥青上面层施工组织

第三合同段沥青上面层结构为 5cm 厚 SMA-16 型 SBS 改性沥青混凝土。

1. 总体方案

沥青混凝土上面层施工采用半幅全宽走平衡梁一次铺筑成型法，机械化连续作业施工。在沥青上面层的施工中积极灵活地调整计划，选在气温较高的工作日先行铺筑距离拌和站远的路段，并在运输过程中用棉被覆盖保温。

2. 工程流程

详见附 3：沥青面层施工程序框图

3. 施工步骤

（1）前期准备

采用乳化沥青或改性沥青对下承层进行封层（黏层）施工，对已完成联结层的施工段落进行清扫，清除表面松散的泥土、杂物等。隧道施工段摊铺现场还应布置足够的照明灯具，保证隧道内的正常施工；摊铺现场配备通风机械，保证隧道内施工的安全；对于碾压完毕的沥青面层应配备水车采取人工降温，以保证隧道内的温度。

（2）沥青混合料的拌和

① 根据混合料生产配合比确定用量调整送料口的大小及沥青、矿料的进料速度。

② 沥青砼混合料应按设计沥青用量进行试拌，试拌后取样进行马歇尔稳定试验，验证沥青用量是否准确，必要时可做适当调整。

③ 拌料前要对拌和设备及附属设备进行检查，开始拌料后要经常检查各种计量仪表，保证计量的准确性。

④ 为确保混合料出厂温度，要求矿粉加热温度控制在 185～195℃，普通沥青加热温度 150～170℃，改性沥青温度控制在 170～180℃，做到拌和混合料温度出厂温度 150～165℃（普通沥青）、160～175℃（改性沥青）。

⑤ 拌和时间控制在 30s 以上，确保沥青混合料拌和充分均匀。拌制的混合料应均匀一致，无花白、无粗细料分离和结团成块现象。

⑥ 专人检查、记录混合料的质量情况，检测混合料的出场温度，对不符合规范要求的禁止出场。

（3）沥青混合料的运输

混合料运输均采用大吨位自卸车。运输车要做到以下几点要求：

① 底板及四壁涂肥皂水，防止热料冷却黏结箱壁。

② 从拌和设备向运料车上放料时，应每卸一斗混合料挪动一下汽车位置，以减少混合料的离析现象。

③ 施工时摊铺机前方应有运料车在等候卸料，以保证连续摊铺。

④ 服从现场指挥人员、交通管理人员指挥。

⑤ 在距摊铺机前 20～30cm 处停车，不得冲撞摊铺机。

⑥卸料时分两次将料卸下，料车及时进出，确保摊铺机连续工作。

⑦运输车采用保温篷布覆盖保温。

（4）沥青混合料摊铺

采用走平衡梁方法施工，摊铺温度根据试验段确定。

①摊铺机就位，安装平衡梁，据松铺厚度、纵横坡度调整好摊铺机的初始状态，熨平板下垫以木板，测量人员进行横坡度测试。

②加热熨平板确保熨平板加热温度不低于80℃。

③调好熨平板。

④由专人指挥料车将料卸入摊铺机料仓内，然后由螺旋布料器将料均匀输出布满搅笼，至少2/3以上。

⑤摊铺机开始时以1m/min为宜。改性沥青混合料摊铺温度120～150℃。

⑥安排专人对厚度进行悬高与插入检测相结合，对横坡度和松铺高度进行跟踪检测。

⑦摊铺机的混合料如有缺料现象，应及时进行人工找补，确保摊铺机后的混合料表面平整、均匀、无离析现象。

（5）沥青混合料碾压

①初压温度控制在120～140℃，终压温度不低于90℃。

②碾压遍数及碾压组合方式根据试验段铺筑确定。

③碾压起步、刹车要缓慢，在行驶中起振，严禁在新铺层上及未压实的面上转向、调头。严禁压路机在新铺层上停机。

④碾压顺序由外侧到内侧，相邻碾压带重叠后轮1/3～1/2轮迹宽，终压直到表面无明显轮迹。

⑤未压实、未冷却的段落严禁车辆通行。

（6）施工接缝处理

接缝：采用平接缝，待压路机碾压完毕，混合料冷却后，用3m直尺找平，用切割机将末端沥青混合料整齐。相邻两幅及中下面层的横向接缝应予以错开，不应在同一断面。

笔记

（7）养生

碾压完毕后，封闭施工段落进行自然降温养生，混合料表面温度降至常温后，方可开放交通。混合料未完全冷却，禁止任何车辆在其上行驶调头。

附2　SMA沥青路面施工组织案例

1. SMA混合料的拌和

①拌和过程中逐盘打印各个料仓的材料用量、材料温度、矿粉用量和沥青用量。通过生产数据观察，掌握拌和过程中的计量准确程度和温度控制情况。

②SMA混合料的拌和工艺与一般沥青混合料相比没有大的差别。但由于SMA为间断级配，粗集料粒径单一、量多，细集料很少，矿粉用量大，放料、等料、排料时间相对延长，因此拌和机的效率有所降低。

③混合料的出料温度是整个SMA混合料施工的关键，是保证摊铺和碾压质量的基础。拌和时，既要提高拌和温度，又要防止拌和过程中沥青老化，集料加热温度控制在200℃

左右，改性沥青的成品温度控制在 175℃ 左右，矿粉和纤维不加热，混合料的出料温度一般为 185℃ 左右。

④ SMA 混合料中沥青用量较大，为了防止沥青析漏，不宜在贮料仓中贮存。拌出的混合料直接由 20t 运料车运至摊铺现场，运输过程中必须覆盖帆布保温，气温较低时加盖一层棉被。

2. SMA 混合料的摊铺

① 为了保证路面厚度，提高平整度，采用了以下措施：采用平衡梁为基准，缓慢、均匀、连续不断地摊铺；摊铺机熨平板的振荡器选用高频低幅，提高初始压实度及松铺表面的平整度，降低松铺系数。

② 由于改性沥青玛蹄脂的黏度非常大，摊铺温度和摊铺速度控制不好，会产生横向裂纹。为了消除摊铺过程中产生的横向裂纹，严格控制摊铺温度在 160～170℃，摊铺速度严格控制在 2m/min 以下。

3. SMA 混合料的碾压

① 对 SMA 混合料路面施工，碾压是最重要的一环，保证及时碾压非常关键。SMA 混合料由于粗集料嵌挤良好，碾压过程中的推挤很小，可以使用较重的压路机在很高的温度下碾压，决不能按老习惯在摊铺机后面隔一定距离碾压。一旦 SMA 混合料的温度下降，改性沥青的黏度增大，压实就达不到要求。碾压时严格按照"紧跟、慢压、高频、低幅"的原则进行。

② 碾压过程中 SMA 存在着与普通沥青混合料有显著区别的特征：在高温状态下用振动压路机碾压而不产生推拥；碾压成型后表面有足够的构造深度又基本不透水。这两个显著特征也正是鉴别 SMA 是否成功的重要标志。

③ 与普通沥青混合料碾压时的最大区别就是不能使用轮胎压路机，其原因一是因改性沥青黏度非常大，容易粘轮；二是轮胎揉搓会使玛蹄脂上浮，造成泛油，过度揉搓将使混合料无法稳定。在保证粗集料不被压碎的情况下，选用较重的钢轮压路机在较高的温度下紧跟在摊铺机后碾压，压实效果最佳。

④ 本路初压采用双钢轮振动压路机紧跟摊铺机后单轮振压 2 遍，复压采用双钢轮振动压路机振压 2 遍，终压采用双钢轮振动压路机静压 1 遍，即可达到压实度要求。初压温度控制不低于 160℃，终压温度不低于 120℃，碾压速度控制在 5km/h 以下。

⑤ 碾压时要特别注意以下几个方面：

a. 防止漏油，施工前认真检验摊铺机和压路机，防止机械故障造成液压油泄漏污染。

b. 防止粘轮，每天施工前检查压路机喷水装置，选用清水，避免堵塞管道，否则容易造成改性沥青的粘连，严重影响路面的平整度及外表美观。

c. 防止过度碾压，混合料达到一定压实度，继续碾压会使玛蹄脂挤压到表面，降低构造深度，因此当发现构造深度减小，玛蹄脂有上浮迹象时，碾压即应停止。

d. 碾压达到规定的遍数以后，紧跟着进行 3m 直尺平整度检测，发现局部平整度较差的点，立即进行适当碾压处理。

4. 横向施工接缝处理

① 横向施工接缝采用平接缝，每次开工前应切除端部平整度和厚度达不到要求的地方，为使接头处整齐且避免扰动，采用锯缝机锯缝，缝要平直且与路线方向垂直，切忌锯进下一层。锯缝后要清理干净并使其干燥，接头处涂刷一薄层乳化沥青，使前后两部分较好地粘合在一起。在起步时，熨平板应充分预热，根据松铺厚度垫起熨平板并设定好平衡梁，保证接头处的平整度。碾压之前接头处人工找补，对大的空隙进行撒细料弥补，碾压时派专人用 3m 直尺反复测量接头处的平整度，指导压路机碾压，满足平整度要求。

② 表面层的接缝处理是路面施工中的关键环节，必须严格操作，按照公司以往施工 SMA 路面的经验按上述方法处理后，横缝粘合好并且密实，平整度满足要求。

5. 其他注意事项

（1）严格控制沥青混合料的矿料级配

混合料在拌和生产中，应严格控制矿质混合料的级配，使其在规定的级配范围之内，并接近要求级配范围的中值。在级配曲线中影响铺面均匀性较大的是中部颗粒的数量，特别是 4.75mm 和 2.36mm 的通过质量的百分率，应接近级配范围的中值，过少将影响面层的均匀性，过多将会影响面层的压实性（压实困难）。

（2）混合料拌和必须均匀

沥青混合料的拌和温度和拌和时间是混合料达到均匀的两个基本要素，经试拌确定后，在生产过程中不应随意变动；同时还应随时观察拌出混合料的外观，除颜色均匀一致、无花白颗粒外，粗细颗粒的分布还应均匀，无粗细料分离现象。如有分离应及时调整拌和温度和延长拌和时间。

（3）要防止沥青混合料在运输中发生离析

（4）优化摊铺工艺

① 要注意摊铺机接料斗的操作程序，以减少粗细料的离析。摊铺机集料斗应在刮板尚未露出，尚有约 10cm 热料时拢料，这是在运料车刚退出时进行；而且应该做到在料斗两翼才恢复原位时，下一辆运料车即开始卸料，做到连续供料，以避免粗料集中。应做到每一料车摊铺机集料斗拢料一次，否则集料斗两翼内侧的余料会形成向内的斜面，开始卸料时，粗颗粒将流向集料斗底部，摊出的铺面将出现等距离块状离析。

② 摊铺机调整到最佳状态，是避免铺面出现条带状离析的关键。调试好螺旋布料器两端的自动料位器，并使门开度、链板送料器的速度和螺旋布料器的转速相匹配。螺旋布料器的料量以略高于布料器中心为度，料面高度应基本在同一平面上，并与铺面横坡一致，使熨平板的挡料板前混合料在全宽范围内均匀分布，避免摊铺层出现离析现象。

③ 调整摊铺机熨平板的激振强度，使各块熨平板的激振力相一致。熨平板是由多块拼和而成、每块熨平板中由于夯锤新旧程度和磨损情况不尽相同，因而各块熨平板的激振强度会有所差异，激振强度大的熨平板会把较多的细料振到铺层的下部，表面呈现较多的粗料；而激振强度弱的熨平板细料振到铺层下部较少，因而铺层表面细料较多。

④ 及时人工修补铺面上的洞眼。铺层表面的粗大颗粒，在熨平板的拖拉下，后部形成了洞眼，对铺面形成的洞眼，在碾压前应人工填入适量热沥青混合料。

附3 沥青面层施工工艺框图

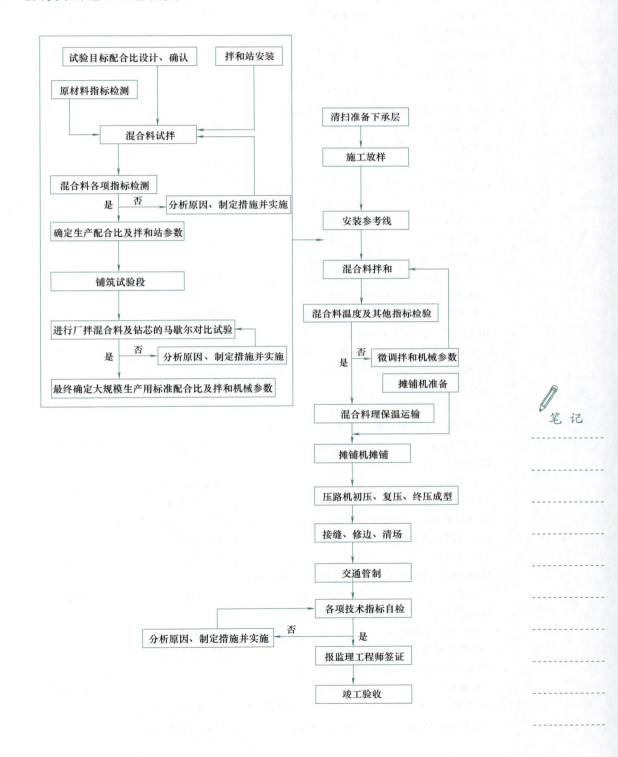

一、选择题

1. 沥青混合料主要包括（　　）
   A. 矿粉　　　　B. 集料　　　　C. 沥青　　　　D. 稳定土
2. 沥青性能指标包括（　　）
   A. 针入度　　　B. 软化点　　　C. 延度　　　　D. 含蜡量
3. 密实式沥青混合料由（　　）表示
   A. ATB　　　　B. SMA　　　　C. AC
4. 沥青混凝土路面复压时压路机优先选用（　　）
   A. 双钢轮压路机　　B. 轮胎压路机　　C. 静力压路机
5. 轮胎压路机不适宜（　　）
   A. 初压　　　　B. 复压　　　　C. 终压　　　　D.SMA 路面
6. 三轮静作用压路机重叠量为后碾压轮宽度的（　　）或（　　）
   A. 1/2 轮宽　　B. 1/3 轮宽　　C. 10～20cm
7. 压路机碾压速度遵循＿＿原则（　　）
   A. 先快后慢　　B. 先慢后快　　C. 匀速
8. 高等级公路路面常用的路面形式有（　　）
   A. 沥青碎石路面　　B. 沥青混凝土路面　　C. SMA 路面
9. SMA 混合料使用的沥青大部分为（　　）
   A. 乳化沥青　　B. 天然沥青　　C. 石油沥青　　D. 改性沥青
10. 绝对高程基准找平方式有（　　）
    A. 钢丝绳基准　　B. 滑靴平衡梁　　C. 大型平衡梁　　D. 声呐平衡梁
11. 地面平均高程基准找平方式有（　　）
    A. 路缘石基准梁　　　　　　B. 滑靴平衡梁
    C. 大型平衡梁　　　　　　　D. 声呐平衡梁
12. 拌和站出厂的沥青混合料应该是（　　）
    A. 花白料　　　B. 团块状　　　C. 粗细料离析　　D. 混合料均匀
13. 运送沥青混合料应注意（　　）
    A. 混合料保温　　　　　　　B. 不损坏黏层透层
    C. 防止粗细料离析　　　　　D. 不污染路面
14. 开始摊铺时，使整个熨平板前都充满混合料，并滞留 3～5min 的作用是（　　）
    A. 对纵接缝预热　　　　　　B. 对横接缝预热
    C. 预热熨平板　　　　　　　D. 预热螺旋器
15. 沥青混合料摊铺层厚度对以下哪些性能有影响（　　）
    A. 平整度　　　B. 承载能力　　C. 防水性能　　D. 耐磨耗能力
16. 温度离析产生的主要部位是（　　）
    A. 运输车车厢边缘　　　　　B. 接料斗边缘
    C. 熨平板边缘　　　　　　　D. 混合料堆积时间过长
17. 碾压不良时，沥青混合料路面会出现（　　）
    A. 推移　　　　B. 拥包　　　　C. 开裂　　　　D. 凹坑
18. 纵接缝上下层应错开，采用热接缝应错开＿以上，冷接缝应错开＿。（　　）
    A. 15cm；15cm　　B. 1m；20cm　　C. 15cm；30～40cm

19. 两台摊铺机梯队摊铺作业，前后摊铺机间隔____，两摊铺机摊铺带应搭接____。（ ）
   A. 30m；10cm   B. 10m；20cm   C. 10～20m；3～6cm
20. 新旧路面冷接缝处可用下列设备进行处理。（ ）
   A. 凿岩机   B. 切缝机   C. 铣刨机   D. 打磨机

二、判断题

1. 黏稠度低的沥青，针入度值小。（ ）
2. 石油沥青是修筑道路最常用的沥青材料。（ ）
3. 石油沥青通常要加热到120～150℃后才能呈流体状态形成乳化沥青。（ ）
4. 路面施工中，运输车辆运输能力应大于摊铺机生产能力，以保证施工顺利。（ ）
5. 双钢轮振动压路机重叠量基本要求不小于30cm。（ ）
6. 沥青碎石路面和沥青混凝土路面均适合于高等级公路路面。（ ）
7. 矿料加料温度应略高于沥青加热温度10～20℃。（ ）
8. 沥青混合料搅拌时间一般不大于45s。（ ）
9. 加热后的矿料在搅拌锅中干拌时间不少于5s。（ ）
10. 分幅摊铺的上摊铺层和下摊铺层的纵接缝应错开15cm以上。（ ）
11. 纵坡控制是在横坡控制的基础上进行控制。（ ）
12. 纵坡基准是摊铺机能够摊铺出平整路面的基础（ ）
13. 摊铺机摊铺时，两个纵坡基准控制比纵坡、横坡综合控制的平整度更好。（ ）
14. 混合料铺层薄时应使用低频大振幅。（ ）
15. 振动压路机使用高振频，可以提高压实度。（ ）
16. 压实过程应尽可能使用大振幅，使沥青混合料迅速得到压实。（ ）
17. 通过钻孔取样法取出试样，实测出试样的厚度，可以初步确定松铺系数。（ ）
18. 复压是压实过程的主要程序，一般需压实8～10遍。（ ）
19. 改性沥青在摊铺完后就应该进行碾压。（ ）
20. 初压实宜轻压，不宜采用振动压路机。（ ）

三、填空题

1. 沥青拌和楼按工艺流程分为_____拌和站、_____拌和站。
2. 集料按粒径分为_____、_____、_____。
3. 为了保证施工质量，摊铺机作业时行驶速度一般应控制在_____m/min，SMA混合料宜放慢至_____m/min。
4. 压路机碾压轮宽，线压力小，压实效率___，碾压轮直径大，压实平整度___。
5. 高等级公路结构层主要分为____、____、____三层。
6. 沥青混合料由____、____、____和____按一定比例形成。
7. 搅拌器搅拌时间包括____和_____。
8. 基层的测量检查包括____、____、____测量。
9. 透层沥青应渗入基层一定深度，半刚性基层____，柔性基层____。
10. 乳化沥青作透层沥青时洒布后，_____才能铺筑沥青面层。
11. 自动找平装置的安装和调整包括：____、____、____。
12. 摊铺机前至少要有___辆以上的自卸车才能开始摊铺，第一车料应使用温度___的混合料。
13. 摊铺厚度不合格应及时调整，方法是调整纵坡传感器支架螺杆，纵坡传感器____移动，摊铺厚度加厚，纵坡传感器____移动，摊铺厚度减薄。
14. 压实过程中，对于薄层混合料，集料易于振碎，应采用____。集料冷却速度快，应采用____。

15. 碾压带重叠宽度取决于碾压轮的_____和_____。
16. SMA 路面应采用振动压路机和钢制光轮静作用压路机配合碾压，振动压路机应遵循"_____"的原则。

四、问答题
1. 集料的分类方式是什么？
2. 影响沥青混合料拌和设备生产率的因素有哪些？
3. 沥青混凝土路面施工中，各道工序生产能力匹配原则是什么？
4. 沥青混凝土路面结构特点有哪些？
5. 什么状况下需要浇洒透层沥青？
6. 摊铺机熨平板调整参数有哪些？
7. 碾压混合料的初始温度对路面质量有何影响？

第五章

桥梁工程机械化施工组织

第一节 桩工机械及施工组织

> **知识目标**
> 1. 熟悉桩工机械结构与工作原理；
> 2. 熟悉桩工机械施工组织特点。

> **能力目标**
> 1. 能够根据施工要求和地质条件合理选择桩工机械及设备；
> 2. 能够完成桩工机械施工前的相关准备工作。

熟悉桩工机械的工作特点是进行桩基施工的前提，根据地质情况和施工要求，合理地选择桩工机械是桩基施工质量和效率的重要保证，因此需要熟悉各种类型的桩工机械的原理、性能及适用范围。

一、桩工机械概述

桩工机械是用于各种桩基础、地基改良加固、地下挡土连续墙、地下防渗连续墙施工及其他特殊地基基础等工程施工的机械设备，其作用是将各式桩埋入土中，以提高基础的承载能力。

现代建桥用的基础桩有两种基本类型：预制桩和灌注桩。前者用各种打桩机将预制好的基础桩打（振、沉）入土中；后者用钻孔机钻出深孔以灌注混凝土。

根据预制桩和灌注桩的施工，可把桩工机械分为预制桩施工机械和灌注桩施工机械两大类。

1. 预制桩施工机械

（1）打桩机

打桩机由桩锤和桩架组成，靠桩锤冲击桩头，使桩在冲击力的作用下贯入土中，故又称冲击式打桩机。

根据桩锤驱动方式不同，可分为蒸汽、柴油和液压三种打桩机。

（2）振动沉拔桩机

振动沉拔桩机由振动桩锤和桩架组成。振动桩锤利用机械振动法使桩沉入或拔出。

（3）静力压拔桩机

静力压拔桩机采用机械或液压方式产生静压力，使桩在持续静压力作用下被压入或拔出。

（4）桩架

桩架是打桩机的配套设备，桩架应能承受自重、桩锤重、桩及辅助设备等重量。由于工作环境的差异，桩架可分为陆上桩架和船上桩架两种。由于作业性能的差异，桩架有简易桩架和多能桩架（或称万能桩架）。简易桩架具有桩锤或钻具提升设备，一般只能打直桩；多能桩架具有多种功能，即可提升桩、桩锤或钻具，使立柱倾斜一定角度，平台回转360°，自动行走，等等。多能桩架适用于打各种类型桩。由于行走机构不同，桩架可分为滚管式、轨道式、轮胎式、汽车式、履带式和步履式等。

2. 灌注桩施工机械

灌注桩的施工关键在于成孔，成孔的方法：挤土成孔和取土成孔。

挤土成孔：将一根钢管打入土中，至设计深度后拔出成孔，这种方法常用振动沉拔桩机。

取土成孔：根据成孔的方法不同可分为冲击成孔、冲抓成孔、回转钻削成孔等，采用的机械主要有：冲击式钻机、冲抓式钻机、回转式钻机和螺旋式钻机等。

其施工方法和配套的施工机械有以下几种：

① 全套管施工法：即贝诺特法，使用设备有全套管钻机。

② 旋转钻施工法：采用的设备是旋转钻机。

③ 回转斗钻孔法：使用回转斗钻机。

④ 冲击钻孔法：使用冲击钻机。

⑤ 螺旋钻孔法：常使用长螺旋钻机和短螺旋钻机。

二、预制桩施工机械结构认知

1. 柴油打桩机

柴油打桩机由柴油桩锤和桩架两部分组成。桩架有专用的，也有利用挖掘机或起重机上的长臂吊杆加装龙门架改装而成。柴油桩锤按其动作特点分导杆式和筒式两种。导杆式桩锤冲击体为气缸，它构造简单，但打桩能量小；筒式桩锤冲击体为活塞，打击能量大，施工效率高，是目前使用较广泛的一种打桩设备。下面以筒式桩锤为例介绍柴油桩锤的构造及工作原理。

筒式柴油桩锤依靠活塞上下跳动来锤击桩，其构造如图5-1所示。它由锤体、燃料供给系统、润滑系统、冷却系统和起动系统等组成。

锤体主要由上气缸16、导向缸17、下气缸21、上活塞1、下活塞14和缓冲垫5等组成。导向缸17在打斜桩时为上活塞引导方向，还可防止上活塞跳出锤体。上气缸是上活

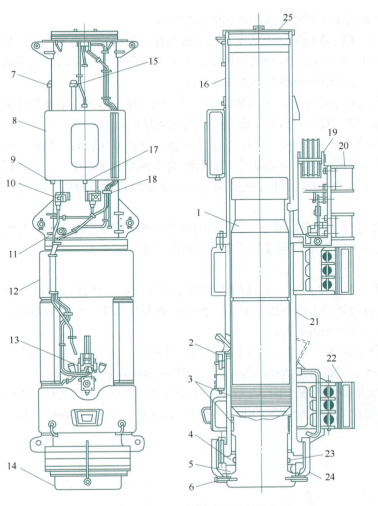

图 5-1　D72 型筒式柴油桩锤构造

1—上活塞；2—燃油泵；3—活塞环；4—外端环；5—缓冲垫；6—橡胶环导向；7—燃油进口；
8—燃油箱；9—燃油排放旋塞；10—燃油阀；11—上活塞保险螺栓；12—冷却水箱；13—燃油和润滑油泵；
14—下活塞；15—燃油进口；16—上气缸；17—导向缸；18—润滑油阀；19—起落架；20—导向卡；21—下气缸；
22—下气缸导向卡爪；23—铜套；24—下活塞保险卡；25—顶盖

柴油锤打桩机

塞的导向装置。下气缸是工作气缸，它与上、下活塞一起组成燃烧室，是柴油桩锤爆炸冲击工作的场所。上、下气缸用高强度螺栓连接。在上气缸外部附有燃油箱及润滑油箱，通过附在缸壁上的油管将燃油与润滑油送至下气缸上的燃油泵与润滑油泵。上活塞和下活塞都是工作活塞，上活塞又称自由活塞，不工作时位于上气缸的下部，工作时可在上、下气缸内跳动，上、下活塞都靠活塞环密封，并承受很大的冲击力和高温高压作用。

在下气缸底部外端环与活塞冲头之间装有一个缓冲垫 5（橡胶圈）。它的主要作用是缓冲打桩时下活塞对下气缸的冲击。这个橡胶圈强度高、耐油性强。

在下气缸四周，分布着斜向布置的进、排气管，供进气和排气用。

柴油桩锤起动时，由桩架卷扬机将起落架吊升，起落架钩住上活塞提升到一定高度，吊钩碰到碰块，上活塞脱离起落架，靠自重落下，柴油桩锤即可起动。

筒式柴油桩锤的工作原理及其循环如图5-2所示。

① 喷油过程[图5-2(a)]。上活塞被起落架吊起,新鲜空气进入气缸,燃油泵进行吸油。上活塞提升到一定高度后自动脱钩掉落,上活塞下降。当下降的活塞碰到燃油泵的压油曲臂时,即把一定量的燃油喷入下活塞的凹面。

② 压缩过程[图5-2(b)]。上活塞继续下降,吸、排气口被上活塞挡住而关闭,气缸内的空气被压缩,空气的压力和温度均升高,为燃烧爆炸创造条件。

③ 冲击、雾化过程[图5-2(c)]。当上活塞快与下活塞相撞时,燃烧室内的气压迅速增大。当上、下活塞碰撞时,下活塞冲击面的燃油受到冲击而雾化。上、下活塞撞击产生强大的冲击力,大约有50%的冲击机械能传递给下活塞,通过桩帽,使桩下沉。被称为"第一次打击"。

④ 燃烧爆炸过程[图5-2(d)]。雾化后的混合气体,由于受高温和高压的作用,立刻燃烧爆炸,产生巨大的能量。通过下活塞对桩再次冲击(即"第二次打击"),同时使上活塞跳起。

⑤ 排气过程[图5-2(e)]。上跳的活塞通过排气口后,燃烧过的废气便从排气口排出。上活塞上升越过燃油泵的压油曲臂后,曲臂在弹簧作用下,回复到原位,同时吸入一定量的燃油,为下次喷油做准备。

⑥ 吸气过程[图5-2(f)]。上活塞在惯性力作用下,继续上升,这时气缸内产生负压,新鲜空气被吸入气缸内。活塞跳得越高,所吸入的新鲜空气越多。

⑦ 活塞下行并排气过程[图5-2(g)]。上活塞的动能全部转化为势能后,又再次下降,一部分的新鲜空气与残余废气的混合气由排气口排出直至重复喷油过程,柴油桩锤便周而复始地工作。

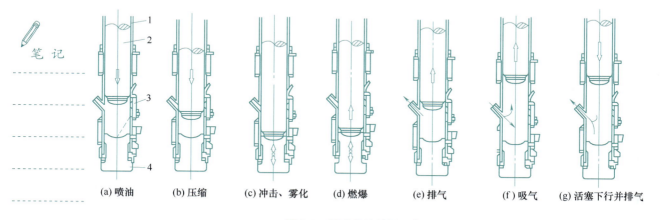

图5-2 筒式柴油桩锤工作原理
1—气缸;2—上活塞;3—燃油泵;4—下活塞

2. 液压打桩机

液压打桩机由液压桩锤和桩架两部分组成。液压桩锤利用液压能将锤体提升到一定高度,锤体依靠自重或自重加液压能下降,进行锤击。从打桩原理上可分为单作用式和双作用式两种。单作用式即自由下落式,冲击能量较小,但结构比较简单。双作用式液压桩锤在锤体被举起的同时,向蓄能器内注入高压油,锤体下落时,液压泵和蓄能器内的高压油同时给液压桩锤提供动力，促使锤体加速下落，使锤体下落的加速度超过自由落体加速度。双作用式液压桩锤冲击能量大，结构紧凑，但液压油路比单作用式液压桩锤要复杂些。

液压桩锤主要由锤体部分、液压系统和电气控制系统等组成，如图5-3所示为锤体部分的结构简图。

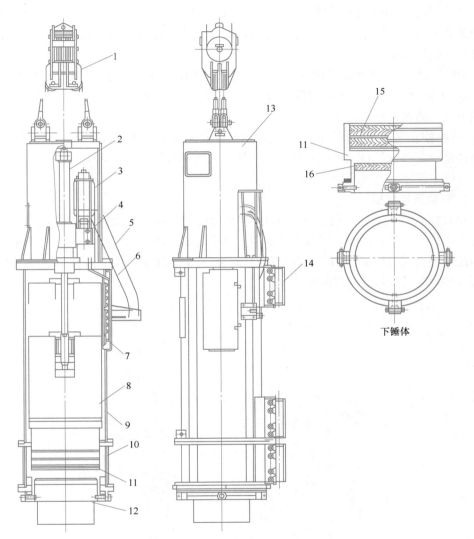

图5-3　液压桩锤结构简图

1—起吊装置；2—液压油缸；3—蓄能器；4—液压控制装置；5—油管；
6—控制电缆；7—无触点开关；8—锤体；9—壳体；10—下壳体；11—下锤体；
12—桩帽；13—上壳体；14—导向装置；15，16—缓冲垫

① 起吊装置：起吊装置1主要由滑轮架、滑轮组与钢丝绳组成，通过桩架顶部的滑轮组与卷扬机相连。利用卷扬机的动力，液压桩锤可在桩架的导向轨上上下滑动。

② 导向装置：导向装置14与柴油桩锤的导向卡基本相似，它用螺栓将导向装置与壳体和桩帽相连，使其与桩架导轨的滑道相配合，锤体可沿导轨上下滑动。

③上壳体：保护液压桩锤上部的液压元件、液压油管和电气装置，同时连接起吊装置和壳体。上壳体还用作配重使用，可以缓解和减少工作时锤体不规则的抖动或反弹，提高工作性能。

④锤体：液压桩锤通过锤体下降打击桩帽，将能量传给桩，实现桩的下沉。锤体的上部与液压油缸活塞杆头部通过法兰连接。

⑤壳体：壳体把上壳体和下壳体连在一起，在它外侧安装着导向装置、无触点开关、液压油管和控制电缆的夹板等。液压油缸的缸筒与壳体连接，锤体上下运动锤击沉桩的全过程均在壳体内完成。

⑥下壳体：下壳体将桩帽罩在其中，上部与壳体的下部相连，下部支在桩帽上。

⑦下锤体：下锤体上部有两层缓冲垫，与柴油桩锤下活塞的缓冲垫作用一样，防止过大的冲击力打击桩头。

⑧桩帽及缓冲垫：打桩时桩帽套在钢板桩或混凝土预制桩的顶部，除起导向作用外，与缓冲垫一起既保护桩头不受损坏，也使锤体及液压缸的冲击荷载大为减小。在打桩作业时，应注意经常更换缓冲垫。

3. 振动沉拔桩机

振动沉拔桩机由振动桩锤（图 5-4）和通用桩架组成。振动桩锤是利用机械振动法使桩沉入或拔出。按振动频率可分为低、中、高和超高频四种形式；按作用原理可分为振动式和振动冲击式两种；按动力装置与振动器的连接方式可分为刚性式和柔性式两种；按动力源可分为电动式和液压式两种。

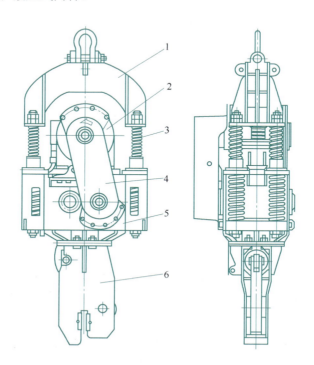

图 5-4 振动桩锤的构造

1—悬挂装置；2—电动机；3—减振装置；
4—传动机构；5—振动器；6—夹桩器

(1) 振动桩锤工作原理

振动桩锤主要装置为振动器,利用振动器所产生的激振力,使桩身产生高频振动。这时桩在其自重或很小的附加压力作用下沉入土中,或是在较小的提升力作用下被拔出。

振动器都是采用机械式振动器,由两根装有偏心块的轴组成(图5-5)。这两根轴上装有相同的偏心块,但两根轴相向转动。这时两根轴上的偏心块所产生的离心力,在水平方向上的分力互相抵消,而其垂直方向上的分力则叠加起来。

其合力为

$$P = 2mr\omega^2 \sin\phi \quad (N) \tag{5-1}$$

式中 m ——偏心块的质量,kg;

ω ——角速度,rad/s;

r ——偏心块质心至回转中心的距离,m。

合力 P 一般称为激振力。就是在这一激振力的作用下,桩身产生沿其纵向轴线的强迫振动。

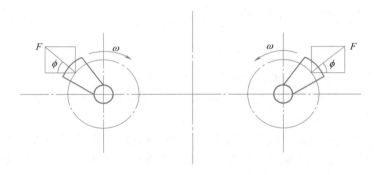

图 5-5 振动原理图

(2) 电动式振动沉拔桩机

电动式振动沉拔桩机是将振动器产生的振动,通过与振动器连成一体的夹桩器传给桩体,使桩体产生振动。桩体周围的土壤由于受到振动作用,摩擦阻力显著下降,桩就在振动沉拔桩机和自重的作用下沉入土中。在拔桩时,振动可使拔桩阻力显著减小,只需较小的提升力就能把桩拔出。

电动式振动沉拔桩机由振动器、夹桩器、电动机等组成。电动机1与振动器3刚性连接的,称为刚性振动锤[图5-6(a)];电动机5与振动器1之间装有螺旋弹簧的,则称为柔性振动锤[图5-6(b)]。

振动器的偏心块可以用电动机以V带驱动,振动频率可调节,以适应不同土壤打不同桩对激振力的不同要求。

夹桩器用来连接桩锤和桩。分液压式、气压式、手动(杠杆或液压)式和直接(销接或圆锥)式等。

图5-6(c)所示为振动冲击式振动锤。沉桩时既靠振动又靠冲击。振动器和桩帽经由弹簧相连。两个偏心块在电动机带动下,同步反向旋转时,在振动器1做垂直方向振动的同时,给予冲击凸块以快速的冲击,使桩迅速下沉。

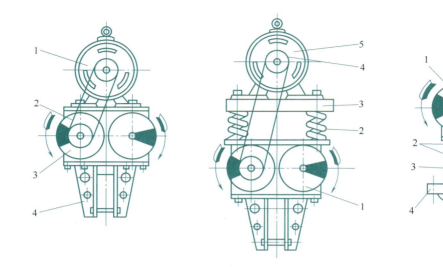

(a) 刚性振动锤
1—电动机；2—传动机构；
3—振动器；4—夹桩器

(b) 柔性振动锤
1—振动器；2—弹簧；3—电机底座；
4—皮带；5—电动机

(c) 振动冲击式振动锤
1—振动器；2—弹簧；
3—冲击凸块；4—桩帽

图 5-6 振动锤的形式

这种振动冲击式桩锤，具有很大的振幅和冲击力，其功率消耗也较少，适用于在黏性土壤或坚硬的土层中打桩。其缺点是冲击时噪声大，电动机受到频繁的冲击作用易损坏。

（3）液压式振动沉拔桩机

液压式振动沉拔桩机采用液压马达驱动。液压马达驱动能无级调节振动频率，还有起动力矩小、外形尺寸小、质量轻、不需要电源等优点。但其传动效率低，结构复杂，维修困难，价格高。

4. 静力压拔桩机

依靠持续作用静压力，将桩压入或拔出的桩工机械，称为静力压拔桩机。

静力压拔桩机分为机械式和液压式两种。机械式压拔桩机由机械方式传递静压力，液压式用液压油缸产生的静压力来压桩或拔桩。

液压静力压桩机工作时噪声低、振动小、无污染，与冲击式施工方式比较，桩身不受冲击应力，不易损坏，施工质量好，效率高。

5. 桩架

大多数桩锤或钻具都要用桩架支持，并为之导向，桩架的形式很多，这里主要介绍通用桩架，即那些能适用于多种桩锤或钻具的桩架。目前通用桩架有两种基本形式：一种是沿轨道行驶的万能桩架，另一种是装在履带式底盘上的桩架。沿轨道行驶的万能桩架因其要在预先铺好的水平轨道上工作，机构庞大，占用场地大，组装和搬运麻烦，因而近年来已很少使用。而履带式桩架发展较为迅速。这里仅介绍这种桩架。

（1）悬挂式履带桩架

如图 5-7 所示，悬挂式履带桩架是以履带式起重机为底盘，用吊臂 2 悬吊桩架立柱 6，立柱 6 下面与机体 1 通过支撑杆 7 相连接。由于桩架、桩锤的重量较大，重心高且前移，容易使起重机失稳，所以通常要在机体上增加一些配重。立柱在吊臂端部的安装比较简单。为了能方便地调整立柱的垂直度，立柱下端与机体的连接一般都采用丝杠或液压式等伸缩可调的机构。

悬挂式桩架的缺点是横向稳定性较差，立柱的悬挂不能很好地保持垂直。这一点限制了悬挂式桩架不能用于打斜桩。

（2）三支点式履带桩架

三支点式履带桩架同样是以履带式起重机为底盘，但在使用时必须做较多的改动。首先拆除吊臂，增加两个斜撑2，斜撑2下端用球铰支持在液压支腿的横梁上使两个斜撑的下端在横向保持较大的间距，构成稳定的三点式支撑结构，如图5-8所示。

三支点式桩架在性能上是比较理想的，工作幅度小，具有良好的稳定性，另外还可通过斜撑的伸缩使立柱倾斜，以适应打斜桩的需要。

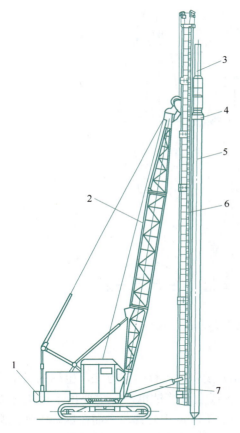

图5-7　悬挂式履带桩架
1—机体；2—吊臂；3—桩锤；4—桩帽；
5—桩；6—桩架立柱；7—支撑杆

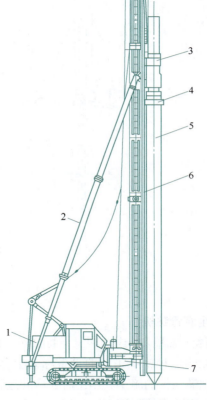

图5-8　三支点式履带桩架
1—机体；2—斜撑；3—桩锤；4—桩帽；5—桩；
6—桩架立柱；7—立柱支撑

三、灌注桩施工机械结构认知

1. 冲击钻机

冲击式钻机是灌注桩基础施工的一种重要钻孔机械，它能适应各种不同地质情况，特别是在卵石层中钻孔。同时，用冲击式钻机钻孔，成孔后，孔壁四周会形成一层密实的土层，对稳定孔壁、提高桩基承载能力，均有一定作用。

冲击钻机所有部件均装在拖车上，包括电动机、传动机构、卷扬机和桅杆等。冲击钻孔是利用钻机的曲柄连杆机构，将动力的回转运动变为往复运动，通过钢丝绳带动冲锤上下运动。通过冲锤自由下落的冲击作用，将卵石或岩石破碎，钻渣随泥浆（或用掏渣筒）排出。

冲锤（图5-9）有各种形状，但它们的冲刃大多是十字形的。

由于冲击式钻机的钻进是将岩石破碎成粉粒状钻渣，功率消耗大，钻进效率低。因此，除在卵石层中钻孔时采用外，其他地层的钻孔已被其他形式的钻机所取代。

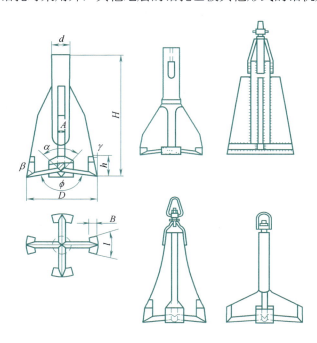

图5-9 冲锤形式及尺寸

2. 全套管钻机

全套管施工法是由法国贝诺特公司（Benoto）发明的一种施工方法，也称为贝诺特施工法。配合这种施工工艺的设备称为全套管设备或全套管钻机，它主要用于桥梁等大型建筑基础灌注桩的施工。施工时在成孔过程中一面下沉钢质套管，一面在钢管中抓挖黏土或砂石，直至钢管下沉至设计深度，成孔后灌注混凝土，同时逐步将钢管拔出，以便重复使用。

（1）全套管钻机的分类及总体结构

全套管钻机按结构形式可分为两大类，即整机式和分体式。

整机式采用履带式或步履式底盘，其上装有动力系统、钻机作业系统等。其结构如图5-10所示，由主机1、钻机2、套管3、锤式抓斗4、钻架5等组成。主机主要由驱动全套管钻机短距离移动的底盘和动力系统、卷扬系统等组成。钻机主要由压拔管、晃管、夹管机构组成，包括压拔管、晃管、夹管油缸和液压系统及相应的管路控制系统等组成。套管

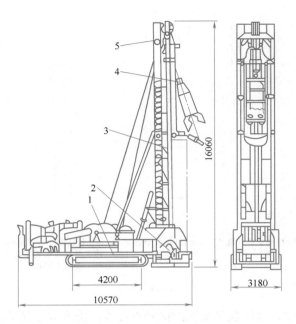

图 5-10 整机式全套管钻机
1—主机；2—钻机；3—套管；4—锤式抓斗；5—钻架

是一种标准的钢质套管，套管采用螺栓连接，要求有严格的互换性。锤式抓斗由单绳控制，靠自由落体冲击落入孔内取土，再提上地面卸土。钻架主要为锤式抓斗取土服务，设置有卸土外摆机构和配合锤式抓斗卸土的开启锤式抓斗机构。

分体式全套管钻机是以压拔管机构作为一个独立系统，施工时必须配备其他形式的机架（如履带式起重机），才能进行钻孔作业，其结构如图 5-11 所示。分体式全套管钻机主要由起重机 1、锤式抓斗 2、锤式抓斗导向口 3、套管 4、钻机 5 等组成。起重机为通用起重机，锤式抓斗、导向口、套管均与整机式全套管钻机的相应机构相同，钻机是整套机构中的工作机，它由导向及纠偏机构、晃管装置、压拔管液压缸、摆动臂和底架等组成。

（2）全套管钻机的工作原理

全套管钻机一般为装有液压驱动的抱管、晃管、压拔管机构。成孔过程是将套管边晃边压，进入土壤之中，并使用锤式抓斗在套管中取土。抓斗利用自重插入土中，用钢绳收拢抓瓣。这一特殊的单索抓斗可在提升过程中完成向外摆动、开瓣卸土、复位、开瓣下落等过程。成孔后，在灌注混凝土的同时逐节拔出并拆除套管，最后将套管全部取出（图 5-12）。

全套管钻孔机可以钻直径在 0.6～2m，长度在 50m 以内的桩孔。全套管钻孔机在黏土层、砂砾层、大卵石层的地质条件下施工最为理想。对孤石层、硬黏土层、岩基地质虽有困难，但仍可行。当遇有 5m 以上中间砂层时，会使砂层松动，造成拔起套管困难。不适宜水上施工。它的显著特点是：不论垂直孔或是

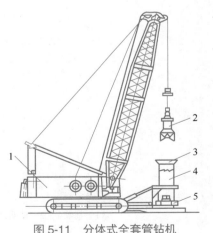

图 5-11 分体式全套管钻机
1—起重机；2—锤式抓斗；3—导向口；
4—套管；5—钻机

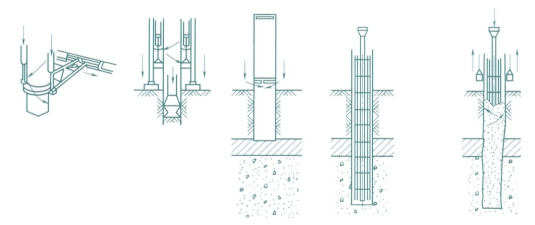

(a) 用套管工作装置将套管一面沿圆周方向往复晃动，一面压入地层中　(b) 用锤式抓斗取土　(c) 接长套管　(d) 当套管达到预定标高后，清孔并插入钢筋笼及混凝土导管　(e) 灌注混凝土，灌注的同时拔出套管直到灌注完毕

图 5-12　全套管施工法原理

斜桩孔，只要任意设定，就能保证成孔的优异直线性；能既容易又准确地确认挖掘深度和地层。

3. 旋转钻机

旋转钻机如图 5-13 所示，由带转盘的基础车 1（履带式或轮胎式）、钻杆回转机构 4、钻架 2、工作装置（钻杆 5 和钻头 6）等组成。

旋转钻机是利用旋转的工作装置切下土壤，使之混入泥浆中排出孔外。根据排出渣浆的方式不同，旋转钻机分为正循环和反循环两类。常用反循环钻机。

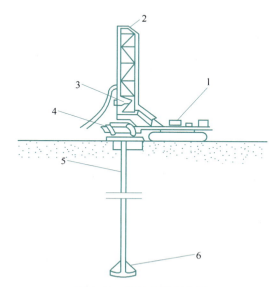

图 5-13　旋转钻机示意图

1—基础车；2—钻架；3—提水龙头；4—钻杆回转机构；5—钻杆；6—钻头

正循环钻机的工作原理如图 5-14 所示。钻机由电动机驱动转盘带动钻杆、钻头旋转钻孔，同时开动泥浆泵对泥浆池中的泥浆施加压力使其通过胶管、提水龙头、空心钻杆，最

后从钻头下部喷出,冲刷孔底,并把与泥浆混合在一起的钻渣沿孔壁上升经孔口排出,流入沉淀池。钻渣沉积下来后,较干净的泥浆又流回泥浆池,如此形成一个工作循环。

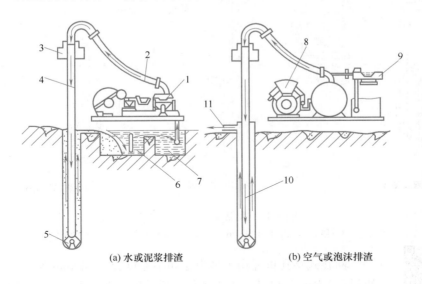

(a) 水或泥浆排渣　　(b) 空气或泡沫排渣

图 5-14　正循环钻机工作原理图

1—泥浆泵;2—胶管;3—提水龙头;4—钻杆;5—钻头;6—沉淀池;7—泥浆池;
8—空压机;9—泡沫喷射管;10—空气或泡沫;11—排渣管道

反循环钻机的工作原理如图 5-15 所示。这类钻机工作泥浆循环与正循环方向相反,夹带杂渣的泥浆经钻头、空心钻杆、提水龙头、胶管进入泥浆泵,再从泵的闸阀排出流入泥浆池中,而后泥浆经沉淀后再流入孔内。

实现反循环有三种方法:泵吸反循环、压气反循环和射流反循环。

(1) 泵吸反循环

利用砂石泵的抽吸力迫使钻杆内部水流上升,使孔底带有钻渣的钻液不断补充到钻杆中,再由泵的出水管排出至集渣坑,如图 5-15(a)所示。

由于钻杆内的钻液流速大,对物体产生的浮力也大,只要小于管径的钻渣都能及时排出,因此钻孔效率高。

(2) 压气反循环

将压缩空气通过供气管路送至钻杆下端的空气混合室,使其与钻杆内的钻液混合,在钻杆内形成比管外泥水较轻的混合体,同时在钻杆外侧压力水柱的作用下,产生一种足够排出较大粒径钻渣的提升力,将钻渣排出,如图 5-15(b)所示。这种作业有利于深掘削,当掘削深度小于 5～7m 时,不起扬水作用,还会发生反流现象。

(3) 射流反循环

采用水泵为动力,将 500～700bar(50～70MPa)的高压水通过喷射嘴射入钻杆内,从钻杆上方喷射出去,利用流速形成负压,迫使带有钻渣的钻液上升而排出孔外,如图 5-15(c)所示。

此方法只能用于 10m 之内的钻削作业。但是,作为空气升液式作业不足的补充作业,尤为有效。

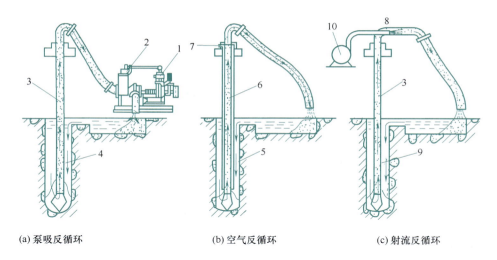

(a) 泵吸反循环　　　　(b) 空气反循环　　　　(c) 射流反循环

图 5-15　反循环钻机工作原理图

1—真空泵；2—泥浆泵；3—钻渣；4,5,9—清水；6—气泡；7—高压空气进气口；8—高压水进口；10—水泵

旋挖钻孔灌注桩施工

回转式钻孔机适用于砂土层和不超过 25～40mm 粒径的碎卵石层。特别是在砂土层钻孔，效果更佳。反循环钻机一般对黏土、粉土、砂层、硬黏土层及基岩等均能够进行钻孔作业。但是，对硬黏土层、基岩进行钻削时，必须安装特殊刀头。对漂石等块状物进行钻削时，由于粒径受钻杆内径的限制，当粒径超过钻管内径 70% 时，在旋转接头转弯处会发生堵塞现象，必须采用其他施工方法。

4. 螺旋钻孔机

螺旋钻孔机是灌注桩施工机械的主要机种。其原理与麻花钻相似，钻头的下部有切削刃，切下来的土沿钻杆上的螺旋叶片上升，排至地面上。螺旋钻孔机钻孔直径范围为 150～200mm，一次钻孔深度可达 15～20m。

目前，各国使用的螺旋钻孔机主要有长螺旋钻孔机、短螺旋钻孔机、振动螺旋钻孔机、加压螺旋钻孔机、多轴螺旋钻孔机、凿岩螺旋钻孔机、套管螺旋钻孔机、锚杆螺旋钻孔机等。这里主要介绍长螺旋钻孔机与短螺旋钻孔机。

（1）长螺旋钻机

长螺旋钻机如图 5-16 所示，通常由钻具和底盘桩架两部分组成。钻具的驱动可用电动机、内燃机或液压马达。钻杆 3 的全长上都有螺旋叶片，底盘桩架有汽车式、履带式和步履式。采用履带式打桩机时，和柴油

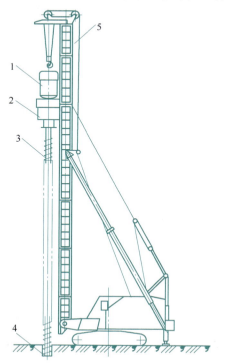

图 5-16　长螺旋钻机

1—电动机；2—减速器；3—钻杆；4—钻头；5—钻架

桩锤等配合使用，在立柱上同时挂有柴油桩锤和螺旋钻具，通过立柱旋转，先钻孔，后用柴油桩锤将预制桩打入土中，这样可以降低噪声，加快施工进度，同时又能保证桩基质量。

用长螺旋钻机钻孔时，钻具的中空轴允许加注水、膨润土或其他液体进入孔中，并可防止提升螺旋钻头时由于真空作用而塌孔和防止泥浆附在螺旋钻头上。

（2）短螺旋钻机

短螺旋钻机如图 5-17 所示，其钻具与长螺旋钻机的钻具相似，但钻杆上只有一段叶片（约为 2～6 个导程）。工作时，短螺旋钻机不能像长螺旋钻机那样直接把土输送到地面上来，而是采用断续工作方式，即钻进一段，提出钻具卸土，然后再钻进。此种钻孔机也可分为汽车式底盘和履带式底盘两种。

短螺旋钻机由于一次取土量少，因此在工作时整机稳定性好。但进钻时由于钻具重量轻，进钻较困难。短螺旋钻机的钻杆有整体式和伸缩式两种。前者钻深可达 20m，后者钻深可达 30～40m。

短螺旋钻机有 3 种卸土方式。一种方式是高速甩

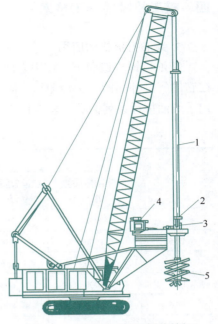

图 5-17　履带式液压短螺旋钻机
1—钻杆；2—加压油缸；3—变速箱；
4—发动机；5—钻头

土［图 5-18（a）］，即低速钻进，高速提钻卸土，土块在离心力作用下被甩掉。这种方式虽然出土迅速，但因甩土范围大，对环境有影响。第二种方式为刮土器卸土［图 5-18（b）］，即当钻具提升至地面后，将刮土器的刮土板插入顶部螺旋叶片中间，螺旋钻头一边旋转，一边定速提升，使刮土板沿螺旋钻头刮土，清完土后，将刮土器抬离螺旋钻头，再进行钻孔。另一种方式为开裂式螺旋卸土［图 5-18（c）］，即在钻杆底端设有铰销，当螺旋钻头被提升至底盘定位板处时，开裂式螺旋钻头上端的顶推杆与定位板相碰，开裂式螺旋钻头即被压开，使土从中部卸出，如一次未能卸净，可反复进行几次。

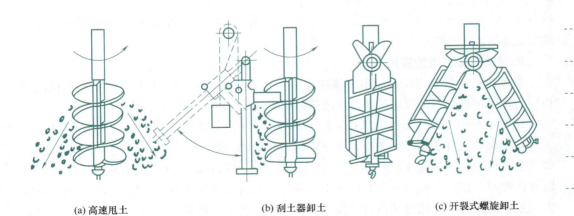

(a) 高速甩土　　　　　(b) 刮土器卸土　　　　　(c) 开裂式螺旋卸土

图 5-18　短螺旋钻机卸土原理图

四、桩工机械的施工技术

1. 柴油打桩机的应用

柴油桩锤构造简单，使用方便，它不像振动桩锤需要外接电源，它所需要的燃料就装在它的气缸外面的一个油箱里。因此，柴油桩锤成为目前广泛采用的打桩设备。我国已制定了柴油桩锤系列标准（表 5-1）。

表 5-1 柴油桩锤系列标准

型号	项 目				
	冲击部分质量 /kg	桩锤总质量（不大于）/kg	桩锤全高（不大于）/mm	一次冲击最大能量（不小于）(N·m)	最大跳起高度（不小于）/m
D8	800	2060	4700	24000	3
D16	1600	3560	4730	48000	3
D25	2500	5560	5260	75000	3
D30	3000	6060	5260	90000	3
D36	3600	8060	5285	108000	3
D46	4600	9060	5285	138000	3
D62	6200	12100	5910	186000	3
D80	8000	17100	6200	240000	3
D100	10000	20600	6358	300000	3

柴油桩锤的另一特点是，地层愈硬，桩锤跳得愈高，这样就自动调节了冲击力。地层软时，由于贯入度（每打击一次桩的下沉量，一般用 mm 表示）过大，燃油不能爆发或爆发无力，桩锤反跳不起来，而使工作循环中断。这时只好重新启动，甚至要将桩打入一定深度后，才能正常工作。所以，在软土地层使用柴油桩锤时，开始一段效率较低。若在打桩作业过程中发现桩的每次下沉量很小，而柴油桩锤又确无故障时，说明此种型号桩锤规格太小，应换大型号桩锤。过小规格的桩锤作业效率低，而用过大的油门试图增大落距和增大锤击力的做法，其生产率提高不大，而往往将桩头打坏。一般要求是重锤轻击，即锤应偏重，落距宜小，而不是轻锤重击。另外，柴油桩锤打斜桩效果较差。若打斜桩时，桩的斜度不宜大于 30°。

2. 振动沉拔桩机的应用

振动沉拔桩机具有结构简单、辅助设备少、工作效率高、重量轻、体积小、对桩头的作用力均匀使桩头不易损坏等优点，还可以用来拔桩，因此得到广泛的使用。

桥梁工程中广泛采用振动沉桩法施工来解决板桩、钢管桩、钢筋混凝土桩和管桩的施工问题。振动沉桩法的工作效率取决于振幅、离心力和静压力，振幅是决定沉桩速度的主要因素，理想的振幅是 10～20mm。过大的振幅不但消耗动力多，而且机械工作不平稳。沉桩作业时，作用在桩身单位断面积上的静压力对桩的下沉也有很大的影响，只有当静压力（包括桩的自重）超过某值时才发生沉桩现象，振动沉拔桩机必须有足够的重量，必要时还应附加配重。

图 5-19 为振动沉拔桩机沉钢桩作业图，图 5-20 为振动沉拔桩机沉斜桩作业图。

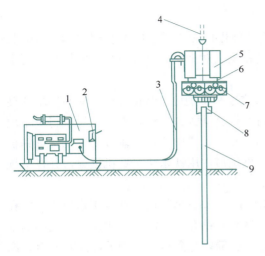

图 5-19 振动沉桩作业图

1—动力装置；2—操纵杆；3—电缆；4—弹性悬挂装置；
5—隔振器；6—电动机；7—不平衡块；8—夹紧装置；9—桩

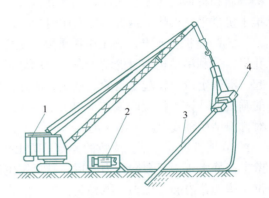

图 5-20 振动沉斜桩作业图

1—起重机；2—动力装置；3—桩；4—打桩机

3. 钻孔灌注桩施工方法

钻孔灌注桩的施工，因其所选护壁形成的不同，有泥浆护壁施工法和全套管施工法两种。

（1）泥浆护壁施工法

冲击钻孔、冲抓钻孔和回转钻削成孔等均可采用泥浆护壁施工法。该施工法的过程是：平整场地→选择钻机与钻具→埋设护筒→制备泥浆→铺设工作平台→安装钻机并定位→钻进成孔→清孔并检查成孔质量→下放钢筋笼→灌注混凝土→拔出护筒→检查质量。施工顺序如图 5-21 所示。

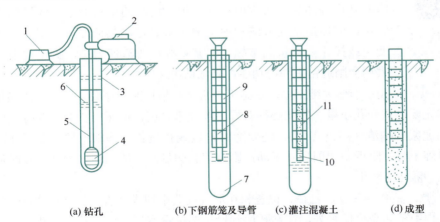

(a) 钻孔　(b) 下钢筋笼及导管　(c) 灌注混凝土　(d) 成型

图 5-21 泥浆护壁钻孔灌注桩施工顺序图

1—泥浆泵；2—钻机；3—护筒；4—钻头；5—钻杆；6—泥浆；7—沉淀泥浆；8—导管；9—钢筋笼；
10—隔水塞；11—混凝土

① 施工准备包括：选择钻机、钻具、场地布置等。

钻机是钻孔灌注桩施工的主要设备，可根据地质情况和各种钻孔机的应用条件来选择。

②钻孔机的安装与定位。安装钻孔机的基础如果不稳固，施工中易产生钻孔机倾斜、桩倾斜和桩偏心等不良影响，因此要求安装地基稳固。对地层较软或有坡度的地基，可用推土机推平，再垫上钢板或枕木加固。

为防止桩位不准，施工中很重要的是定中心位置和正确地安装钻孔机，对有钻塔的钻孔机，先利用钻机本身的动力及附近的地锚，将钻杆移动大致定位，再用千斤顶将机架顶起，准确定位，使起重滑轮、钻头或固定钻杆的卡孔与护筒中心在一垂线上，以保证钻机的垂直度。钻机位置的偏差不得大于2cm。对准桩位后，用枕木垫平钻机横梁，并在塔顶对称于钻机轴线上拉上缆风绳。

③埋设护筒。钻孔成败的关键是防止孔壁坍塌。当钻孔较深时，在地下水位以下的孔壁土在静水压力下会向孔内坍塌，甚至发生流砂现象。钻孔内若能保持比地下水位高的水位，增加孔内静水压力，能稳定孔壁、防止坍孔。护筒除起到这个作用外，同时还有隔离地表水、保护孔口地面、固定桩孔位置和钻头导向作用等。

制作护筒的材料有木、钢、钢筋混凝土三种。护筒要求坚固耐用，不漏水，其内径应比钻孔直径大（比旋转钻约大20cm，比潜水钻、冲击或冲抓钻约大40cm），每节长度约2～3m。一般常用钢护筒。

护筒的内径应大于桩的设计直径。用冲击钻或冲抓钻时比钻头约大40cm，用旋转钻孔时比钻头约大20cm。

护筒的高度除应满足施工要求（如回转钻进时出渣孔的高度、冲击和冲抓钻头入孔时泥浆涌起的高度）外，在旱地施工时护筒顶应高出地面0.3m，在水中施工时宜高出施工水位1.0～2.0m。

钻孔灌注桩施工工艺

④制备泥浆。钻孔泥浆由水、黏土（膨润土）和添加剂组成。具有浮悬钻渣、冷却钻头、润滑钻具，增大静水压力，并在孔壁形成泥皮，隔断孔内外渗流，防止坍孔的作用。调制的钻孔泥浆及经过循环净化的泥浆，应根据钻孔方法和地层情况来确定泥浆稠度，泥浆稠度应视地层变化或操作要求机动掌握。泥浆太稀，排渣能力小，护壁效果差；泥浆太稠会削弱钻头冲击功能，降低钻进速度。

⑤钻孔。钻孔是一道关键工序，在施工中必须严格按照操作要求进行，才能保证成孔质量。首先要注意开孔质量，为此必须对好中线及垂直度，并压好护筒。在施工中要注意不断添加泥浆和抽渣（冲击式用），还要随时检查成孔是否有偏斜现象。采用冲击式或冲抓式钻机施工时，附近土层因受到振动而影响邻孔的稳固。所以钻好的孔应及时清孔、下放钢筋笼和灌注混凝土。

⑥清孔。钻孔的深度、直径、位置和孔形直接关系到成桩质量与桩身曲直。为此，除了钻孔过程中密切观测监督外，在钻孔达到设计要求深度后，应对孔深、孔位、孔形、孔径等进行检查。在终孔检查完全符合设计要求时，应立即进行孔底清理，避免隔时过长以致泥浆沉淀，引起钻孔坍塌。对于摩擦桩，当孔壁容易坍塌时，要求在灌注水下混凝土前沉渣厚度不大于30cm；当孔壁不易坍塌时，不大于20cm。对于柱桩，要求在射水或射风前，沉渣厚度不大于5cm。清孔方法视使用的钻机不同而灵活应用。通常可采用正循环旋转钻机、反循环旋转钻机、真空吸泥机以及抽渣筒等清孔。其中用吸泥机清孔，所需设备

不多，操作方便，清孔也较彻底，但在不稳定土层中应慎重使用。图 5-22 为风管吸泥清孔示意图。其原理就是用压缩机产生的高压空气吹入吸泥机管道内将泥渣吹出。

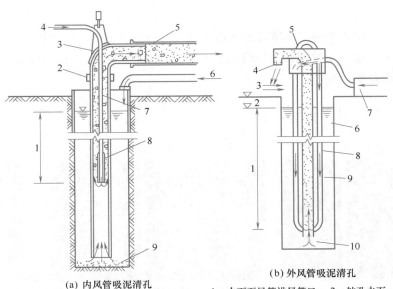

(a) 内风管吸泥清孔
1—高压风管入水深；2—弯管和导管接头；
3—焊在弯管上的耐磨短弯管；4—压缩空气；
5—排渣软管；6—补水；7—输气软管；
8—φ25钢管长度大于2m；9—孔底沉渣

(b) 外风管吸泥清孔
1—水面至导管进风管口；2—钻孔水面；
3—地面；4—浆渣出口；5—接在导管上的弯管；
6—钻孔；7—空压机；8—小风管；
9—灌注混凝土导管；10—浆渣进口

图 5-22 风管吸泥清孔示意图

⑦灌注水下混凝土。清完孔之后，就可将预制的钢筋笼垂直吊放到孔内，定位后要加以固定，然后用导管灌注混凝土，灌注时混凝土不要中断，否则易出现断桩现象。

灌注水下混凝土的各种准备工作应迅速，以防坍孔和泥浆沉淀过厚。

混凝土灌注要连续进行，一般控制在 4～6h 内灌注完毕。为防止电网供电中断，在施工现场应配置柴油发电机组和备用混凝土搅拌机组，且中间间歇时间应控制在 15min 以内，以保证混凝土灌注的均匀连续性。

灌注时要使孔内混凝土保持均匀上升，灌注速度一般为 30～35m³/h；导管的提升速度应与混凝土灌注速度相适应，规范要求导管埋入混凝土内 2～6m，严禁导管提出混凝土顶面。在灌注混凝土过程中，要随时用探锤测量混凝土顶面的实际标高。

⑧桩质量的检测。桩顶混凝土和混凝土试件的养生，必须在桩体混凝土灌注完毕后做蓄水养护，以保证混凝土的养生湿度，使混凝土硬化并增长强度。

凿除桩头混凝土后，应无松散混凝土。需嵌入承台内的混凝土桩头及锚固钢筋的长度必须符合设计要求。

组织设计方、甲方、超声波检测方、施工方，确认检测桩号，检测桩质量。选择桩号时需考虑以下因素：a. 选择受力比较关键的桩；b. 选择有代表性的桩；c. 选择对施工质量有怀疑或施工过程中有特殊情况的桩（例第一根灌注的桩，灌注混凝土有停顿的桩）。

桩身混凝土达到 28d 设计强度的 3/4 以上或灌注混凝土 14d 后，应进行无破损检测。

（2）全套管施工法

全套管施工法的施工顺序如图5-23所示。其一般的施工过程是：平整场地、铺设工作平台、安装钻机、压套管、钻进成孔、安放钢筋笼、放导管、浇筑混凝土、拉拔套管、检查成桩质量。

全套管施工法的主要施工步骤除不需泥浆及清孔外，其他的与泥浆护壁法都类同。压入套管的垂直度，取决于挖掘开始阶段的5～6m深时的垂直度。因此应该随时用水准仪及铅垂校核其垂直度。

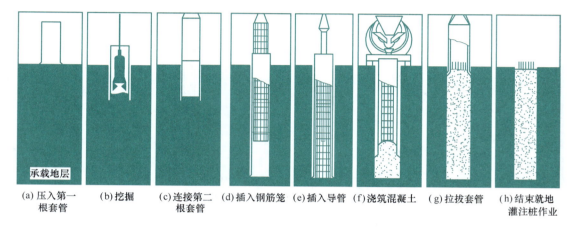

图5-23 全套管施工法施工顺序图

4. 预制桩施工机械适用范围及选用

（1）预制桩施工机械的适用范围如表5-2所示。

表5-2 预制桩施工机械适用范围

打桩机类别	适用范围	特点
柴油打桩机	1. 轻型宜于打木桩、钢板桩 2. 重型宜于打钢筋混凝土桩、钢管桩 3. 不适于在过硬或过软土层中打桩	附有桩架、动力设备，机架轻，移动方便，燃料消耗少，沉桩效率高
振动沉拔桩机	1. 用于沉拔钢板桩、钢管桩、钢筋混凝土桩 2. 宜用于砂土、塑性黏土及松软砂黏土 3. 在卵石夹砂及紧密黏土中效果较差	沉桩速度快，施工操作简易安全，能辅助拔桩
静力压拔桩机	1. 适用于不能有噪声和振动影响邻近建筑物的软土地区 2. 适用压拔板桩、钢板桩、型钢桩和各种钢筋混凝土方桩 3. 宜用于软土基础及地下铁道明挖施工中	对周围环境无噪声，无振动，短桩可接，便于运输。只适用松软地基，且运输安装不方便

（2）柴油桩锤的选用

桩锤是打桩机的核心部件，因此柴油桩锤的正确选择，对提高工作效率至关重要。选择桩锤，必须考虑桩的规格、基础规格和土质条件等因素。一般选用柴油打桩机，采用桩质量与锤质量之比约为0.7～2.5时，则可提高工作效率。选择一般桩的适当打击次数，按表5-3的标准决定。采用适当质量的桩锤进行打桩，在接近打桩结束时，每次打击的贯入量应小于 2mm，这样可充分发挥桩的承载力。在确保承载力的条件下，也可采用比上述限值更大一些的贯入量。

表 5-3　各种桩的限制打击次数

桩种	限制总打击次数	桩种	限制总打击次数
钢桩	3000 次以下	预应力混凝土桩	2000 次以下
钢筋混凝土桩	1000 次以下		

5. 灌注桩施工机械适用范围及选用

如前所述，灌注桩基础施工工艺过程繁多，在整个施工过程中，关键环节是钻孔。因此钻孔机械的选择尤为重要，其他工艺过程的机械随钻孔机械而进行配套。钻孔机械就是灌注桩基础施工的主导机械。

钻机的种类有：旋转式钻机、冲击式钻机、冲抓式钻机、全套管钻机等，各种钻机有其各自的工作特点和适用范围。因此钻机的选择往往是顺利完成施工的重要环节。钻机的选择根据如下原则进行。

① 选择钻机类型时，必须根据所钻孔位的地质（土壤及土层结构）情况结合钻机的适用能力而选型，参见表 5-4。

② 钻机的型号应根据设计钻孔的直径和深度结合钻机钻孔能力而定。

③ 一台钻机配备有不同型式的钻头，而钻头的选择应根据地质结构情况而选择。

④ 钻机的选择还应考虑钻架设立的难易程度，钻机的运输条件及钻机安装场地的水文、地质，钻机钻进反力等情况，力求所选钻机结构简单，工作可靠，使用及运输方便。

⑤ 钻机的选择要考虑其生产率应符合工程进度要求，在保证工程质量和工作进度的前提下，生产率不宜过大。因为生产率高的钻机费用高，工程造价高。

总之，在钻机选型时，要综合考虑各种因素，力求经济实用。

表 5-4　各种钻孔方法适用范围

各类灌注桩适用范围		适用条件
护壁成孔灌注桩	冲击成孔	用于各种地质情况
	冲抓成孔	用于一般黏土、砂土、砂砾土
	旋转正、反循环钻成孔	用于一般黏土、砂土、砂砾土等土层，在砂砾或风化岩层中亦可应用机械旋转钻孔。但砾石粒径超过钻杆内径时不宜采用反循环钻孔
	潜水钻成孔	用于黏性土、淤泥、淤泥质土、砂土
干成孔灌注桩	螺旋钻成孔	用于地下水位以上黏性土、砂土及人工填土
	钻孔扩底	用于地下水位以上坚硬塑黏性土、中密以上砂土
	人工成孔	用于地下水位以上黏性土、黄土及人工填土
沉管灌注桩	锤击沉管	用于可塑、软塑、流塑黏性土、黄土、碎石土及风化岩
	振动沉管	
爆扩灌注桩	爆扩	用于地下水位以上黏性土、黄土、碎石土及风化岩

第二节 水泥混凝土施工机械

📖 知识目标

1. 熟悉水泥混凝土机械结构、类型与工作原理；
2. 熟悉水泥混凝土机械施工组织特点。

📖 能力目标

1. 能够根据施工要求合理选择水泥混凝土机械及设备；
2. 能够正确地操作使用常用水泥混凝土机械设备。

水泥混凝土机械是桥梁及桩基施工的重要设备，熟悉水泥混凝土机械的原理、特点及施工注意事项对桥梁及桩基质量和效率有着重要的作用。

一、混凝土输送泵结构认知

1. 用途与分类

混凝土输送泵用于垂直和水平方向输送混凝土，具有效率高、质量好、机械化程度高和作业时不受现场条件限制并可减少污染等特点。

水泥路面施工

混凝土输送泵的分类方法有：

① 按其工作原理可分为挤压式混凝土泵和液压活塞式混凝土泵。

挤压式混凝土泵主要由料斗、鼓形泵、驱动装置、真空系统和输送管等组成。主要特点有：结构简单，造价低，维修容易且工作平稳。由于输送量及泵送混凝土压力小，输送距离短，目前已很少采用。

液压活塞式混凝土泵主要由料斗、混凝土缸、分配阀、液压控制系统和输送管等组成。通过液压控制系统使分配阀交替启闭。液压缸与混凝土缸相连，通过液压缸活塞杆的往复运动以及分配阀的协同动作，使两个混凝土缸轮流交替完成吸入与排出混凝土的工作过程。目前国内外均普遍采用液压活塞式混凝土泵。

② 按移动形式可分为：

固定式混凝土泵（HBG）——安装在固定机座上的混凝土泵。

拖式混凝土泵（HBT）——安装在可以拖行的底盘上的混凝土泵。

车载式混凝土泵（HBC）——安装在机动车辆底盘上的混凝土泵。

③ 按其理论输送量可分为超小型（10～20m³/h）、小型（30～40m³/h）、中型（50～95m³/h）、大型（100～150m³/h）和超大型（160～200m³/h）。

④ 按工作时混凝土泵出口的混凝土压力（即泵送混凝土压力）可分为低压（2.0～5.0MPa）、中压（6.0～9.5MPa）、高压（10.0～16.0MPa）和超高压（22.0～28.5MPa）。

2. 输送泵构造及工作原理

图 5-24 所示为 HBT60 型混凝土输送泵，它主要由料斗、泵送系统、液压系统、清洗系统、电气系统、电机、行走底盘等组成。

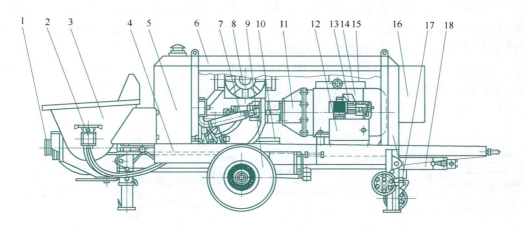

图 5-24　HBT60 型混凝土输送泵

1—分配机构；2—搅拌机构；3—料斗；4—机架；5—液压油箱；6—机罩；7—液压系统；8—冷却系统；
9—拖运桥；10—润滑系统；11—动力系统；12—工具箱；13—清洗系统；14—电机；15—电气系统；
16—软启动箱；17—支地轮；18—泵送系统

其泵送系统如图 5-25 所示。泵送机构由两只主油缸 1、2，水箱 3，换向机构 4，两只混凝土缸 5、6，两只混凝土缸活塞 7、8，料斗 14，分配阀 12（S 形阀），摆臂 9，两只摆动油缸 10、11 和出料口 13 组成。

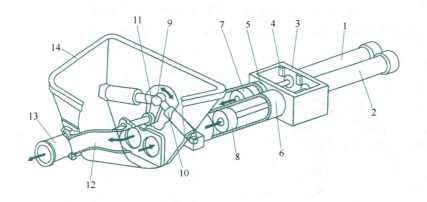

图 5-25　泵送机构

1，2—主油缸；3—水箱；4—换向机构；5，6—混凝土缸；7，8—混凝土缸活塞；
9—摆臂；10，11—摆动油缸；12—分配阀；13—出料口；14—料斗

混凝土缸活塞 7、8 分别与主油缸 1、2 活塞杆连接，在主油缸液压油作用下做往复运动，一缸活塞前进，则另一缸活塞后退，混凝土缸出口与料斗连通，分配阀一端接出料口，另一端通过花键轴与摆臂连接，在摆动油缸作用下，可以左右摆动。

泵送混凝土料时，在主油缸作用下，混凝土缸活塞 7 前进，混凝土缸活塞 8 后退，同

时在摆动油缸作用下，分配阀 12 与混凝土缸 5 连通，混凝土缸 6 与料斗连通。这样混凝土缸活塞 8 后退，便将料斗内的混凝土吸入混凝土缸，混凝土缸活塞 7 前进，则将混凝土缸内的混凝土料送入分配阀泵出。

当混凝土活塞 8 后退至行程终端时，触发水箱 3 中的换向机构 4，主油缸 1、2 换向，同时摆动油缸 10、11 换向，使分配阀 12 与混凝土缸 6 连通，混凝土缸 5 与料斗连通，这时活塞 7 后退，8 前进。如此循环，从而实现连续泵送。

反泵时，通过反泵操作，使处在吸入行程的混凝土缸与分配阀连通，处在推送行程的混凝土缸与料斗连通，从而将管路中的混凝土抽回料斗，如图 5-26 所示。

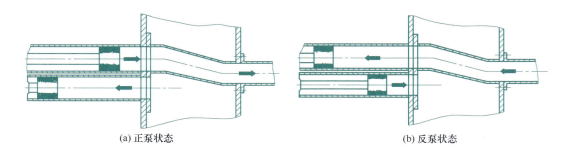

(a) 正泵状态　　　　　　　　　(b) 反泵状态

图 5-26　泵送时的正、反泵状态

水泥混凝土泵车工作原理

泵送系统通过分配阀的转换完成混凝土的吸入与排出动作，因此，分配阀是混凝土泵中的关键部件，其型式直接影响到混凝土泵的性能。

几种常见分配阀形式如下。

（1）蝶形阀

在料斗、混凝土缸与混凝土泵出口之间的通道上，设置一个蝶形板，在液压缸活塞杆的推动下蝶形板翻动，使工作缸 2、3 得到与输送管 1 及集料斗不同的通道，如图 5-27 所示。该阀具有结构简单、体积小、混凝土流道短、换向阻力小和检修方便等特点。

（2）S 形阀

S 形阀置于料斗内，一端与混凝土泵出口接通，另一端在两个液压缸活塞杆的作用下做往复摆动，分别与两个混凝土缸 A、B 接通，如图 5-28 所示。当 S 形阀与混凝土缸 B 接通时，B 缸压送混凝土，此时 A 缸吸入混凝土；当 S 形阀与混凝土缸 A 接通时，则 A 缸压送、B 缸吸入混凝土，如此实现吸料和排料的过程。S 形阀本身

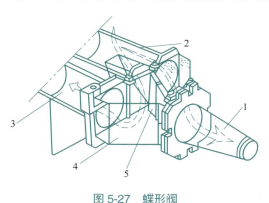

图 5-27　蝶形阀

1—输送管；2，3—工作缸；4—蝶形板；5—壳板

就是输送管的部分，流道截面形状没有变化，故泵送阻力小。S 形阀与阀体之间具有磨损自动补偿系统，并设置了耐磨环和耐磨板。易损件磨损后便于维修和更换。因泵送混凝土压力大，具有输送距离远和输送高度大的特点。

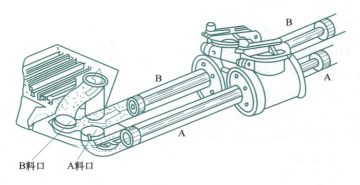

图 5-28　S 形阀

（3）C 形阀

C 形阀置于料斗内，一端与混凝土泵出口 10 接通，另一端在两个液压缸的作用下做往复摆动，分别与两个混凝土缸 7 接通，实现吸料和排料过程，如图 5-29 所示。该阀具有下列特点：清除残余混凝土容易；更换方便；耐磨板与 C 形阀之间的接触面可由自动密封环自动补偿磨损量；C 形阀采用厚锰钢材料，耐磨；没有类似 S 形阀的摆轴，混凝土能直接吸入混凝土缸，吸入效率高；C 形阀轴承位于混凝土区域之外，可免除经常维护；对骨料的适应性较强等。

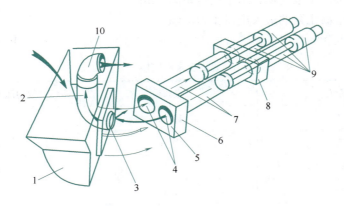

图 5-29　C 形阀

1—集料斗；2—C 形阀；3—摆动管口；4—工作缸口；5—可更换的摩擦板面；
6—缸头；7—混凝土缸；8—清水箱；9—主油缸；10—混凝土泵出口

（4）闸板阀

该阀设置在料斗 1 后部，这样既可以降低料斗的高度，又使泵体紧凑而且不妨碍搅拌车向料斗卸料，两个液压缸各有一个闸板阀，在液压缸 2 活塞杆的作用下做往复运动，完成打开或关闭混凝土的进、出料口的动作，如图 5-30 所示。此阀对混凝土的适应性强，但结构复杂。更换此阀时需拆下料斗，故维修不便。出料口采用 Y 形管，压力损失较大，故泵送混凝土压力小。

3. 混凝土泵选型

① 混凝土泵的选型应根据工程对象、特点、要求的最大输送量、最大输送距离与混凝土浇筑计划以及具体条件进行综合考虑。

② 混凝土泵的生产率可按式（5-2）计算：

$$Q = 60AnsaK \quad (5\text{-}2)$$

式中 Q——混凝土泵的生产率，m^3/h；
A——混凝土泵活塞横断面积，m^2；
s——混凝土泵活塞行程，m；
n——混凝土泵活塞每分钟循环次数，次/min；
a——混凝土泵缸数；
K——容积效率，一般取 0.6～0.9。

③ 混凝土泵的最大水平输送距离，可按下列方法之一确定：

a. 由试验确定。

b. 根据混凝土泵的最大出口压力、配管情况、混凝土性能指标和输送量，按式（5-3）计算：

$$L_{\max} = p_{\max}/\Delta p \quad (5\text{-}3)$$

式中 $L_{\max}$——混凝土泵的最大水平输送距离，m；
$p_{\max}$——混凝土泵的最大出口压力，Pa；
Δp——混凝土在水平输送管内流动每米产生的换算压力损失，Pa/m（表5-5）。

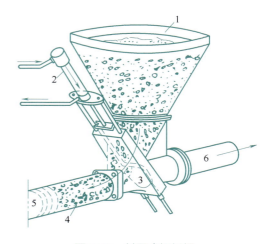

图 5-30　斜置式闸板阀
1—料斗；2—液压缸；3—闸板；4—混凝土工作缸；
5—液压缸活塞；6—输送管

表 5-5　混凝土泵送的换算压力损失

管件名称	换算量	换算压力损失 /MPa
水平管	每20m	0.10
垂直管	每5m	0.10
45°弯管	每只	0.05
90°弯管	每只	0.10
管卡	每只	0.10
管路截止阀	每个	0.80
3.5m 橡胶软管	每根	0.20

④ 混凝土泵的泵送能力，可根据具体施工情况按下列方法之一进行验算，同时应符合产品说明书中的有关规定。

a. 按表5-6计算的配管整体水平换算长度，应不超过混凝土泵的最大水平输送距离 $L_{\max}$。

b. 按换算的总压力损失，应小于混凝土泵正常工作时的最大出口压力。

⑤ 由于拖式混凝土泵较固定式混凝土泵可以拖行，又较车载式混凝土泵价格低，故被优先选用。

⑥ 就混凝土泵理论输送量而言，50～95m^3/h 被优先选用。

表 5-6　混凝土输送管的水平换算表

类别	单位	规格	水平换算长度 /m
向上垂直管 K	每 m	100mm 125mm 150mm	4 5 6
锥形管 t	每根	150 → 125mm 125 → 100mm	10 20
90°弯管 b	每根	$R=0.5m$ $R=1.0m$	12 9
软管 f	每根	3m 5m	18 30

注：该表为一定混凝土条件下，试验测得的经验数值，并非理论数值。不同的混凝土条件，其值亦不同，因此，仅作配管之参考。

⑦ 在缺少电源及施工现场电网配置容量小的工地，宜选用柴油机驱动。

⑧ 在隧道施工时，宜选用电动机驱动。

⑨ 混凝土泵送缸径主要取决于输送量及泵送混凝土压力。输送量大、输送距离短或输送高度小时，可选用大直径混凝土缸；输送量小、输送距离长或输送高度大时，可选用小直径混凝土缸。

混凝土泵送缸径又与骨料有关，输送碎石混凝土时，缸径应不小于碎石最大粒径的 3.5 倍；输送卵石混凝土时，缸径应不小于卵石最大粒径的 2.5 倍。

⑩ 料斗容积应尽可能大一些，一方面可使料斗内经常保持足够的混凝土，避免吸入空气，另一方面有利于提高混凝土搅拌运输车的利用率。

⑪ 混凝土输送管应根据粗骨料最大粒径、混凝土泵型号、混凝土输送量和输送距离，以及输送难易程度等进行选择。输送管应具有与泵送条件相适应的强度。输送管径有 ϕ100mm、ϕ125mm、ϕ150mm 三种规格，选择时主要考虑混凝土中骨料最大粒径和工程对象，管径应大于骨料最大粒径的 3 倍。大直径输送管可输送较大粒径粗骨料混凝土，一般多用于基础工程；小直径输送管轻巧，使用方便，混凝土泌水时在小直径输送管中产生离析的可能性小，一般多用于高层建筑。

⑫ 混凝土泵的台数，可根据混凝土浇筑量、单机的实际输送量和施工作业时间进行计算。对于重要工程的混凝土泵送施工，除根据计算确定外宜有 1～2 台的备用泵。

二、混凝土泵车结构认知

1. 混凝土泵车结构

把混凝土泵和布料装置安装在汽车底盘上，即成为混凝土泵车。所以，混凝土输送泵车是汽车底盘、混凝土泵和布料装置组合的机械设备。混凝土泵利用汽车发动机的动力，通过分动箱将动力传给液压泵，然后带动混凝土泵进行工作。其泵送混凝土的原理和拖式泵相似。混凝土通过布料装置，可送到一定的高度与距离。它的机动性好，布料灵活，使用方便，适合于大型基础工程和零星分散工程的混凝土输送。

混凝土泵车如图 5-31 所示。混凝土泵 4 装在汽车底盘的尾部上,以便于混凝土搅拌输送车向泵的料斗卸料,混凝土泵的结构和工作原理与拖式混凝土泵基本相同。上车装有布料装置 3,臂架为"回折"形三节折叠臂。

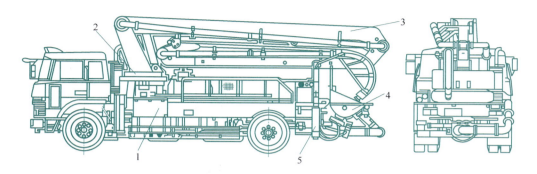

图 5-31 混凝土泵车外形构造

1—汽车底盘;2—回转机构;3—布料装置;4—混凝土泵;5—支腿

布料装置伸展状态如图 5-32 所示。三节臂架相互铰接,各节臂架的折叠靠各自的液压缸 2、4、6 来完成;输送管 9 附着在各段臂架上,拐弯处用密封可靠的回转接头连接;整个臂架安装在回转装置 1 的转台上,可做 360°全回转。臂端软管 8 可摆动,可使浇灌口达到如图 5-33 所示的空间中的任意位置。

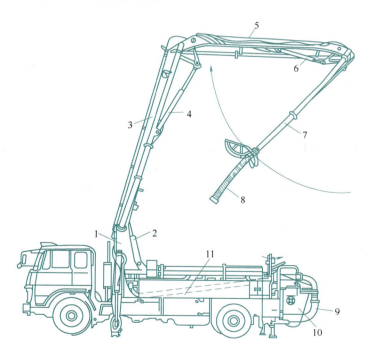

图 5-32 混凝土泵车的布料装置伸展状态与工作状态

1—回转装置;2—变幅液压缸;3—第一节臂架;4—第二节臂架调节液压缸;
5—第二节臂架;6—第三节臂架调节液压缸;7—第三节臂架;8—软管;
9,11—输送管;10—混凝土泵

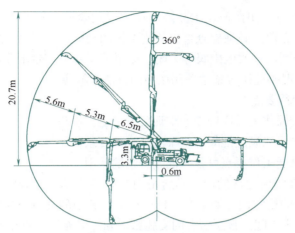

图 5-33 布料装置工作范围包络图

图 5-34 为布料装置不工作时的几种收回折叠形式。

2. 混凝土泵车安全操作规程

为了确保混凝土泵车作业的安全性，避免造成人身或设备事故，必须严格遵守下列安全操作规程。

① 场地选择。应尽可能远离高压线等障碍物。

② 作业前的检查。操作台的电源开关应位于"关"的位置；混凝土排量手柄及搅拌装置换向手柄应位于中位。

③ 支腿操作。混凝土泵车应水平放置，支撑地面应平坦、坚实，保证工作过程中不下陷。支腿能稳定可靠地支撑整机，并能可靠地锁住。

④ 臂架操作。臂架由折叠状态伸展或收回时，必须按照规定顺序进行。臂架的回转操作必须在臂架完全离开臂架托架后

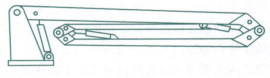

(a) 回折形

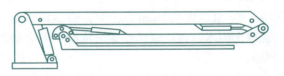

(b) "Z" 形

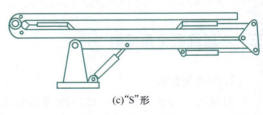

(c) "S" 形

图 5-34 臂架折叠形式

进行。在处于暴风雨状态或风力达到8级或8级以上时（风速16～17m/s），不得使用臂架。臂架不能用于起重作业。

⑤ 泵送作业。当开始或停止泵送时，应与在末端软管处的操作人员取得联系；末端软管的弯曲半径不得小于1m，而且不准弯折；在拆开堵塞管道之前，应反泵2～3次，待确认管道内没有剩余压力后再进行拆卸。

⑥ 作业后的检查。臂架应完全收回在臂架支架上；支腿也应完全收回，并插入锁销。操作台的电源开关应处于"关"的位置。

⑦ 蓄能器内只能充入氮气，不能充入氧气、氢气等易燃及爆炸危险的气体。

⑧ 紧急关闭按钮。混凝土泵车上有一系列紧急关闭按钮，分别设置在支腿控制阀、有线和无线遥控系统及控制箱上，如遇有紧急情况，只需按下其中的某一个紧急关闭按钮就

可关闭机器。如果紧急关闭按钮发生故障，在突发危险情况时就不能迅速关闭机器。因此，在每次开始工作之前，必须检查紧急关闭按钮的功能。当紧急关闭按钮被按下时，机器的电动系统即被切断，导致电磁阀等关闭。如果液压系统产生泄漏，会造成如布料杆下沉等故障现象，此情况不能用按紧急关闭按钮的方法来解决。

3. 混凝土泵车使用要点

① 混凝土泵车的操作人员需经专业培训后方可上岗操作。

② 所泵送的混凝土应满足混凝土泵车的可泵性要求。

③ 混凝土泵车泵送工作要点可参照混凝土泵的使用。

④ 整机水平放置时所允许的最大倾斜角为 3°，更大的水平倾斜角会使布料的转向齿轮超载，并危及机器的稳定性。如果布料杆在移动时其中的某一个支腿或几个支腿曾经离过地，就必须重新设定支腿，直至所有的支腿都能始终可靠地支撑在地面上。

⑤ 为保证布料杆泵送工作处于最佳状态，应做到：a. 将 1 节臂提起 45°。b. 将布料杆回转 180°。c. 将 2 节臂伸展 90°。d. 伸展 3、4、5 节臂并呈水平位置。若最后一节布料杆能处于水平位置，对泵送来说是最理想的。如果这节布料杆的位置呈水平状态，那么混凝土的流动速度就会放慢，从而可减少输送管道和末端软管的磨损，当泵送停止时，只有末端软管内的混凝土才会流出来。如果最后一节布料杆呈向下倾斜状态，那么在这部分输送管道内的混凝土就会在自重作用下加速流动，以致在泵送停止时输送管道内的混凝土还会继续流出。

⑥ 泵送停止 5min 以上时，必须将末端软管内的混凝土排出。否则由于末端软管内的混凝土脱水，再次泵送作业时混凝土就会猛烈地喷出，向四处喷溅，那样末端软管很容易受损。

⑦ 为了改变臂架或混凝土泵车的位置而需要折叠、伸展或收回布料杆时，要先反泵 1～2 次后再动作，这样可防止在动作时输送管道内的混凝土落下或喷溅。

三、水泥混凝土振捣器

1. 用途与分类

用混凝土浇筑构件时，必须排除其中气泡，进行捣实，使混凝土密实结合，消除混凝土的蜂窝麻面等现象，以提高其强度，保证混凝土构件的质量。混凝土振捣器就是机械化捣实混凝土的机具。

混凝土振捣器的种类较多。常用的分类方法有以下几种：

① 按传递振动的方式分，有内部振捣器、外部振捣器和表面振捣器三种。

内部振捣器又称插入式振捣器（图 5-35）。工作时振动头 1 插入混凝土内部，将其振动波直接传给混凝土。这种振捣器多用于振实厚度较大的混凝土层，如桥墩、桥台基础以及基桩等。它的优点是重量轻，移动方便，使用很广泛。

外部振捣器又称附着式振捣器（图 5-36），是一台具有振动作用的电动机，在该机的底面安装有特制的底板，工作时底板附着在模板上，振捣器产生的振动波通过底板与模板间接地传给混凝土，这种振捣器多用于薄壳构件、空心板梁、拱肋、T 形梁等的施工。

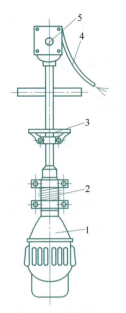

图 5-35 插入式振捣器

1—振动头；2—减振器；3—手把盘；
4—橡胶电缆；5—操纵开关

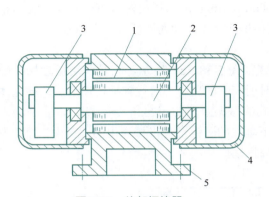

图 5-36 外部振捣器

1—电动机；2—电机轴；3—偏心块；
4—护罩；5—固定基座

根据施工需要，外部振捣器除附着式外，还有一种振动台，它是用来振捣混凝土预制品的。装在模板内的预制品置放在与振捣器连接的台面上，振捣器产生的振动波通过台面与模板传给混凝土预制品。

表面振捣器（图 5-37）是将它直接放在混凝土表面上，振动器 2 产生的振动波通过与之固定的振捣器底板 1 传给混凝土。由于振动波是从混凝土表面传入，故称表面振捣器。

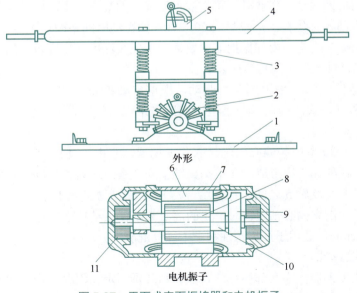

图 5-37 平面式表面振捣器和电机振子

1—振捣器底板；2—振动器；3—缓冲弹簧；4—手柄；5—开关；6—定子；7—机壳；8—转子；
9—偏心块；10—转轴；11—轴承

工作时由两人握住振捣器的手柄 4，根据工作需要进行拖移。它适用于厚度不大的混凝土路面和桥面等工程的施工。

② 按振捣器的动力分，有电动式、内燃式两种，以电动式应用最广。

③ 按振捣器的振动频率分，有低频式、中频式和高频式三种。

低频式的振动频率为 25～50Hz（1500～3000 次/min）；中频式为 83～133Hz（5000～8000 次/min）；高频式为 167Hz（10000 次/min）以上。

④ 按振捣器产生振动的原理分，有偏心式和行星式两种。其振动结构和工作原理如图 5-38 所示。

偏心式如图 5-38（a）所示，它是利用振动棒中心安装的具有偏心质量的转轴，在做高速旋转时所产生的离心力通过轴承传递给振动棒壳体，从而使振动棒产生圆周振动的。

行星式的激振原理如图 5-38（b）所示，它是利用振动棒中一端空悬的转轴，在它旋转时，其下垂端的圆锥部分沿棒壳内的圆锥面滚动，从而形成滚动体的行星运动以驱动棒体产生圆周振动。

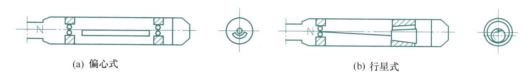

(a) 偏心式　　　　　　　　　(b) 行星式

图 5-38　振动棒激振原理示意图

2. 结构与工作原理

（1）内部振捣器

内部振捣器由原动机、传动装置和工作装置三部分组成。其工作装置是一个棒状空心圆柱体，通常称为振动棒，内部装有振动子。在动力源驱动下，振动子的振动使整个棒体产生高频低幅的机械振动。作业时，将它插入已浇好的混凝土中，通过棒体将振动能量直接传给混凝土内部各种集料，一般只需 20～30s 的振动时间，即可把棒体周围 10 倍于棒径范围的混凝土振动密实。内部振捣器主要适用于振实深度和厚度较大的混凝土构件或结构，对塑性、干硬性混凝土均可适应。

内部振捣器绝大部分采用电动机驱动，根据电动机和振动棒之间传动形式的不同，可分为软轴式和直联式两种，一般小型振捣器多采用软轴式，而大型振捣器则多采用直联式。

图 5-39 为 ZP-70 型中频偏心软轴插入式振捣器，它由电动机 15、增速器 8、软轴 5、偏心轴 3 和振动棒外壳 2 等组成。在电动机轴上安装有防逆装置，以防软轴反向旋转，同时在电动机转轴 9 与软轴 5 之间设置有增速器 8，以提高振动棒的振动频率。振动棒采用偏心块式振动子，依靠偏心轴回转时产生的离心力，使振动棒产生振动，振动频率一般为 6000～7000 次/min，适用于振捣塑性和半干硬性混凝土。

（2）附着式振捣器

电动附着式振捣器依靠底部螺栓或其他锁紧装置固定在混凝土构件的模板外部，通过模板间接将振动传给混凝土使其密实。如图 5-40 所示，它由电动机、偏心块式振动子等组成，外形如一台电动机。电动机为特制铸铝外壳的三相两极电动机，机壳内除装有电动机定子和转子外，在转轴的伸出端上还装有一个扇形偏心块，振动器两端用端盖封闭。偏心块随同转轴旋转，由此离心力而产生振动。

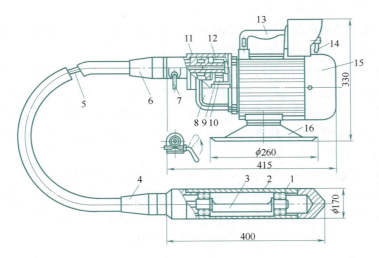

图5-39　ZP-70型中频偏心式振捣器

1，11—轴承；2—振动棒外壳；3—偏心轴；4，6—软管接头；5—软轴；7—软管锁紧把手；8—增速器；9—电动机转轴；10—胀轮式防逆装置；12—增速小齿轮；13—提手；14—电源开关；15—电动机；16—底座

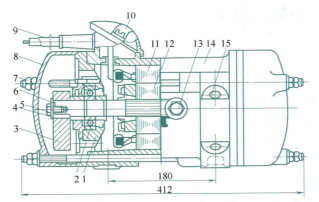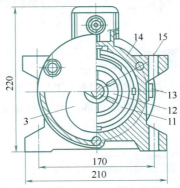

图5-40　电动附着式振捣器

1—轴承座；2—轴承；3—偏心轮；4—键；5—螺钉；6—转轴；7—长螺栓；8—端盖；9—电源线；10—接线盒；11—定子；12—转子；13—定子螺钉；14—外壳；15—地脚螺栓孔

（3）电动平板式振捣器

电动平板式振捣器又称表面振捣器，它除在振捣器底部设置一块船形底板外，其他结构和原理与附着式振捣器基本相同。

（4）混凝土振动台

混凝土振动台又称台式振动器，它是一种混凝土结构成型的机械设备。振动台的机架一般支承在弹簧上，机架下端装有激振器，机架上放置成型制品的钢模板，模板内装有混凝土混合料。工作时，在激振器的作用下，机架连同模板及混合料一起振动，从而使模板内的混凝土振实成型。

3. 插入式振捣器使用要求

① 作业中应使振动棒自然沉入混凝土,一般应垂直插入,并插到下层尚未初凝层中 5～10cm,以促使上下层相互胶合。

② 插入式振捣器振捣时,除了做到快插慢拔外,振动棒各插点间距应均匀。不要忽远忽近。一般间距不应超过振动棒有效作用半径的1.5倍。

③ 振动棒在混凝土内振捣时间,一般每插点振捣20～30s,以混凝土不再显著下沉,不再出现气泡,表面泛出水泥浆和外观均匀为止;在振捣时应将振动棒上下抽动5～10cm,使混凝土密实均匀;棒体插入混凝土的深度不应超过棒长的2/3～3/4,以免因振动棒不易拔出而导致保护软管损坏;不许将保护软管插入混凝土中,以防砂浆浸蚀保护软管及砂浆渗入软管而损坏机件。

④ 使用插入式振捣器时,应避免将振动棒触及钢筋、芯管及预埋件。

⑤ 振捣器作业时,保护软管弯曲半径应大于规定数值,软管不得有断裂。

⑥ 振捣器在使用中若温度过高,应停机冷却检查,如果是机件故障,要及时修理。

⑦ 操作人员应注意用电安全,在穿戴好胶鞋和绝缘橡皮手套后方能操作插入式振捣器进行作业。

⑧ 振捣器作业完毕,应将振捣器电动机、保护软管、振动棒刷干净,按规定要求进行润滑保养工作;振捣器存放时,不要堆压软管,应平直放好,以免变形,应防止电动机受潮。

● 第三节 架桥设备及施工组织

笔记

知识目标

1. 熟悉起重机械、架桥设备结构及工作原理;
2. 熟悉架桥设备、起重机械施工组织特点。

能力目标

1. 能够根据施工要求合理选择起重机械、架桥设备;
2. 初步具备起重机械、架桥设备的安全操作能力。

起重机械、架桥设备是桥梁施工的重要设备,熟悉起重机械、架桥设备结构的原理、特点、适用范围及使用注意事项,安全操作架桥设备及起重机械对桥梁施工组织有着重要的作用。

一、起重机械与架桥设备概述

1. 起重机械的分类

起重机械是一种做循环、间歇运动的机械。一个工作循环包括:取物装置从取物地把物品提起，然后水平移动到指定地点降下物品，接着进行反向运动，使取物装置返回原位，以便进行下一次循环。

通常，起重机械由起升机构（使物品上下运动）、运行机构（使起重机械移动）、变幅机构和回转机构（使物品做水平移动），再加上动力装置、操纵控制及必要的辅助装置组合而成。

在建桥工程中所用的起重机械，根据其构造和性能的不同，一般可分为轻小型起重设备、桥架类型起重机械和臂架类型起重机械三大类。轻小型起重设备如千斤顶、起重葫芦、卷扬机等。桥架类型起重机械如梁式起重机、龙门起重机等。臂架类型起重机械如固定式回转起重机、塔式起重机、汽车起重机、轮胎起重机、履带式起重机等。

2. 架桥设备的分类

架桥设备是一种将预制钢筋混凝土（或预应力混凝土）梁片（或梁段），吊装在桥梁支座上的专用施工机械。我国目前的公路架桥设备形式较多，概括起来可以分为导梁式架桥设备、缆索式架桥设备和专用架桥机三大类。

（1）导梁式架桥设备

这类架桥设备是利用贝雷架（或万能杆件、战备军用桁梁）拼装成的导梁作为承载移动支架，再配置部分起重装置与移动机具来实现架梁。

（2）缆索式架桥设备

这类架桥设备是利用万能杆件，或者圆木拼成索塔架式人字形扒杆，用架设的钢丝绳组成吊装设备和行走装置，将梁架设在墩台上，直接就位或横移就位。

（3）专用架桥机

专用架桥机是在导梁式架桥设备的基础上，通过对起吊、行走设备进行改善而发展起来的专用施工机械，按导梁形式可分为双导梁型和单导梁型两种。

双导梁型架桥机目前在公路架桥机中应用最广泛，其导梁的承载能力强，整机横向稳定性能较好。单导梁型架桥机具有结构紧凑，对曲线及斜交桥梁适应能力强，容易实现架设外边梁等特点，其横移一般靠导梁整机横移来实现移梁、落梁工序。

二、起重机械结构认知

（一）简单起重机械

简单起重设备一般只备有起升机构，用以起升重物。其构造简单、重量轻，便于携带，移动方便。常用的简单起重设备有液压千斤顶和卷扬机等。

1. 液压千斤顶

千斤顶是一种起重高度小（小于1m）的最简单的起重设备。它有机械式和液压式两种。机械式千斤顶又有齿条式与螺旋式两种，由于起重量小，操作费力，一般只用于机械维修工作，在修桥过程中不适用。液压式千斤顶结构紧凑，工作平稳，有自锁作用，故使用广泛。其缺点是起重高度有限，起升速度慢。液压千斤顶分为通用和专用两类。

通用液压千斤顶适用于起重高度不大的各种起重作业，如图5-41所示。工作时，只

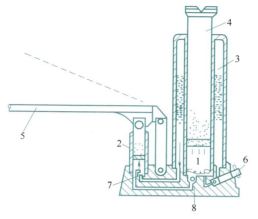

要往复扳动摇把 5，使手动油泵 2 不断向油缸 1 内压油，由于油缸内油压的不断增高，就迫使活塞 4 及活塞上面的重物一起向上运动。打开回油阀 6，油缸内的高压油便流回储油腔 3，于是重物与活塞也就一起下落。

专用液压千斤顶是专用的张拉机具，在制作预应力混凝土构件时，对预应力钢筋施加张力。专用液压千斤顶多为双作用式。常用的有穿心式和锥锚式两种。

穿心式千斤顶适用于张拉钢筋束或钢丝束，它主要由张拉缸、顶压缸、顶压活塞及弹簧等部分组成。它的特点是：沿拉伸机轴心有一穿心孔道，钢筋（或钢丝）穿入后由尾部的工具锚锚固。其工作原理如图 5-42 所示。张

图 5-41　液压千斤顶工作原理
1—油缸；2—油泵；3—储油腔；4—活塞；5—摇把；
6—回油阀；7—油泵进油阀；8—油缸进油阀

拉时，打开前后油嘴，从后油嘴向张拉工作油室内供油，张拉缸缸体向后移动。由于钢索锚固在千斤顶尾部的工具锚上，因此千斤顶通过工具锚将钢索张拉。当钢索张拉到需要的长度时，关闭后油嘴，从前油嘴进油至顶压缸内，使顶压活塞向前伸移而顶住锚塞，并将锚塞压入锚圈中，从而使钢索锚固。打开后油嘴并继续从前油嘴进油，这时张拉缸向前移动，缸内油液回流。最后打开前油嘴，使顶压缸内的油液回流，顶压活塞由于复位弹簧的作用而复还原位。

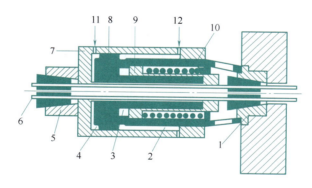

图 5-42　穿心式千斤顶工作原理示意图
1—工作锚；2—张拉回程油室；3—顶压工作油室；4—张拉工作油室；
5—工具锚；6—钢丝；7—张拉缸；8—顶压缸；9—顶压活塞；10—弹簧；
11—后油嘴；12—前油嘴

2. 卷扬机

卷扬机又称绞车，它主要用于提升和拖曳重物。它可以单独使用，也可配合滑车作其他起重机构使用。

卷扬机实际上是由一个卷筒再配上齿轮或蜗杆减速器而组成的简单起重设备，有手动、机动和电动三种。

电动式卷扬机［图 5-43（a）］由机架 1、卷筒 2、减速箱 3、制动器 4、电动机 5 等部

分组成。电动机的动力输出轴通过弹性联轴器和制动器4与减速箱相连。它的传动系统如图 5-43（b）所示。

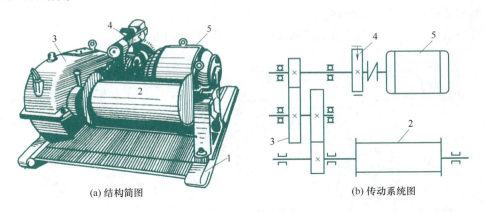

图 5-43 电动式卷扬机
1—机架；2—卷筒；3—减速箱；4—制动器；5—电动机

（二）自行式起重机

1. 自行式起重机的类型及特点

自行式动臂起重机是起重机中应用较广泛的一种类型，按行走装置的不同，可分为汽车式起重机、轮胎式起重机和履带式起重机三种。自行式动臂起重机由于都装有行走装置，灵活性好，因此，被广泛应用于流动性较大的路桥施工现场等做吊运、安装工作，具体特点分述如下。

汽车起重机是在通用或专用载货汽车底盘上装上起重工作装置及设备的起重机。它具有汽车的通过性好、机动灵活、行驶速度高、可快速转移、到达目的地能马上投入工作等优点。因此，它特别适用于流动性大、不固定的工作场合。由于它是在现成的汽车底盘上改装而成，故制造容易且较经济。但汽车起重机车身较长，转弯半径大（因受汽车底盘的限制）。

轮胎起重机是将起重工作装置和设备装设在专门设计的自行式轮胎底盘上的起重机。由于其底盘是专门设计的，因此，其轴距、轮距及外形尺寸可根据总体设计的要求合理布置。

履带式起重机是把起重工作装置和设备装在履带式底盘上的起重机。与轮胎起重机相比，履带对地面的平均比压小，可在松软、泥泞等恶劣的地面上作业。此外，它爬坡能力强，牵引性能好，能带载行驶，并可借助附加装置实现一机多用，所以起重量大于100t的大型履带式起重机在桥梁施工中占有重要地位，但履带式起重机自身质量大，行驶速度低（1～5km/h），且对公路路面有破坏作用。

2. QY12型全液压汽车起重机的工作原理

汽车起重机是成批生产的系列产品，种类较多，现以QY12型全液压汽车起重机为例介绍其主要组成部分的结构及工作原理。

图 5-44 所示为QY12型汽车起重机的外形图。其主要技术参数如下：

最大起重量：　　工作半径为3m时为12000kg

最大起重量力矩： 385kN·m
主臂： 3节
整机重量： 13200kg
行驶性能： 最大车速70km/h，最大爬坡度为12.9°

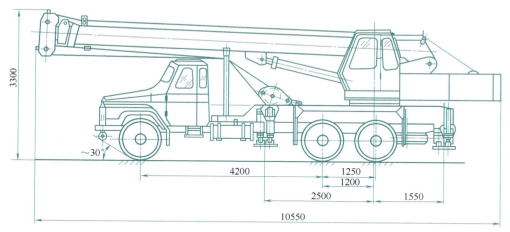

图 5-44　QY12 型全液压汽车起重机外形图

QY12型汽车起重机为一种具有三节伸缩臂、全回转液压起重机。其取力装置位于起重机底盘变速器右侧，起重机从行驶状态转入起重作业时，在驾驶室内操纵取力操纵杆使取力装置接合之后，汽车发动机动力经过取力装置传至齿轮泵，则齿轮泵工作。齿轮泵输出的压力油通过液压系统驱动起重机的支腿和上车回转以及变幅、伸缩机构以及卷扬机构工作。

支腿为"H"形结构，前后固定腿分别焊接在车架下方，四个活动支腿分别装在前后固定腿箱形内，支腿机构为液压驱动。

活动支腿通过支腿操纵阀控制，它可以同时动作，也可以单独动作，操纵支腿一般情况是先伸出水平支腿后，再伸垂直支腿，缩回时应先缩回垂直支腿，再缩回水平支腿。

起重臂的主臂为三节四边箱形吊臂，伸缩机构为单级油缸加钢丝绳，其结构如图5-45所示。

为提高伸缩油缸的稳定性，将伸缩油缸倒置安装在伸缩臂中，活塞杆头与基本臂尾部铰接，缸筒端部与二节臂根部铰接。当伸缩油缸伸出时，活塞杆固定不动，则缸筒运动将二节臂推出，当伸缩油缸缩回时，则缸筒运动将二节臂拉回。

起升机构由液压马达、双级圆柱齿轮减速器、制动器、卷筒、钢丝绳、起重钩等组成。其制动器为常闭摩擦片干式制动器，它的控制由制动油缸实现，并可在起重过程中任何位置实现重物停稳而不下滑。在起升机构液压回路中装有平衡阀，用以控制重物下降的速度。

回转机构由液压马达、蜗杆减速器、回转支承等组成。回转机构工作时，由齿轮泵供给压力油，采用定量马达驱动，通过回转分配阀的控制可以实现正、反方向全回转。

变幅机构由吊臂、转台与一个前倾安装的双作用油缸构成，其变幅动作是通过双作用油缸的伸缩实现的，变幅机构的作用是改变吊臂的仰角，从而使吊钩与上车回转中心的距离（即幅度）得到改变。

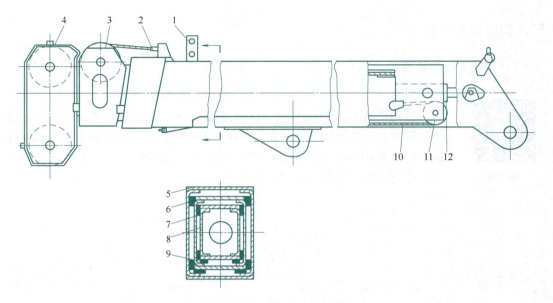

图 5-45　起重臂及伸缩机构

1—导绳器；2—伸臂钢丝绳；3—伸臂滑轮；4—导向滑轮；5—基本臂；6—侧滑块；7—二节臂；
8—三节臂；9—下滑块；10—缩臂钢丝绳；11—缩臂滑轮；12—伸缩油缸

3. 起重机操作注意事项

① 操作者应熟悉所操纵起重机的构造、性能，掌握操纵方法和安全装置的功用，且必须经专业培训和考核，取得特种设备作业人员资格证后方可从事相应工作；

② 驾驶员在工作前应对起重机各安全装置及主要零部件进行仔细检查，确认灵活、可靠方可使用；

③ 操作者必须听从指挥手的指挥信号进行操纵，对任何人发出的危险信号都应紧急停车，如遇指挥信号不明或有错误，驾驶员有权不开车，在开车前必须鸣铃示意；

④ 操作者必须用手柄开关来操纵，不可利用极限位置限制器来停车，严禁三机构同时动作；

⑤ 除特种情况下，不得利用打反车来进行制动，不得将控制器从正转急速变为反向逆转；

⑥ 所吊重物不得超过该起重机额定载荷，严禁一切的歪拉斜吊；

⑦ 在吊装前应仔细检查吊索的牢固程度，对有快口棱角应加衬垫，并确保重物的稳定性；

⑧ 禁止起重机在运行中人员上下和一切的检查、维修工作，严禁随意跨越上下，不准挂负荷下车或将吊物长时间吊挂在空中；

⑨ 操作者应熟练掌握各种常规的最基本安全操作技能，如"稳钩操作""物件翻身操作""吊钩逼近人员操作""制动器失灵紧急操作"等；

⑩ 吊运危险物品和所吊物接近满载时，吊运前应检查制动器，起升 150～200mm

作静态制动,若可靠再升至离地500mm作降落动态制动,确认制动性能可靠再平稳起吊。

三、架桥设备认知

(一)缆索式架桥设备

架桥机

如图5-46所示,缆索式架桥设备就是在两个塔架6之间张紧一根特种承重的主索1,起重小车5就在此钢索上来回移动提升重物。它的优点是跨度和起升质量较大(跨度为100～1800m,起升质量为3～50t),适用于山区丘陵地带以及有交通线或障碍物广大的施工现场作起重运输工作,适用于桥隧工程和水利枢纽工程。

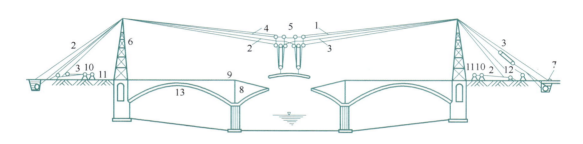

图5-46 缆索式架桥设备
1—主索;2—左起重索;3—右起重索;4—牵引索;5—起重小车;6—塔架;7—地锚;8—扣索架;
9—扣索;10—起重卷扬机;11—牵引卷扬机;12—收紧装置;13—预制梁段

在设置缆索式起重机时,对于塔架的强度,主索、起重索和牵引索的拉力以及有关起重机的稳定性等问题,均需经过必要的力学计算,再经过现场试验,以达到经济合理和确保施工安全。

(二)导梁式架桥设备

目前,利用贝雷钢桁架和万能杆件拼装成的导梁式架桥设备在桥梁的上部施工中较为常见。其中,万能杆件是用角钢制成的可拼成节间距为2m×2m的桁架杆件,因其通用性强,可根据不同桁架形式,再配制部分自制构件,如横移机构、纵移机构、行走机构等,就可以完成不同架设工序,提高机械化程度。下面对用万能杆件拼成的架桥设备(也称组拼式架桥机)进行介绍。

如图5-47所示的架桥机主要由导梁、前支腿、前后行走台车、前后起吊天车及电气系统组成。

导梁和前支腿1由万能杆件组拼而成,导梁安装在前、后行走台车上,行走台车可在已架设好的预应力混凝土梁上的轨道上行走。行走系统由行走台车3和牵引动力组成。起吊系统的天车横梁可用万能杆件拼装,也可使用型钢组合而成,具体用哪种形式应根据施工现场情况、两个导梁的间距,以及起吊设备的状况等因素综合考虑。其电气系统可参见有关资料。

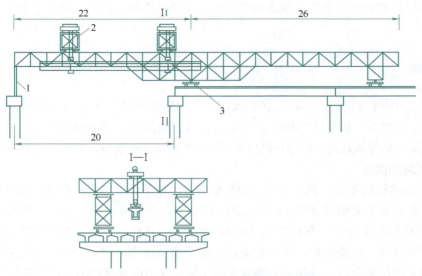

图 5-47　用万能杆件拼装的架设 20m 长 T 形梁的架桥设备（单位：m）
1—前支腿；2—前起吊天车；3—前行走台车

（三）专用架桥机

目前架桥机品种很多，这里只介绍国产双导梁红旗 130-78 型架桥机。

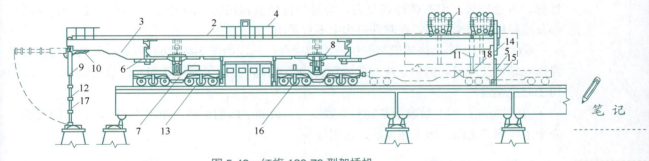

图 5-48　红旗 130-78 型架桥机

1—起吊天车；2—机身；3—机臂；4—人行道及栏杆；5—后门架；6—摆臂机构；7—台车；8—活动横梁；
9—前支腿及油缸；10—翘头油缸；11—后支腿辅助油缸；12—前门架；13—行走机构；14—后支腿油缸；
15—后支腿下节；16—台车支腿油缸；17—前支腿下节；18—横梁

如图 5-48 所示，红旗 130-78 型架桥机由台车 7、机身 2、机臂 3、前门架 12、前支腿 17、起吊天车 1 及液压系统、电气系统组成。机身 2 下的台车 7 共有两辆，每辆台车均有自行装置，可自行调速行走，两侧各设有两个支腿，在架桥机上桥对位后，使支腿支撑牢固，以保证架梁和机臂摆头的安全。

机身依靠升降机构升高或降低，以适应架梁工作的要求。

机臂 3 是箱形截面的焊接结构，共 4 片，主梁两端各两片，对称安装。机臂上焊有供起吊天车 1 行走的轨道，并装有人行道和栏杆；机臂在曲线上架梁时，依靠摆臂机构 6 的液压推动，可随线路水平转动。

红旗 130-78 型架桥机轴重轻，梁片可以直接从运梁台车上起吊，可以一次将梁片架设就位，并可以在前后方向架梁，反方向架梁时，架桥机不需要转向，简化了架梁工艺，工作效率高。

四、钢丝绳

钢丝绳是由抗拉强度为（1.4～2.0）kN/mm² 的多根钢丝编绕而成。由于钢丝绳具有强度高、自重轻、柔性好、极少骤然断裂等优点，因而成为起重机的重要零部件之一。在起升机构和变幅机构中用作承载绳，在运行机构和回转机构中用作牵引绳，有时还用来捆扎货物。

1. 钢丝绳的构造

根据不同的使用要求，钢丝绳的结构和编绕方法各不相同，有单绕绳、双绕绳、三绕绳等型式。起重机多采用双绕绳，即先由钢丝绕成股，再由股以绳芯为中心绕成绳。

绳芯的材料有金属芯、有机物芯（麻芯、棉芯）、石棉芯三种。有机物芯的钢绳具有较大的挠性和弹性，润滑性好，但不耐高温，承受横向压力的能力较差；石棉芯钢绳性能与前者相似，但能抗高温；金属芯钢绳强度高，能承受高温和横向压力，但润滑性较差。

一般情况下，多选用有机物芯钢绳。高温工作时宜用石棉芯或金属芯钢绳。当在卷筒上多层卷绕时，钢绳之间横向压力大，宜采用金属芯钢绳。

2. 钢丝绳的种类

根据钢丝绕成股与股绕成绳的相互方向不同，可分为：

① 顺绕绳：即丝绕成股与股绕成绳的绕向相同，如图 5-49（a）所示。这种钢丝绳挠性好、寿命较长，但有弹性恢复力，容易自行松散和扭转，故只适用于牵引绳。如电梯、小车运行机构的牵引绳，在起升机构中不宜采用。

② 交绕绳：即丝绕成股与股绕成绳的绕向相反，如图 5-49（b）所示。其挠性与使用寿命均较顺绕绳差。但由于绳与股的扭转趋势相反，克服了易扭转和易松散的缺陷，广泛用于起重钢索。

③ 混绕绳：即半数股为左旋和半数股为右旋而绕成的钢绳，如图 5-49（c）。它的性能介于上述两者之间，因工艺复杂，应用极少。

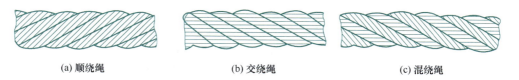

(a) 顺绕绳　　　　　　　(b) 交绕绳　　　　　　　(c) 混绕绳

图 5-49　钢丝绳的绕向

3. 钢丝绳的连接方法

钢丝绳在使用时需要与其他承载零件连接，以传递载荷。连接方法大致有下列几种：

① 编结法：利用心形套环，将末端与工作分支用钢丝绳扎紧，如图 5-50（a）所示。捆扎长度 $l = (20 \sim 25)d$（d 为钢丝绳的最小直径），同时不应小于 300mm。

② 楔形套筒法：用特制的钢丝绳斜楔固定，方法简便，如图 5-50（b）所示。

③ 灌铅法：将钢丝绳端拆散，穿入锥形衬套内，并将钢丝末端弯成钩状，然后灌入熔铅，冷却后即成，如图 5-50（c）所示。此法操作复杂，较少采用。

④ 绳卡固定法：钢丝绳套在心形套环上，用特制的钢丝绳卡头固定。固定时，将U形卡卡在钢丝绳末端的分支上，座板装在工作分支上。钢丝绳卡头数不得少于三个，并按同一方向夹紧，如图5-50（d）所示。此法简便可靠，广泛应用。钢丝绳卡头已有标准，可查阅有关手册。

⑤ 铝合金压头法：将钢丝绳端头拆散后分为六股，各股留头错开，留头最长不超过铝套长度，并切去绳芯，弯转180°后用钎子分别插入主索中，如图5-50（e）所示。然后套入铝套，在气锤上压成椭圆形，再用压模压制成型。此法加工工艺性好，重量轻，安装方便，一般常作起重机固定拉索用。

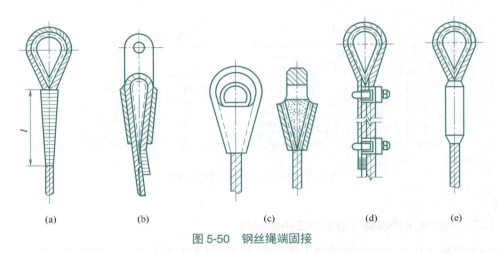

图 5-50　钢丝绳端固接

五、架桥设备施工技术

（一）汽车起重机在桥梁施工中的应用

用预制梁吊装施工法的预制梁吊装设备有很多，因汽车起重机本身有动力、架设迅速、可缩短工期，不需要架设桥梁用的临时动力设备，不需要如其他方法架梁时所必需的技术工种，故在中小跨径预制梁的架设安装中经常采用。

1. 单汽车起重机安装

单汽车起重机安装适应条件是只能进入一台吊车的位置施工。与其他方式方法相比较，能加快工程进度，对于安装地点分散，安装阶段工序比较复杂的情况，单汽车吊安装是有利的。当然，停放吊车位置的地基应具有足够的承载能力。

其安装的步骤是：修筑运梁道路、清理停放吊车位置的场地；布置吊车；运进安装的梁，并将钢丝绳挂到梁上（钢丝绳与梁面的夹角不能太小，一般以45°～60°为宜，否则，应使用起重横梁）；最后用吊车起吊梁，安装到支座上。图5-51所示为单汽车

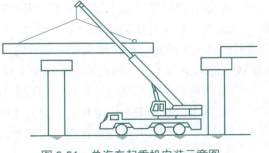

图 5-51　单汽车起重机安装示意图

起重机安装示意图。

2. 双汽车起重机安装

双汽车起重机安装是在桥墩附近布置两台起重机,把平板车运来的梁用两台起重机吊起,安装到支座上的施工方法。

与单汽车起重机安装相比,双汽车起重机安装一般是在主梁质量较大或者构件跨度较长,一台起重机架设有困难时采用。

其安装步骤与单汽车起重机安装步骤基本相同。不过要特别注意两机的互相配合,因此现场指挥特别重要。图 5-52 为双汽车起重机安装示意图。

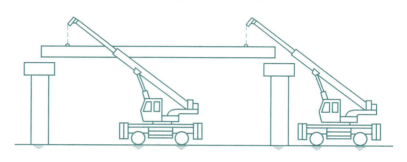

图 5-52 双汽车起重机安装示意图

(二)导梁式架桥设备在桥梁施工中的应用

由于桥梁工程中出现的越来越大的跨径和越来越重的预制梁,一般的起重机难以达到要求,因此通过专用架桥设备架设桥梁构件应用比较广泛。

这里以用万能杆件拼装的架桥机架设钢筋混凝土公路桥梁为例,说明其工作过程。

1. 移动架桥机

每孔梁架完后,必须在梁上铺好架桥机走道及标准轨距的运梁台车走道后,方可移动架桥机。移动架桥机时应先将两台起吊天车回到后部 [图 5-53(a)] 以增加架桥机的平衡重量和稳定,再启动架桥机行走机构,使架桥机前进一定的距离,至前一个桥墩上 [图 5-53(b)] 并对前支腿、前后轮组进行测量、调整。三点高度应基本一致,其相对高差不得大于 5mm。

2. 架梁

① 梁片由制梁厂装上运梁台车,用牵引车运到桥头。

② 当运梁线与架梁线在一个平面时,可将梁片直接运至架桥机后部。若运梁线与架梁线不在同一平面时,则在桥头设立提升站。梁片由提升站龙门式起重机自动架线提升到架梁线上的运梁台车上,再由牵引车送至架桥机的后部。

③ 用前起吊天车将梁片吊起。前进至合适位置 [图 5-53(c)]。

④ 再用后起吊天车将梁片后部吊起 [图 5-53(d)]。

⑤ 前、后起吊天车向前行走,将梁片送至桥孔。

⑥ 将梁片落下。

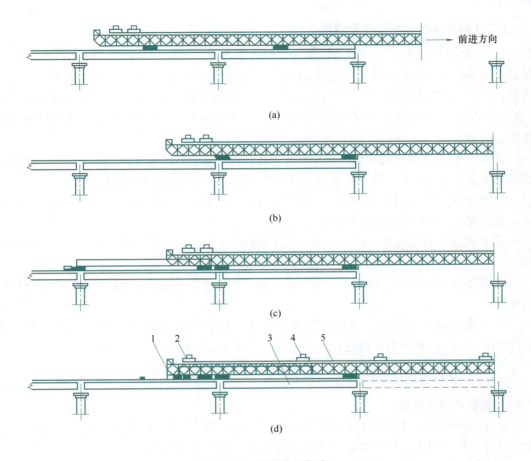

图 5-53 架桥作业程序

1—运梁台车；2—后起吊天车；3—梁；4—前起吊天车；5—架桥机

六、架桥机施工组织及安全管理

（一）架桥机安装、试吊

① 架桥机现场安装必须事先进行细致的施工组织设计工作。有严格的安装程序，必须经过试吊、试运转，经过有关主管部门检测合格并同意后才能交付正常生产。

② 架机及其吊装设备全部按设计图纸的要求安装完毕后，先由项目部组织对架桥机及其吊装设备进行全面、细致检查；最后质量检测部门进行验收，凡发现不足之处，必须及时加固或返工，验收合格后，才能进行试吊和吊装作业，并填写吊装设备验收表存档，作为一机一档基础资料。

③ 正式吊装前，架桥机必须组织试吊工作。作为试吊，必须分级加载，同时也必须要进行超载实验，超多少为宜，一般起重的行业标准规定为30%。但由于吊装工程起重吨位较大，可由设计、技术、机材及安全部门参与商定超载数量，但必须强调一定要进行超载试验。试吊检查的几个指标必须明确、如挠度、侧倾、中线等；同时必须明确试吊完成后的结论（是否符合设计要求）。

（二）操作人员组织及安全制度

① 在架桥机技术方案及使用性能安全可靠的前提下，严密的组织和明确的职责是确保施工安全的最重要的保证。严密组织应包括：a. 指挥；b. 技术负责；c. 机务负责；d. 安全值班；e. 参加吊装作业的工班；f. 电工值班（含发电机值班）；g. 木工值班；h. 配合施工员；i. 配合工班长等；j. 架桥机正式吊装前应组织好，人员要固定，准时到岗，不能随意变动或更换。

② 架桥机正式交付使用前，技术负责人必须做好安全技术交底工作，操作工班和有关管理人员必须学习领会，熟悉有关安全技术操作规程，熟悉架桥机的性能。

③ 参加架桥机吊装作业人员（含民工）凡患有心脏病、高血压、贫血、高度近视、耳聋、癫痫病等，不得从事架桥机吊装作业。

④ 移动架桥机过程中，严禁一切人员在架桥机上行走，需作业时，应将架桥机停稳后进行。

⑤ 吊装期间，严禁一切人员及船只在吊装（物）桥下通过，必要时应设安全通道和划出警戒。

⑥ 吊装期间，对起重吊装设备要经常检查、保养、维修等；易损部位的零配件要备足，每吊完一孔，要对架桥机进行全面检查，严禁盲目作业和设备带病作业。

（三）安全操作规程

1. 架桥机纵向前移

① 轨道铺设对于整个架桥机纵向前移来讲，其顺直平行牢固的特性关系到架桥机能否连续纵移到位。因此，对枕木、钢轨的规格间隙必须符合设计要求。

② 铺设钢轨，必须注意两条钢轨的间隙，其实际中心线与轨道的几何中心线偏差不应大于 3mm，钢轨接头可以做成直接头，也可以制成 45°角的斜接头；缝隙不超过 1～2mm，同时必须采用标准钢轨鱼尾板连接，其连接螺栓不得少于四个，一般应用六个；缝底设一道枕木，用于固定钢轨；接头处两根钢轨的横向位移或高低不平偏差均不得大约 1mm；两条钢轨的接头应错开 500mm 以上。

③ 纵移前，纵向开车应布置于导梁后，并锁死以增加后端平衡重量，确保抗倾覆，安全系数大于 1.5。

④ 鉴于纵移时，前支腿挠度过大，因此纵移前，视其前端导梁的挠度，拆除前支腿或提升前端支撑杆，以保证有足够纵移的空间；否则须采取措施，如用钩鱼法将导梁头稍微吊起。

⑤ 检查牵引卷扬机、滑车和牵引用的钢丝绳是否符合安全技术规定，是否配套，中横梁连接是否稳固妥当，消除架桥机上下杂物及前沿途障碍物。

⑥ 架桥机纵移必须在白天进行，严禁在夜间进行移动架桥机作业，两台卷扬机应保持慢速同步，并注意观察架桥机的稳定情况，如有不妥，停机处理后，方能继续纵移。

⑦ 纵移到位后，必须尽快安装好前支腿，保持架桥机整体稳定，并注意确保跨径空间，前、中、后支腿及上、下天车梁面，应保持基本水平，其相对高差控制在 50mm 以内。

2. 预制构件横移

① 准备工作，先在小箱梁等构件的两端端头弹好中线，挂垂球以检查施顶及横移的倾

斜度，及时校正，保持其垂直度。再在小箱梁等构件的两吊点处放置铁凳、托架、千斤顶等，调平符合要求，使千斤顶与马鞍受力。

② 千斤顶施顶作业分两步进行，第一步，将小箱梁等构件顶高 10mm 左右，观察情况；第二步，起重千斤顶将小箱梁等构件顶离底板，使横移平车顺利托入梁底并就位。然后卸除千斤顶，准备横移，施顶作业时，应防止发生以下情况：a. 施顶过程中，梁身偏斜；b. 铁凳底座支承能力是否适应，有否出现不平整或突然下降倾斜现象；c. 在桥面上设预制场，必须对支承千斤顶底座的桥面受力情况进行验算，防止倒梁事故的出现。

③ 千斤顶起落小箱梁等构件应使用螺旋千斤顶，严禁使用油压千斤顶，同时还必须两端交替进行，不得同时起顶，起顶过程要有专人垫木板，使其地面与保险垫木间的距离宜控制在 30～50mm 以下。

④ 小箱梁等构件钢筋砼面与钢材、钢板与钢板之间应放木板、麻袋或橡胶皮等，防止滑动或造成局部应力过大。

⑤ 小箱梁等构件横移使用 3～5t 手拉葫芦，一端固定在对应有另一个梁底座钢筋砼上。另一端拉动横移平车，横移前，先让手拉葫芦受力，检查钢丝绳等是否正常，横移时，应有专人指挥，并保持两端同步运行，轨道接头要平整。

⑥ 在整个构件横移过程中，两端必须由稳妥的斜撑式托架支护和用扁担梁垂直支撑在横移平车上，使构件与横移平车连成整体以加强横移作业时横向稳定性。

⑦ 构件横移到纵移轨道就位后，按①、②、③点的要求，将构件安放在纵移平车上。

3. 构件纵移运输

① 构件纵移运输从预制场拖运至架桥机下起吊，若拖运距离太远，中间除加卷扬筒接力外，还要求卷扬机位置能调整拉力方向，保持直线拖运。

② 拖动前，先让卷扬机受力，检查前端的滑轮、销子、钢丝绳是否正常，各机具锚锁是否牢固，并清除拖运轨道的障碍物。

③ 拖运开始时，牵引卷扬机必须低挡慢速运行，再逐步升到中挡运行，严禁高速运行。

④ 拖运过程中，应设专人指挥进行，各运行平车必须由人同时拿着三角楔块跟随前进，随时观察构件固定、稳定及平行运行情况；应特别注意的是在桥梁纵坡较大、运距长的情况下，必须做好防止牵引钢丝绳拉断、构件下冲的防护措施；同时还必须在每隔 20～30m 设一横二纵三根方木以防冲刹车措施，以防不测。

⑤ 停车转换钢丝绳、卷扬机时，平车轮应及时加塞木楔，以防滑动下溜；运行终点位置时，也应设止轮器，防止构件冲撞架桥机的中横梁。

4. 构件吊装

① 吊装前，应做好如下准备工作。a. 检查卷扬机制动系统，以防止失灵；b. 检查整个起吊系统是否配套，注意钢丝绳通过滑车是否跳槽，免使部件轧伤或铰断钢丝绳；c. 检查钢丝是否破损，在缆筒上是否排列整齐，固定绳头是否松脱；d. 构件就位时，钢丝绳在卷筒圈数是否保持在 10 圈以上；e. 检查电器系统是否受潮；f. 检查吊带与构件接触处的垫隔等。

② 当构件吊离纵移平车 5～10cm 时，暂停提升，移走纵向平车，对各重点部位进行观察，确无疑问，才能继续起吊。

③若构件重心在架桥机后跨时,禁止超距离横向移动,应尽量做到在天平梁跨中起吊,后跨横移范围不得超过架桥机轴线左右1.0m。

④构件进入前跨后,应先降低其悬空高度,使之在最低的位置进行横移,禁止横移与纵移动作同时进行,应分别操作。

⑤起吊运行过程的保持动作的连续性,减少停顿和启动次数;吊起后的起重系统的纵横移速度必须控制在2m/min的水平,以减少该架桥机的摆动幅度;降落时必须平稳,防止构件本身出现大幅度摆动而使架桥机受冲击。

⑥构件降落至距支座5~10cm时,要校对两个伸缩缝的尺寸。确认无误后,再降落就位;先放固定端,后放滑动端;特别须强调的是该构件就位前,必须对构件的平面、竖向进行检查,保证最后一块构件就位时的位置到位。

⑦每孔第一根小箱梁等构件就位后,待重量落在支座上,要立即设置支撑、斜撑等,在未做好撑前不得拆除吊带、吊夹等。

⑧吊装第二根小箱梁等构件,要加强观察,注意指挥,防止碰撞第一根小箱梁。

⑨边梁架设后,要随即架好中梁并连成一体,不能使边梁旋转的时间过长,以防倾斜。

⑩需在墩顶上横移,落梁时必须做好以下工作:a.在横移前,必须把两根大梁横向连接,钢筋焊牢固好;b.清除墩上障碍物,铺好滑道,做好大梁横移就位的各种准备工作;c.大梁横梁操作人员,必须统一指挥,采用手拉葫芦、千斤顶、预拉力拉伸机等,使两端同步进行;d.横移到位,稳妥后卸除滑块,将大梁安装在支座上;e.落梁时,两端要有专人察看指挥,以控制落梁位置,用千斤顶落梁时,必须要一端先固定好,另一端才能操作;f.大梁就位横移,应禁止单梁横移必须双梁横移。另外大梁横移夜间应禁止作业,不得有误。

(四)大风季节的安全组织和安全措施

架桥机进入大风季节施工,要极其重视防大风、抗大风的施工管理。要及时关注天气预报,遇大雾、大风(六级及以上)、雷雨天气,不得进行吊装和移动架桥机作业。

●【施工组织案例】

附 某会所工程预应力管桩施工组织案例

一、工程概况

1. 工程地质条件

根据会所《岩土工程勘察报告》,钻探深度范围内场地地基土沉积时代及成因类型自上而下依次为:

第①层为素填土:黄褐色、黄色,稍湿,松散状,主要成分为细砂,土质疏松。该层全场均有分布,出露于地表,厚度0.7~1.0m,平均厚度0.83m。

第②层细砂（Q4m）：黄褐色、黄色，稍湿，松散状，局部稍密状，颗粒成分为石英质，细土含量约为15%～25%，局部混含中砂。该层全场均有分布，厚度1.0～6.7m，平均厚度3.04m。

……

第⑥层粉质黏土（Q4m）：黄褐色、青灰色，可塑～硬塑状，切面光滑，无摇振反应，该层全场均有分布。其顶板埋深11.4～22.0m，揭露厚度1.3～16.9m，平均厚度9.0m。

2. 编制依据：

《建筑工程施工质量验收统一标准》GB 50300—2013

《建筑地基基础工程施工质量验收规范》GB 50202—2018

建筑设计研究院的施工图

《先张法预应力混凝土管桩》GB 13476—2009

《建筑桩基技术规范》JGJ 94—2008

二、施工进度及工期安排

要求施工工期日历工期**天，总桩基根数为273根，其中C型四合院66根、B1、B2四合院各40根，本工程PC桩量不大，考虑使用一台600T静压桩机施工。

三、施工准备

1. 现场条件

本工程施工场地，经过初步回填与平整，C型四合院、B2、B1四合院目前能够满足打桩要求。体育馆桩基施工前要进行降方处理，降方至—1.7m左右，这样的优点是减少送桩深度，排除桩基施工时的地下障碍物。

2. 机具准备

600T静压桩机一台，电焊机、桩帽、缓冲垫、索具、钢丝绳以及钢尺等。

3. 材料准备

本工程钢筋混凝土预制管桩选用PC-AB500（100）-11a，送入第⑥层粉质黏土（Q4m），工程桩进入持力层1.0m，桩长11m。

① 材料构件要求。钢筋混凝土预制桩：规格质量必须符合设计要求和施工规范的规定，并有出厂合格证。砂、石、水泥及钢材等桩体材料均应符合《先张法预应力混凝土管桩》标准并具有合格证、检测报告。

② 焊条（接桩用）：型号、性能必须符合设计要求和中南标04ZG207《预应力混凝土桩》的规定，采用E4303牌号。

③ 钢板（接桩用）：材质、规格符合设计要求，选用低碳钢。

4. 作业条件

① 桩基的轴线和标高均已测定完毕，并经过检查办理预检手续。桩基的轴线和高程的控制桩已确定，并不得碰撞。

② 场地经过平整，能够满足桩机的移动和稳定垂直。必要可垫枕木进行地面加固。

③ 根据轴线放出桩位线，用钢筋头钉好桩位，并用白灰作标志，以便于施打。

④ 打试验桩。施工前必须打试验桩，其数量为1%。以确定贯入度并校验打桩设备、

施工工艺以及技术措施是否适宜。

四、操作工艺

1. 静压桩施工工艺流程

测量放线—钎探(排除原桩基)—桩机就位—预制桩检查—预制桩起吊—稳桩—压桩—接桩—送桩—检查验收—移机

2. 操作工艺

（1）测量定位

在打桩施工区域附近设置控制桩与水准点，不少于2个，轴线控制桩应设置在距外墙桩5～10m处，以控制桩基轴线和标高。

（2）压桩机就位

按照打桩顺序将静压桩机移至桩位上面，并对准桩位。静压桩机就位时，应对准桩位，将静压桩机调至水平、稳定，确保在施工中不发生倾斜和移动。

桩机就位是利用行走装置完成，即是由横向行走（短船行走）、纵向行走（长船行走）和回转机构组成。把船体当作铺设的轨道，通过横向和纵向油缸的伸程和回程使桩机实现步履式的横向和纵向行走。当横向两油缸一只伸程，另一只回程可使桩机实现小角度回转，这样可使桩机达到要求的位置。

（3）吊桩插桩

将预制桩吊至静压桩机夹具中，并对准桩位，夹紧并放入土中，移动静压桩机调节桩垂直度，符合要求后将静压桩机调至水平并稳定。

预制桩起吊和运输时，必须满足以下条件：

① 混凝土预制桩的混凝土强度达到强度设计值的70%方可起吊。

② 混凝土预制桩的混凝土强度达到强度设计值的100%才能运输和压桩施工。

③ 起吊就位时，将桩机吊至静压桩机夹具中夹紧并对准桩位，将桩尖放入土中，位置要准确，然后除去吊具。

（4）桩身对中调直

当桩被吊入夹桩钳口后，将桩徐徐下降至桩尖离地面10cm左右为止，然后夹紧桩身，微调压桩机使桩尖对准桩位、并将桩压入土中0.5～1.0m，暂停下压，从两个正交侧面校正桩身垂直度，待其偏差小于0.5%时方可正式压桩。

（5）静压成桩

① 静压预制桩每节长度一般在13m以内，插桩时选用起重机吊运或用汽车运至桩机附近，再利用桩机上自身设置的工作吊机将混凝土预制桩吊入夹持器中，夹持油缸将桩从桩侧面夹紧，即可开动压桩油缸，先将桩压入土中1m左右后停止，调正桩在两个方向的垂直度后，压桩油缸继续伸程把桩压入土中，伸程完后，夹持油缸回程松夹，压桩油缸回程，重复上述动作，可实现连续压桩操作，直至把桩压入预定深度土层中。在压桩过程中要认真记录桩入土深度和压力表读数的关系，以判断桩的质量及承载力。当压力表读数突然上升或下降时，要停机对照地质资料进行分析，判断是否遇到障碍物或产生断桩现象等。

② 压桩应连续进行，当压力表数值达到预先规定值，便可停止压桩。如桩顶接近地面，而压桩力尚未达到规定值，可以送桩。如桩顶高出地面一段距离，而压桩力已达到规

定值时，则要截桩，以便压桩机移位。

(6) 送桩

设计要求送桩时，应将桩送至设计标高。送桩的中心线与桩身吻合一致方能进行送桩。若桩顶不平可用麻袋或厚纸垫平。送桩留下的孔应立即做好防护工作。

(7) 终止压桩

压桩应控制好终止条件，一般可按以下进行控制。

按终压力值进行控制：终压力按设计极限承载力的 1.1～1.4 倍取值；或桩的设计极限承载力取终压力的 0.7～0.9 倍。

3. 质量标准

(1) 主控项目

① 钢筋混凝土预制桩的质量必须符合设计要求和施工质量验收规范的规定，并有出厂合格证。

② 打桩的桩位偏差必须符合设计要求和施工质量验收规范的规定。

③ 成桩后承载力必须符合设计要求和施工质量验收规范的规定。

(2) 一般项目

① 预制桩桩身材料及配合比符合设计和施工质量验收规范要求。

② 成品桩外形符合设计要求和施工质量验收规范要求。

③ 桩的贯入度、垂直度、桩的接头节点处理必须符合设计要求和施工质量验收规范的规定。

(3) 项目允许偏差见表 5-7

4. 成品保护

① 桩在起吊及搬运时，要平稳且不得损坏。

② 桩的堆放要符合下列要求：

a. 场地平整、坚实，不得产生不均匀下沉。

b. 垫木与吊点的位置要相同，并保持在同一平面内，各层垫木上下对齐。

c. 多层垫木要上下对齐，最下层的垫木要适当加宽。堆放层数不宜超过 4 层。

③ 妥善保护好桩基的轴线和标高控制桩，不得由于碰撞和振动而位移。在打桩过程中应定期、不定期对桩位和基准点进行复测校正。

④ 打桩时如发现地质资料与提供的数据不符时，应停止施工，与设计、地勘、监理单位研究处理。

⑤ 打桩完毕进行基坑开挖时，车辆行走时要避开高出地面的桩头，防止桩的位移和倾斜、断裂。

5. 应注意的问题

① 预制桩必须提前制好，打桩时预制桩的强度必须达到设计强度的 C80。

② 桩身断裂。桩身弯曲过大、强度不足及地下有障碍物等原因造成，或桩在堆放、起吊、运输过程中产生断裂，没有发现而致。所以对进场的预制桩要加强检查和报验工作。

③ 桩顶碎裂。桩顶强度不够及钢筋网片不足、主筋距桩顶面太小或桩顶不平、施工机具选择不当等原因所造成，对连续两天都出现破桩的打桩机，要立即停止打桩，进行检查分析，查明原因，经过修复后方可继续工作。

表 5-7　钢筋混凝土预制桩允许偏差

项次		项目		允许偏差/mm	检验方法
主控项目	1	桩中心位置	有基础梁的桩（垂直基础梁的中心线方向）	100+0.01H	用经纬仪或拉线和钢尺量检查
			有基础梁的桩（沿基础梁的中心线方向）	150+0.01H	
			桩数为1～3根或单排桩	100	
			桩数为4～6根	D/2	
			桩数多于16（边缘桩）	D/3	
			桩数多于16（中间桩）	D/2	
一般项目	2	成品桩外形	成品桩外形（掉角深度）	＜10	直观
			蜂窝面积	＜0.5%	直观
			裂缝深度	＜20	裂缝测定仪
			裂缝宽度	＜0.25且＜D/2	裂缝测定仪
			成品桩尺寸（横截面边长）	±5	用钢尺量
			桩顶对角线差	＜10	用钢尺量
			桩尖中心线	＜10	用钢尺量
			桩身弯曲矢高	＜1/1000L	用钢尺量
			桩顶平整度	＜2	用钢尺量
	3	焊接质量	焊接法（焊缝质量）	施工质量验收规范	用钢尺焊缝检查仪和秒表测定
			电焊后停歇时间	＞1.0min	
			上下节点平面偏差	＜1.0	
			节点弯曲矢高	＜1/1000L	
			浆锚法（胶泥浇注时间）	＜2min	秒表测定
			浇筑后停歇时间	＞7min	秒表测定
	4	桩顶标高		±50	水准仪
	5	停锤标准		设计要求	现场实测

注：H 为地面标高与桩顶设计标高的距离；D 为桩的直径或截面边长；L 为两节桩长。

④ 桩身倾斜。场地不平、打桩机底盘不水平或稳桩不垂直、桩尖在地下遇见硬物、桩尖偏斜或桩体弯曲、桩体压曲破坏、打桩顺序不合理、接桩位置不正等原因所造成。

⑤ 接桩处拉脱开裂。连接处表面不干净、连接件不平、焊接质量不符合要求、接桩上下中心线不在同一条线上等原因造成。

⑥ 当地面受打桩施工影响而平整度遭到破坏时，应随时进行修整。

五、质量要求

符合国家及相关行业质量评定标准和施工验收规范。

六、文明施工及环境保护要求

施工、生活垃圾应分开堆放到指定位置，对施工、生活中产生的垃圾定点排放，并定期进行清理。对桩基施工中产生的噪声进行严格控制。

七、安全施工要求及应急预案

坚持"安全第一，预防为主"的方针，消灭一切责任事故，确保人民生命财产不受伤害；杜绝施工安全重大事故，防止一般事故的发生。

一、选择题

1. 现代建桥用的基础桩有两种基本类型（　　）
   A. 钢管桩　　　　　B. 预制桩　　　　　C. 灌注桩
2. 打桩机由两部分组成（　　）
   A. 桩锤　　　　　　B. 桩架　　　　　　C. 桩头
3. 预制桩施工机械类型主要有（　　）
   A. 柴油打桩机　　　B. 旋转钻机　　　　C. 液压打桩机　　　　D. 振动沉拔桩机
4. 履带式桩架主要有（　　）
   A. 悬挂式履带桩架　B. 三支点式履带桩架　C. 万能桩架
5. 灌注桩施工机械类型主要有（　　）
   A. 冲击钻机　　　　B. 全套管钻机　　　C. 旋转钻机　　　　　D. 螺旋钻孔机
6. 反循环钻机实现反循环有三种方法（　　）
   A. 泵吸反循环　　　B. 压气反循环　　　C. 泡沫反循环　　　　D. 射流反循环
7. 振动沉桩法的工作效率取决于（　　）
   A. 振幅　　　　　　B. 离心力　　　　　C. 静压力　　　　　　D. 频率
8. 钻孔灌注桩的施工，因其所选护壁形成的不同，有两种方法（　　）
   A. 泥浆护壁施工法　B. 全套管施工法　　C. 振动沉拔桩施工法
9. 护筒的内径应大于桩的设计直径。用冲击钻或冲抓钻时比钻头约大____cm，用旋转钻孔时比钻头约大____cm。（　　）
   A. 40；40　　　　　B. 20；40　　　　　C. 20；20　　　　　　D. 40；20
10. 护筒的高度在旱地施工时护筒顶应高出地面____m，在水中施工时宜高出施工水位____m。（　　）
    A. 0.3；0.3　　　　B. 0.3；1.0～2.0　　C. 1.0～2.0；1.0～2.0　D. 1.0～2.0；0.3
11. 混凝土输送泵按移动形式可分为（　　）
    A. 固定式混凝土泵　　　　　　　　　B. 拖式混凝土泵
    C. 车载式混凝土泵　　　　　　　　　D. 液压活塞式混凝土泵
12. 泵送系统最常见的一种分配阀形式是（　　）
    A. 蝶形阀　　　　　B. S形阀　　　　　　C. C形阀　　　　　　D. 闸板阀
13. 混凝土输送管应根据（　　）以及输送难易程度等进行选择。（　　）
    A. 粗骨料最大粒径　　　　　　　　　B. 混凝土泵型号
    C. 混凝土输送量　　　　　　　　　　D. 输送距离
14. 混凝土输送管径常用有三种规格（　　）
    A. $\phi 90mm$　　　B. $\phi 100mm$　　　C. $\phi 125mm$　　　D. $\phi 150mm$
15. 混凝土振捣器按传递振动的方式分（　　）三种。
    A. 内部振捣器　　　B. 外部振捣器　　　C. 表面振捣器　　　　D. 电动式振捣器
16. 公路架桥设备形式较多，概括起来可以分为（　　）
    A. 导梁式架桥设备　　　　　　　　　B. 缆索式架桥设备
    C. 专用架桥机　　　　　　　　　　　D. 盾构机

17. 钻孔机械就是灌注桩基础施工的主导机械，钻机的种类有：（　　）
    A. 旋转式钻机　　B. 冲击式钻机　　　　C. 冲抓式钻机　　　　D. 全套管钻机

二、判断题

1. 灌注桩的施工关键在于成孔，成孔的方法有挤土成孔和取土成孔。（　　）
2. 履带式桩架主要有悬挂式和三支点式两种类型的履带桩架。（　　）
3. 施转钻机分为正循环和反循环两类，常用正循环钻机。（　　）
4. 螺旋钻孔机主要有长螺旋钻孔机、短螺旋钻孔机等形式。（　　）
5. 柴油桩锤打斜桩效果较差。若打斜桩时，桩的斜度不宜大于45°。（　　）
6. 埋设护筒时护筒要求坚固耐用，不漏水，其内径应比钻孔直径大。（　　）
7. 混凝土输送泵车是汽车底盘、混凝土泵和布料装置组合的机械设备。（　　）
8. 蓄能器内可以充入氮气、氧气、氢气等气体。（　　）
9. 振动棒在混凝土内振捣时间，一般每插点振捣20～30s。（　　）
10. 振动棒在振捣时应将振动棒上下抽动5～10cm。（　　）
11. 全套管钻机成孔过程是将套管边晃边压，进入土壤之中，并使用锤式抓斗在套管中取土的施工机械。（　　）
12. 回转式钻孔机适用于砂土层和不超过25～40mm粒径的碎卵石层。特别是在砂土层钻孔，效果更佳。（　　）
13. 插入式振捣器振捣时，一般间距不应小于振动棒有效作用半径的1.5倍。（　　）
14. 钢丝绳的结构和编绕方法各不相同，有单绕绳、双绕绳、三绕绳等形式，起重机多采用双绕绳。（　　）

三、填空题

1. 现代建桥用的基础桩有两种基本类型：____和____。
2. 柴油打桩机由____和____两部分组成。
3. 依靠持续作用静压力，将桩____和____的桩工机械，称为静力压拔桩机。
4. 全套管钻机一般为装有液压驱动的____、____、____机构。
5. 全套管钻孔机可以钻直径在____、长度在____以内的桩孔。
6. 反循环钻机实现反循环有三种方法：____、____、____。
7. 螺旋钻孔机是灌注桩施工机械的主要机种，钻孔直径范围为____，一次钻孔深度可达____。
8. 柴油桩锤打斜桩效果较差。若打斜桩时，桩的斜度不宜大于____。
9. 混凝土灌注要连续进行，一般控制在____h内灌注完毕，如有间歇，中间间歇时间应控制在____min以内。
10. 混凝土缸径主要取决于输送量及泵送混凝土压力。输送量____、输送距离____或输送高度____时，可选用大直径混凝土缸。
11. 混凝土缸径与骨料有关，输送碎石混凝土时，缸径应不小于碎石最大粒径的____倍。
12. 根据钢丝绕成股与股绕成绳的相互方向不同，可分为____、____、____。

四、简答题

1. 简述泵吸反循环工作原理。
2. 简述压气反循环工作原理。
3. 简述钻孔灌注桩施工方法。
4. 全套管施工法的施工过程如何？
5. 混凝土泵送缸径的大小与哪些因素有关？

第六章

公路养护工程机械化施工组织

第一节 公路养护工程概述

> **知识目标**
> 1. 了解公路养护的意义；
> 2. 了解养护的主要工作任务；
> 3. 了解常见路面病害现象及成因。

> **能力目标**
> 1. 能够熟悉道路养护工程施工环节；
> 2. 能够按要求合理选择养护施工机械及设备；
> 3. 能够完成养护施工前机械设备的准备工作。

公路路面出现裂缝、车辙、坑槽、沉陷等现象，是什么原因造成的，如何处治？这是公路养护工程的主要内容。对道路进行机械化施工养护作业，需要了解病害成因，确定所需要的养护机械及施工工艺，实施正确的养护方法。

一、公路养护作业内容

1. 公路养护的意义

路面是在路基上用各种筑路材料铺筑的供车辆行驶的直接承受行车作用和自然因素作用的结构层，其作用是满足行车安全、快速、经济、舒适的要求。对路面养护和维修质量的总要求是：保持路面平整、坚实、路拱适度、行车顺适安全。

但无论是水泥路面还是沥青路面，由于设计、施工等工作上的缺陷，常出现一些质量问题，再加上水文、气候、行车等外因作用，就会产生各种病害。

公路养护是一项经常性、长期性的工作，养好管好一条路与建设一条路同样重要。公路养护应"预防为主，防治结合"，加强预防性养护，大力推广和应用先进的养护技术、机械装备和科学的管理方法，应重视资源节约和环境保护，应注重养护生产作业安全及减少对通行车辆的影响，保持公路及其沿线设施良好。

2. 公路养护作业内容

按照作业内容，养护工程分为路基的养护与维修、路面的养护与维修。当路面的技术状况指标低于规定值时，应采取相应措施恢复或提高道路性能。路面损坏分类、技术状况抽查方法和频率，应按现行的《公路技术状况评定标准》（JTG 5210—2018）执行，公路沥青路面养护质量根据《公路沥青路面施工技术规范》（JTG F40—2004）进行质量控制。

按照工程性质、技术复杂程度和规模大小，公路养护分为小修保养、中修工程、大修工程、改建工程四类。

（1）小修保养

对公路及其沿线设施经常进行维护保养和修补其轻微损坏部分的施工作业。

（2）中修工程

对公路及其沿线设施的一般性损坏部分进行定期的修理加固，以恢复公路原有的技术状况的工程。

（3）大修工程

对公路及其沿线设施的较大损坏进行周期性的综合修理，以全面恢复到原技术标准的工程。

（4）改建工程

对公路及其沿线设施因不适应现有交通量增长和荷载需要而进行全线或逐段提高技术等级指标，显著提高其通行能力的较大工程项目。

根据《公路养护技术规范》（JTG H10—2009），具体路基路面养护工作作业内容参见表 6-1。

表 6-1　公路养护工程作业内容表

工程项目	小修保养	中修工程	大修工程	改建工程
路基	保养： 1. 整理路肩、边坡，修剪路肩、分隔草木，清理杂物，保持路容整洁； 2. 疏通边沟，保持排水系统畅通； 3. 清除挡土墙、护坡滋生的有碍设施功能发挥的杂草，修理伸缩缝，疏通泄水孔，清除松动石块 小修： 1. 小段开挖边沟、截水沟或分期铺砌边沟； 2. 清除零星塌方，填补路基缺口，轻微沉陷翻浆的处理； 3. 桥头接线或桥头、涵顶跳车的处理； 4. 修理挡土墙、护坡、护坡道、泄水槽、护栏和防冰雪设施等局部损坏； 5. 局部加固路肩	1. 局部加宽、加高路基，或改善个别急弯、陡坡、视距； 2. 全面修理、接长或个别添建挡土墙、护坡、护坡道、泄水槽、护栏及铺砌边沟； 3. 清除较大塌方，大面积翻浆、沉陷处理； 4. 整段开挖边沟、截水沟或铺砌边沟； 5. 过水路面的处理； 6. 平交道口的改善； 7. 整段加固路肩	1. 在原路技术等级内整段改变线形； 2. 拆除、重建或增建较大挡土墙、护坡等防护工程； 3. 大塌方的清除及善后处理	整段加宽路基，改善公路线形，提高技术等级

续表

工程项目	小修保养	中修工程	大修工程	改建工程
路面	保养： 1. 清除路面泥土、杂物，保持路面整洁； 2. 排除路面积水、积雪、积冰、积沙，铺防滑料、灭尘剂或压实积雪维持交通； 3. 沙土路面刮平，修理车辙 4. 碎砾石路面匀砂、扫面砂，添加面砂，洒水润湿，刮平波浪，修补磨耗层； 5. 处理沥青路面的泛油、拥包、裂缝、松散等病害； 6. 水泥混凝土路面日常清缝、灌缝及堵塞裂缝； 7. 路缘石的修理和刷白 小修： 1. 局部处理沙砾石路的翻浆变形，添加稳定料； 2. 碎砾石路面修补坑槽、沉降，整段修理磨耗层或扫浆铺砂； 3. 桥头、涵顶跳车的处理； 4. 沥青路面修补坑槽、沉陷，处理波浪、局部龟裂、啃边等病害； 5. 水泥混凝土路面板块的局部修理	1. 砂土路面处理翻浆，调整横坡； 2. 碎砾石路面局部路段加厚、加宽，调整路拱加铺磨耗层，处理严重病害； 3. 沥青路面整段封层罩面； 4. 沥青路面严重病害的处理； 5. 水泥混凝土路面严重病害的处理； 6. 水泥混凝土路面接缝材料的整段更换； 7. 整段安装、更换路缘石； 8. 桥头搭板或过渡路面的整修	1. 整段用稳定材料改善土路； 2. 整段加宽、加厚或翻修重铺碎砾石路面； 3. 翻修或补强铺铺装、简易铺装路面； 4. 补强、重铺或加宽铺装、简易铺装路面	1. 整线整段提高公路技术等级，铺筑铺装、简易铺装路面； 2. 新铺碎砾石路面； 3. 水泥混凝土路面病害处理后，补强或改造为沥青混凝土路面

3. 公路养护机械设备配备

机械化施工组织既是道路施工建设的发展方向，也是道路养护的发展方向。高速公路和一级公路路面病害的维修应运用机械化施工作业，其他等级的公路也都在逐步提高维修作业的机械化水平。养护机械设备的配备可参考《公路养护技术规范》（JTG H10—2009），根据具体情况酌情增减。公路路面养护100km配备参考表见表6-2。

表6-2 公路路面养护100km配备参考表

机械名称	规格参数（参考值）	沥青路拥有量		水泥路拥有量		水泥路拥有量	备注
		高速公路	其他公路	高速公路	其他公路		
路面破碎机		2～3	2～3	2～3	2～3	—	液压或气压破碎装置
路面切割机		2～3	2～3	2～3	2～3	—	规范化修补切割
吹风机		2～3	2～3	2～3	2～3	—	坑洞及伸缩缝清理
路面铣刨机	宽度0.5～2m	1	0.5	—	—	—	按需配置
沥青洒布机	500～2000L	—	1～2	—	—	—	
沥青洒布车	≥2000L	1	1	—	—	—	
稀浆封层车	厚度3～12mm	0.5	0.5	—	—	—	用于路面预防性养护，按需配置
沥青路面综合养护车	汽车底盘	1～2	—	—	—	—	具有路面破碎、沥青洒布、拌和、压实等功能
沥青路面加热机	加热面积0.5～2m²	2～3	1～2	—	—	—	路面热铣或铲油包，按需配置
沥青路面热再生修补车	加热面积0.5～4m²	1	—	—	—	—	按需配置

续表

机械名称	规格参数（参考值）	沥青路拥有量 高速公路	沥青路拥有量 其他公路	水泥路拥有量 高速公路	水泥路拥有量 其他公路	水泥路拥有量	备注
沥青路面就地热再生机组		0.1	—	—	—	1	按需配置
沥青路面就地冷再生机		0.1	—	—	—	—	
沥青混凝土摊铺机	摊铺宽度 4.5～9m	1～2	1	—	—	—	
水泥混凝土摊铺机		—	—	1	—	—	按需配置
水泥混凝土摊铺整平机		—	—	0.5	1	—	按需配置
真空吸水机	真空度≥97%	—	—	2	2	—	
振捣器	1.1kW	—	—	4	4	—	
抹平机	叶片直径 800mm	—	—	2	2	—	
切缝机	刀宽 205～6mm	—	—	2	2	—	
路面凿毛机		—	—	2	2	—	
砂浆灌注机		—	—	1	1	—	包括钻孔机械、压浆泵等
水泥路面破碎机		—	—	1～3	1	—	水泥路面破碎，按需配置
多锤头破碎机或共振破碎机		—	—	0.1	0.1	—	水泥路面破碎压实，按需配置
冲击式压实机		—	—	0.1	0.1	—	水泥路面破碎压实，按需配置
清缝机		1	1	1	1	—	裂缝清理
灌缝机		1	1	1	1	—	裂缝填充与修补
路缘石成型机	250mm×250mm	0.5	0.5	0.5	0.5	—	按需配置
石屑撒布机（车）	宽度 1～3m	0.5	0.5	0.5	—	0.5	按需配置
回砂机	宽度 1.8～3m	—	—	—	—	1～0	
撒砂机	宽度 1.5～2m	—	—	—	—	0.5	
扫浆机	宽度 1.5～2m	—	—	—	—	1～2	

二、公路病害类型及处治方法

无论是水泥路面还是沥青路面，由于设计、施工方案、道路材料、气候、排水、交通、管理水平等方面的原因，道路在通车使用一段时间之后，都会陆续出现各种损坏、变形及其他缺陷，这些现象统称为路面病害。常见的路面病害有：裂缝、车辙、坑槽、沉陷、错台、桥头涵顶跳车、路面表面功能下降等。这些病害常常多种并存，如裂缝、车辙、坑槽、塌陷并存，出现病害后要及时处治，防止病害扩展。

随着公路事业的发展，沥青路面的通车里程数越来越大，其路面的养护和维修比其他路面要复杂，病害类型也较多，下面分析路面常见病害类型及处治办法。

1. 路面裂缝

（1）路面裂缝的类型

路面产生的裂缝按照尺寸不同可分为：微裂缝、小裂缝、中裂缝和大裂缝。

微裂缝：裂缝缝宽小于 5mm，裂缝边缘无碎裂或仅有轻微碎裂，没有或有少量支缝，对车辆行驶的平稳性影响不太大。

小裂缝：裂缝宽为 5～15mm，裂缝边缘有轻微碎裂，并有少量支缝，裂缝两侧有微量错台，会引起车辆轻微跳动。

中裂缝：裂缝缝宽为 15～25mm，裂缝边缘有中等碎裂，并有少量支缝，裂缝两侧有少量错台，会引起车辆明显跳动。

大裂缝：裂缝缝宽大于 25mm，裂缝边缘有严重碎裂，并有较多支缝，裂缝两侧有较大错台，会引起车辆剧烈跳动。

路面产生的裂缝形式可分为横向裂缝、纵向裂缝、网裂等。

横向裂缝：如图 6-1 所示，横向裂缝分荷载型裂缝和非荷载型裂缝两种。

荷载型裂缝：由于路面结构设计不当或施工质量低劣或者由于车辆严重超载，使沥青面层或半刚性基层内产生拉应力超过其疲劳强度而断裂。

非荷载型裂缝：由于路面横向施工缝未处理好，接缝不紧密、结合不良而造成；或者由于温度下降路面收缩引起横向开裂。

纵向裂缝：如图 6-2 所示，其一是沥青面层分幅摊铺时两幅接茬处未处理好，车辆荷载与环境因素作用下逐渐开裂；其二是路基压实度不均匀（含半填半挖路段）或由于路基边缘受水浸泡产生不均匀沉陷而引起。

图 6-1 横向裂缝

图 6-2 纵向裂缝

网裂：如图 6-3 所示，其一是路面结构中夹有泥灰层，粒料层松动，水稳定性差，在荷载作用和雨水浸入下发生唧浆，产生龟裂；其二是沥青与沥青混合料质量差，即沥青混合料的黏结性差，或沥青延度低，从而抗裂性差，加之水分的渗入，造成路面龟裂，进而引起路面破坏。

（2）路面裂缝的危害

沥青路面出现裂缝后，路面水下渗浸泡

图 6-3 网裂

路面结构层，使路面承载力降低。一方面水使沥青黏附性减少，导致沥青混合料强度减少，并使沥青从集料表面剥落；另一方面在雨季，路面裂缝中的自由水，在行车荷载的作用下，会产生相当大的动水压力，压力水不断冲刷基层材料中的细料，细料浆被逐渐压挤出裂缝，形成沥青面层裂缝处的唧浆，细料浆一旦被唧出，沥青面层就会沿着裂缝产生下陷现象，同时在裂缝的两侧引起新的裂缝，导致路面裂缝两侧破碎并逐渐引发路面大面积损坏。

（3）裂缝的处治办法

由于温度、湿度引起的小的裂缝，在高温季节能自行愈合的，不做处理；

裂缝较大不能自行愈合时，采用注缝机将热沥青注入，多余沥青可在热状态下用胶皮刮平，并随即沿缝口撒一层薄砂并扫匀；或开槽清缝，压力灌注密封胶进行灌缝；

沥青路面大裂缝，可采用沥青热再生修补工艺进行修补。

由于基础的水稳定不良、强度不足所引起的龟裂，先将基层治理好，再修复面层。

2. 路面车辙

车辙是路面上行车轮迹产生的纵向带状凹槽，按深度在 1.5cm 以上，实有长度乘以变形部分的平均值计算。车辙在行车荷载重复作用下，有扩展和累积的趋势。

（1）路面车辙的类型

根据车辙形成的原因可分为：结构性车辙、流动性车辙、磨损性车辙和压实不足引起的车辙。

结构性车辙：由于荷载作用超过路面各层的强度，发生在沥青面层以下包括路基在内的各结构层的永久变形。这种车辙宽度较大，两侧没有隆起现象，横断面成凹字形。

流动性车辙：在高温条件下，车轮碾压反复作用，荷载应力超过沥青混合料的稳定度极限，使流动变形不断累积形成车辙。这种车辙一方面车轮作用部位下凹，另一方面车轮作用甚少的车道两侧反而向上隆起，在弯道处还明显往外推挤，车道线或者停车线因此可能成为变形的曲线。

磨损性车辙：由于车辆不断磨损地面，特别是大量重型超载车辆渠道化的行驶在主车道上，磨损路面也会形成车辙。

压实不足引起的车辙：这是属于非正常情况车辙，是施工控制不严造成的。由于沥青面层本身压实不足，致使通车后的第一个高温季节混合料继续压密，在交通车辆反复碾压作用下，空隙率不断减小，达到极限，空隙率才趋于稳定。它不仅产生压实变形，而且平整度迅速下降，形成明显的车辙。这种施工不良造成的非正常性车辙在我国是非常普遍的。

（2）路面车辙的处治办法

微表处：使用微表处设备的专用摊铺箱，在原有路面摊铺一层沥青混合料，在路面上形成沥青稀浆封层。微表处修复防水性能优异，路面美观度高、抗滑性能出色。

热再生修补：热再生修补可以很好地解决车辙修补中旧料的就地再生重复利用的问题，大大降低施工修补成本，同时可以避免旧料存放中的环境污染和大面积占地的问题。比较适用于车辙数量总面积不大的情况。

铣刨摊铺：如果车辙整体数量已经很多，同时车辙的成因为压实不足并且道路通车时间已经较长，在原有路面已经老化的情况下，宜采用铣刨摊铺的方法进行车辙修复，这样利用压路机对摊铺后的路面进行压实，能更好地保证道路的通车效果。

3. 路面坑槽

路面坑槽是在行车作用下，路面骨料局部脱落而产生的坑洼，是路面常见的病害。坑槽深度一般大于 2cm，面积在 $0.04m^2$ 以上，如小面积坑槽较多，又相距很近（20cm 以内），应合在一起计算。沥青路面坑槽都有一个形成过程，起初局部龟裂松散，在行车荷载和雨水等自然因素作用下逐步形成坑槽。

沥青路面坑槽类型分为：压实不足坑槽、厚度不足坑槽、水损害坑槽。

笔记

(1) 产生坑槽的原因

产生坑槽的原因很多，除了因履带、铁轮等通过将路面轧伤，不及时处治发展成坑槽外，大多是由脱皮、松散、麻面、龟裂、沉陷、翻浆等病害引起，原因如下：

属于面层部分：施工时混合料温度太高，使沥青老化、黏结性降低、脆性增加，导致压实不够，黏结不牢，在行车荷载的作用下，形成坑槽；施工时混合料温度太低，摊铺不均匀，压实不充分，导致压实度不够形成坑槽；油石比掌握不好，石料级配不佳，沥青不符合技术要求；下面层局部标高控制不严，导致沥青上面层个别地方厚度不够，在行车作用下，部分混合料易被带走，形成坑槽；初期养护不好等导致形成坑槽。

属于基层部分：级配比不准确，施工操作不当，拌和不匀，压实不够；路面排水不良或面层漏水、渗水致使基层含水量增加而软化。

属于路基部分：主要由于设计路线通过低湿地区，地下水位高；施工路基压实不足产生沉陷，水稳定性差，路基排水系统不良或上层路面漏水、渗水使路基含水量增多造成路基翻浆。

路面产生坑槽的原因不是孤立的，而是相互联系互成因果。

(2) 坑槽的处治办法

属于面层的仅处治面层，属于基层的则基层和面层都要处治。

面层修理：面层修理是指路面的底层尚好，仅修理跨油层坑槽的作业。作业时应尽量采用机械化维修，例如用风镐风铲修坑槽的边缘和剥离油层，用压缩空气吹出坑槽中的矿粉和杂质，用洒布机洒布油层；摊铺机摊铺沥青混合料并用夯实板或压路机等压实。如果坑槽面积过大，采用冷铣刨加热摊铺的形式则更为适合，对于大面积的病害可以做到快速修复，效率会更高。

基层修理：基层修理是指路面底层甚至路基被破坏时的作业。因此它应该是先修路基和底层再修面层。但施工应先从面层开始，即划线、开槽、清除旧油层，然后再开挖已破坏的基层，最后清底挖出旧灰尘，开挖清理工作即完成。待基层修复及养生后，按面层的修理程序进行面层修补。

4. 路面沉陷

由于路基产生竖向变形导致路面下沉，有均匀沉陷、不均匀沉陷、局部沉陷。

(1) 产生沉陷的原因

均匀沉陷：路基路面在自然因素和行车作用下，达到进一步的密实、稳定的表现，一般不会引起路面的破坏。

不均匀沉陷：多数由于路基或路面局部不密实或碾压不均匀，受到水的浸透作用所引起。

局部沉陷：路基下有空穴、井洞、树坑、沟槽等，因回填不密实，受到水的浸透而引起。

(2) 沉陷的处治办法

缺陷应根据具体情况来处理。

不均匀沉陷：在路基好、路面的密实度不够的情况下，因沉陷产生的裂缝，参照裂缝处治的方法处治。

局部沉陷而导致路面不平：面积较小的用热拌法配制的沥青混合料补平、压实；面积较大浅表性沉陷，可采用冷铣刨热摊铺方法处治，首先利用冷铣刨方式将原有的沉陷路面表层进行处理，然后摊铺新的热沥青混合料，整平后进行压实。这种维修方法施工速度快，通车时间短，修复后的外观效果好。

三、层铺法沥青路面养护施工

沥青表面处治与沥青贯入式路面施工可用于新建低等级路面工程或高等级公路路面的养护工程中，所用的机械与设备主要是沥青洒布机、平地机或碎石（石屑）铺撒机，以及沥青罐车和压路机等。

1. 沥青表面处治路面

层铺法施工 01

沥青表面处治路面是用沥青和细粒料按层铺或拌和方法施工的厚度不超过 3cm 的薄层路面面层，由于处治层很薄，一般不起提高强度作用。

沥青表面处治通常采用层铺法施工。按照洒布沥青及铺洒矿料的层次多少，沥青表面处治可分为单层式、双层式和三层式三种。单层式为洒布一次沥青，铺撒一次矿料，厚度为 1.0～1.5cm，一般用作交通量 300～500 辆/昼夜的道路面层和原沥青路面的防滑层。双层式为洒布二次沥青，铺撒二次矿料，厚度为 2.0～2.5cm，一般用作交通量 500～1000 辆/昼夜的道路面层和损坏较轻的沥青面层加固（或改善和恢复已老化的沥青面层），三层式为洒布三次沥青，铺撒三次矿料，厚度为 2.5～3.0cm。一般用作交通量 1000～2000 辆/昼夜的道路面层。

（1）施工工序及要求

层铺法沥青表面处治施工，有先油后料和先料后油两种方法，其中以前者使用较多，现以三层式为例说明其工艺程序。

三层式沥青表面处治路面施工程序为：

备料—清扫基层、放样和安装路缘石—浇洒透层沥青—洒布第一层沥青—撒铺第一层矿料—碾压—洒布第二层沥青—铺撒第二层矿料—碾压—洒布第三层沥青—铺撒第三层矿料—碾压—初期养护。

单层式和双层式沥青表面处治的施工程序与三层式相同，仅需相应地减少两次或一次洒布沥青、铺撒矿料与碾压工序。

① 清扫基层。在表面处治层施工前，应将路面基层清扫干净，使基层矿料大部分外露，并保持干燥。对有坑槽、不平整的路段应先修补和整平，若基层整体强度不足，则应先予以补强。

② 浇洒透层沥青。透层是为使沥青面层与非沥青材料基层结合良好，在基层上浇洒乳化沥青、煤沥青或液体沥青而形成透入基层表面的薄层。沥青路面的级配砂砾、级配碎石基层及水泥、石灰、粉煤灰等无机结合料稳定土或粒料的半刚性基层上必须浇洒透层沥青。

透层应紧接在基层施工结束表面稍干后浇洒。当基层完工后时间较长，表面过分干燥时，应在基层表面少量洒水，并待表面稍干后浇洒透层沥青。

透层沥青应采用沥青洒布车喷洒。

在无机结合料稳定土半刚性基层上浇洒透层沥青后，应立即撒布 2～3m³/km² 的石屑或粗砂。在无结合料粒料基层上浇洒透层沥青后，当不能及时铺筑面层，并需开放施工车辆通行时,也应撒铺适量的石屑或粗砂,此种情况下,透层沥青用量宜增加10%。撒布石屑或粗砂后,应用6～8t钢轮式压路机稳压一遍。

透层洒布后应尽早铺筑沥青面层。

③洒布第一层沥青。在透层沥青充分渗透后,或在已做透层并已开放交通的基层清扫后,即可洒布第一次沥青,沥青的洒布温度根据施工气温及沥青标号选择。

沥青洒布的长度应与矿料铺撒相配合,应避免沥青洒布后等待较长时间才铺撒矿料。

如需分两幅洒布时,应保证接茬搭接良好,纵向搭接宽度宜为10～15cm。洒布第二次、第三次沥青,搭接缝应错开。

④铺撒第一层矿料。洒布第一次沥青后(不必等全段洒完),应立即铺撒第一次矿料。其数量按规定一次撒足。局部缺料或过多处,用人工适当找补,或将多余矿料扫出。两幅搭接处,第一幅洒布沥青后应暂留10～15cm宽度不撒矿料,待第二幅洒布沥青后一起铺撒矿料。

无论机械或人工铺撒矿料,撒料后应及时扫匀,普遍覆盖一层,厚度一致,不应露出沥青。

⑤碾压。铺撒一段矿料后(不必等全段铺完),应立即用6～8t钢轮双轮压路机或轮胎压路机碾压。

碾压时应从路边逐渐移至路中心,然后再从另边开始压向路中心。每次轮迹重叠宽度宜为30cm,碾压3～4遍。压路机行驶速度开始不宜超过2km/h,以后可适当增加。

⑥第二层、第三层施工。第二层、第三层的施工方法和要求与第一层相同,但可采用8～10t压路机压实。

⑦初期养护。除乳化沥青表面处治应待破乳后水分蒸发并基本成形后方可通车外,其他处治碾压结束后即可开放交通。通车初期应设专人指挥交通或设置障碍物控制行车,使路面全部宽度获得均匀压实。成型前应限制行车速度不超过20km/h。

在通车初期,如有泛油现象,应在泛油地点补撒与最后层矿料规格相同的养护料并仔细扫匀。过多的浮动矿料应扫出路面外,以免搓动其他已经黏到位的矿料。

(2)施工要求

沥青表面处治施工时,应符合以下要求:沥青表面处治宜选择在一年中干燥和较炎热的季节施工,并宜在日最高温度低于15℃到来以前半个月结束;各工序必须紧密衔接,不得脱节,每个作业段长度应根据压路机数量、洒油设备等来确定,当天施工的路段应当天完成,以免产生因沥青冷却而不能裹覆矿料和尘土污染矿料等不良后果;除阳离子乳化沥青外不得在潮湿的矿料或基层上洒油。当施工中遇雨时,应待矿料晾干后才能继续施工。

2. 沥青贯入式路面

沥青贯入式路面是在初步碾压的矿料(碎石或破碎砾石)上,分层洒布沥青,撒布嵌缝料,或再在上部铺筑热拌沥青混合料层经压实而成的沥青路面,其厚度一般为4～8cm(乳化沥青贯入式路面厚度应<5cm)。适用于二级及以下道路的面层,也可作为沥青混凝土路面的连接层。

沥青贯入式路面具有较高的强度和稳定性,其强度的构成,主要依靠矿料的嵌挤作用和沥青材料的黏结力。由于沥青贯入式路面是一种多孔隙结构,为了防止路表水的浸入和增强路段的水稳定性,其面层的最上层必须加铺拌和层或封层(沥青贯入式作为基层或连接层时,可不作此封层),同时,做好路肩排水,使雨水能及时排除出路面结构。

(1)施工程序及要求

沥青贯入式面层的施工程序为:

备料—放样和安装路缘石—清扫基层—浇洒透层或黏层沥青—铺撒主层集料—第一次碾压—洒布第一次沥青—铺撒第一次嵌缝料—第二次碾压—洒布第二次沥青—铺撒第二次嵌缝料—第三次碾压—洒布第三次沥青—铺撒封面集料—最后碾压—初期养护—封层。

其中,备料、放样和安装路缘石、清扫基层、初期养护等工序与沥青表面处治路面相同,这里仅就其余工序分述如下。

① 浇洒透层或黏层沥青。浇洒透层沥青前面已经介绍,这里介绍黏层沥青。黏层是使新铺沥青面层与下层表面黏结良好而浇洒的一种沥青薄层,黏层沥青宜用沥青洒布车喷洒,喷洒黏层沥青应注意:

层铺法施工 02

要均匀洒布;路面有杂物、尘土时应清除干净,当有土块时,应用水刷净,待表面干燥后浇洒;当气温低于10℃或路面潮湿时,不得浇洒黏层沥青;浇洒黏层沥青后,严禁除沥青混合料运输车外的其他车辆、行人通行。

② 铺撒主层集料。摊铺集料应避免大、小颗粒集中,并应检查其松铺厚度,应严禁车辆在铺好的矿料层上通行。

③ 第一次碾压。主层矿料摊铺后应先用6~8t的钢轮压路机进行初压,速度宜为2km/h,碾压应自路边线逐渐移向路中心,每次轮迹重叠值为30cm,接着应从另一侧以同样方法压至路中心。碾压一遍后应检验路拱和纵向坡高,当有不符合要求时应找平再压,应使石料基本稳定,无显著推移为止。然后应用10~12t压路机(厚度大的贯入式路面可用12~15t压路机)进行碾压,每次轮迹应重叠1/2以上,碾压4~6遍,直至主层矿料嵌挤紧密,无显著轮迹为止。

④ 洒布第一次沥青。主层矿料碾压完毕后,即应洒布第一次沥青。其作业要求与沥青表面处治相同。

⑤ 铺撒第一次嵌缝料。主层沥青洒布后,应立即趁热铺撒第一次嵌缝料,铺撒应均匀,铺撒后应立即扫匀,个别不足处应找补。当使用乳化沥青时,石料撒布必须在乳液破乳前完成。

⑥ 第二次碾压。嵌缝料扫匀后应立即用8~12t钢轮压路机进行碾压,轮迹重叠1/2左右,随压随扫,使嵌缝料均匀嵌入,宜碾压4~6遍,如因气温高,在碾压过程中发生蠕动现象时,应立即停止碾压,待气温稍低时再继续碾压。

碾压密实后,可洒布第二次沥青,铺撒第二次嵌缝料,第三次碾压,洒布第三次沥青,铺撒封层料,最后碾压,施工要求同上。最后碾压采用6~8t钢轮压路机,碾压2~4遍即可开放交通。

如果沥青贯入式路面表面不撒布封层料,加铺沥青混合料拌和层时,应紧跟贯入层施工,使上下成为一整体。贯入部分采用乳化沥青时,应待其破乳、水分蒸发且成形稳定后方可铺筑拌和层。当拌和层与贯入部分不能连续施工,又要在短期内通行施工车辆时,贯入层与贯入部分的第二遍嵌缝料应增加用量2~3m³/km²。在摊铺拌和层沥青混合料前,应清除贯入层表面的杂物、尘土以及浮动石料,再补充碾压一遍,并应浇洒黏层沥青。

（2）施工要求

沥青贯入式路面施工要求与沥青表面处治基本相同。适度的碾压在贯入式路面施工中极为重要。碾压不足会影响矿料嵌挤稳定，且易使沥青流失形成层次，上、下部沥青分布不均。但过度的碾压，则矿料易于压碎，破坏嵌挤效果，造成空隙减少，沥青难以下渗，形成泛油。因此，应根据矿料的等级、沥青材料的标号、施工气温等因素来确定各次碾压所使用的压路机质量和碾压遍数。

（3）封层施工

封层是指在路面上或基层上铺筑的一层沥青表面处治薄层，其作用是封闭表面空隙、防止水分浸入面层（或基层）、延缓面层老化、改善路面外观等。封层分为上封层和下封层两种。沥青贯入式作面层时，应铺上封层（在沥青面层以上修筑的一个薄层）；沥青贯入式作沥青混凝土路面的联结层或基层时，应铺下封层（在基层上修筑的一个薄层）。

上封层适用于空隙较大的沥青面层上，有裂缝或已进行填缝及修补后的旧沥青路面上。下封层适用于多雨地区采用空隙较大的沥青面层的基层上，即在铺筑基层后，推迟修筑沥青面层，且须维持一段时间（2～3个月）时。

① 层铺法沥青表面处治铺筑上封层的集料质量应与沥青表面处治的要求相同，下封层矿料质量可酌情降低；

② 拌和法沥青表面处治铺筑上封层及下封层，应按热拌沥青混合料的方法及要求行；

③ 采用乳化沥青稀浆封层作为上封层（不宜作新建的高速、一级公路的上封层）及下封层时，稀浆封层的厚度为3～6mm。稀浆封层混合料的类型及矿料级配，可根据处治目的、道路等级选择，铺筑厚底、集料尺寸及摊铺用量按规范选用。

稀浆封层施工时应注意以下事项：

① 应在干燥情况下进行施工，且施工时气温不应低于10℃；

② 应用稀浆封层铺筑机施工时，铺筑机应具有储料、送料、拌和摊铺和计量控制等功能。摊铺时应控制好集料、填料、水、乳液的配合比例。当铺筑过程中发现有一种材料用完时，必须立即停止铺筑，重新装料后再继续进行。搅拌形成的稀混合料应符合质量要求，并有良好的施工和易性；

③ 稀浆封层铺筑机工作时应匀速前进，达到厚度均匀、表面平整的要求；

④ 稀浆封层铺筑后，必须待乳液破乳、水分蒸发、干燥成形后方可开放交通。

四、路面预防性养护方法

养护工作还可以根据评估和检测的结果进行预防性养护，预防性养护是指在公路病害发生之前对其进行养护，以延缓和防止公路条件恶化所采用的养护方式，采用包括微粒封层、稀浆封层、石屑封层和薄雾封层等技术。预防性养护可延长公路使用寿命，减少交通干扰，全面体现高速公路的畅通、安全、美观、舒适之性能，用较少的资金发挥较大效用。

路面预防性养护：根据研究表明：一条质量合格的道路，在使用寿命75%的时间内性能下降40%，这一阶段称之为预防性养护阶段；如不能及时养护，在随后12%的使用寿命时间内，性能再次下降40%，从而造成养护成本大幅度的增加，这一阶段称之为矫正性养护阶段。预防性养护是一种周期性的强制保养措施，它并不考虑路面是否已经有了某种损坏，而是通过采用先进的检测技术拓宽人们对于道路早期病害的认识空间，提前发现道路隐藏的隐形病害的存在，并施以正确的预防性养护措施，其核心是要求采用最佳成本效益的养护措施，强调养护管理的计划性，预防性养护方法主要有：

① 白改黑：把水泥混凝土路面（灰白色）改建为沥青混凝土路面（黑色）。白改黑后的道路路面与车辆轮胎之间附着力增强，车辆行驶起来更加安全、更加平稳；车辆行驶产生的噪声将大幅度下降；黑色沥青路面吸尘性能较好，能有效吸收车辆行驶过程中的扬尘。

② 罩面：是指旧路面强度指标符合要求的情况下，在旧路面面层上加铺的沥青混合料薄处理层（限厚为 5.0cm），以提高路面的防水、抗滑能力和平整度。罩面也指在混凝土表面做细砂浆保护层。

③ 彩色防滑路面：在不破坏现有的道路（沥青、水泥）表层的情况下，利用环氧型彩色防护路面，形成 0.5～1cm 的耐磨、彩色防滑层，这样既可以提高路面的通车性能，又可以利用彩色路面对驾驶员进行提示，形成抗滑、美观、实用的道路通车效果，无论在高速、各等级公路还是市政道路上都可以使用。

④ 稀浆封层：采用机械设备将乳化沥青、粗细集料、填料、水和添加剂等按照设计配比拌和成稀浆混合料摊铺到原路面上形成的薄层。按照矿料级配的不同，稀浆封层可以分为细封层、中封层和粗封层，按照开放交通的快慢，稀浆封层可以分为快开放交通型稀浆封层和慢开放交通型稀浆封层；按照是否掺加聚合物改性剂，稀浆封层可以分为稀浆封层和改性稀浆封层。

⑤ 微表处：是稀浆封层中的一种，用改性沥青配以一定比例的轧碎石料、矿物填料、水和必要的添加剂，按比例拌和后摊铺在路面上形成一定厚度的表面薄层，使用专门的施工设备边拌和边摊铺，经过微表处的路面，会变得防水、耐磨、平整且不易老化。

⑥ 雾封层：是高速公路一种早期预防性有效的养护方法，经雾封层后，由于所用材料流动性比较大，可渗入到骨料和裂缝中，从而恢复路表沥青黏附力，填补微小裂缝和空隙，防止路表水下渗。将路面性能维持 2～3 年时间，推迟造价更高的养护工程，能有效地提高道路的经济效益。

笔记

● 第二节　铣刨机结构与施工组织

📖 知识目标

1. 熟悉铣刨机结构与工作原理；
2. 熟悉铣刨机操作及维护知识。

📖 能力目标

1. 具备操作铣刨机进行路面铣刨的能力；
2. 初步具备路面铣刨施工组织能力。

用路面铣刨机铣削损坏的旧铺层，再铺设新面层是一种最经济的现代化养护方法，由于它工作效率高、施工工艺简单、铣削深度易于控制、操作方便灵活、机动性能好、铣削的旧料能直接回收利用等，因而广泛用于市政道路和高速公路养护工程中。

一、铣刨机结构认知

路面铣刨机是沥青路面养护施工机械的主要机种之一，主要用于公路、城市道路等沥青砼面层清除拥包、油浪、网纹、车辙等。

铣刨机主要组成：发动机、车架、铣削转子、铣削深度调节装置、液压元件、集料输送装置、转向系及制动系等。

铣削转子是铣刨机的主要工作部件，它由铣削转子轴、刀座和刀头等组成，如图6-4所示，铣削转子直接与路面接触，通过其高速旋转的铣刀进行工作而达到铣削路面的目的，铣刨机上设有自动调平装置，以铣削转子侧盖作为铣削基准面，控制两个定位液压缸，使所给定的铣削深度保持恒定。

铣刨机施工

其液压系统用来驱动铣削转子旋转、整机行走、辅助装置工作等，一般为多泵相互独立的闭式液压系统，工作时互不干扰且可靠性高。

有的铣刨机根据需要安装倾斜调整器，用来控制转子的倾斜度；大型铣刨机都有由传送带和集料器组成的集料输送装置，如图6-5所示，它可将铣削出的散料集中并传送到与随铣刨机行走的运载汽车上，输送臂的高度可以调节并可左右摆动，以调整卸料位置。

铣刨机动力传动的路线：发动机→液压泵→液压马达→液压缸→工作装置。

图6-4　铣削转子

图6-5　集料输送装置

二、路面铣刨施工组织

1. 路面铣刨工艺流程：

铣刨前路面施工准备→切割机切边→铣刨机铣刨→废料运输→刨边角清扫余渣→洒布乳化沥青→摊铺沥青混合料→压实混合料→开放交通。

2. 路面铣刨施工组织：

① 刨前路面施工准备：测量需要修补的路面面积、确定铣刨的面积和铣刨深度，清

理路面并画线。

② 切割机切边：确定修补面积后，用切割机将边线切出来，这主要是为了保证坑槽槽壁铅直、槽边整洁。

③ 铣刨机铣刨：依据工程技术人员供给的铣刨面积和铣刨深度沿着机械行驶方向逐刀进行铣刨。一般铣刨的深度（即路面面层最小结构厚度）为3～4cm，但如果坑槽中有松散物或藏水，则应加大铣刨深度，直至彻底露出坚实底层截止。对于未铣刨但需加铺的路面，铣刨机要在往返行驶过程中将其拉毛，拉毛痕迹深度为3～5mm。

④ 废料运输：铣刨机铣刨水泥混凝土路面时，面层切削料经过传送输送带送到运输车辆，运到固定地点存放。

图6-6 整理铣刨边角

⑤ 刨边角清扫余渣：用综合养护车（液压镐或人工）将铣刨机转刀的斜边与切割机切缝间的少部分遗留路面切割掉，如图6-6所示，然后人工将坑槽内遗留杂物清扫洁净。

⑥ 喷洒乳化沥青：用沥青洒布车将乳化沥青喷洒于槽内及槽边接口，经2～3小时后，乳化沥青破乳，即可进行摊铺作业。

⑦ 摊铺沥青混合料：用沥青摊铺机摊铺沥青混合料。

⑧ 压实混合料：用压实机械压实新铺沥青混合料。

⑨ 开放交通：沥青混合料压实成形后即可开放交通。

三、铣刨机安全操作规程

1. 操作前检查工作

① 检查铣刨机油箱油位、冷却液的液位、液压油油位，检查是否有渗漏情况；检查冷却器的清洁和渗漏情况。

② 检查铣刨机切削刀头和刀座的磨损及联结情况。

③ 检查集料皮带张紧状况以及皮带是否跑偏。

④ 检查驱动装置的链条张力，使之与特定的应用情况和路面状况相适应。

⑤ 检查卸料皮带的钢绳以及构环的固定、缚牢，如发现破碎应及时更换，否则会给人身安全和机器本身带来危害。

2. 操作注意事项

① 发动机起动前，铣刨鼓操作手柄应置于空挡位置，液压缸操作手柄及输送带开关应置于空挡位置。

② 铣刨鼓安全罩应装置良好、完整有效；铣刨作业前，挂铣刨挡时，应在发动机怠速时快速推上，用慢速挡缓慢行走或停车时缓慢下降至铣刨深度，铣刨过程中也只能用低速挡低速前进，发动机最大油门时方可进行铣刨作业。

③ 需铣刨的沥青路面必须保证其中没有金属或水泥；操作中，随时注意观察各指示灯及仪表工作是否正常。

④ 行驶作业中严禁换挡，换挡时必须停车，并且快慢挡操纵手柄不能置于中间位置；铣刨机作业时操作人员严禁擅离岗位，否则必须提起铣鼓；如遇紧急情况需停车时方可用紧急停车按钮，正常熄火应使用点火开关。

⑤ 自行行走不得超过 6km/h，远距离运输应用相适应的大型车辆，运输时一定要将之固定好，保证设备的安全。

3. 维护保养工作

① 首先机器必须由专业人员操作，并认真阅读操作手册。

② 机器的最主要工作部分由铣刀、轴承、垫片、铣鼓组成，操作过程中由于长时间与路面摩擦，消耗最快的也是这一部分，定期更换、检查才能更好地延长机器的使用寿命。

③ 铣刀轴应该每日检查，如果上面磨出的槽超过刀轴直径的 25%，则要更换。一般来说，刀轴的寿命是钨钢铣刀寿命的一半。从面积来说，其寿命为，铣刨深度 5mm 时约 $350 \sim 500m^2$。但是请千万注意，有很多因素会影响到刀轴的寿命，因此要每日检查。

④ 为了安全起见，在进行保养前，应先把发动机火花塞拔下，最好由合格的机修工进行。

⑤ 每次运转前要检查机油油位，使用后要清洁空气过滤器。

⑥ 每使用 4 小时后，要对轴承加润滑脂，打润滑脂时，一边打一边转动铣鼓，使油脂涂在整个轴承内。

⑦ 每次操作前要检查机器：所有紧固件是否拧紧，是否有零件明显磨损或开裂，供油油路是否完好，检查轴承、检查各个防护罩是否盖住等。

⑧ 每次操作前，要检查皮带松紧度。新皮带在运转 4 小时后应该重新调整松紧度，必须保持适当的皮带松紧度，才能把发动机的输出马力传送到铣刀鼓上，太紧的皮带会容易磨损，同时还会缩短轴承的寿命，如有断痕、严重磨损的皮带应立即换新的。

⑨ 一般来说，铣刀开裂非常少见，如有发生，通常说明有下列情况：a. 铣鼓上的铣刀排列不规则；b. 单次铣刨太深；c. 使用不合适的铣刀来去除不同类型的路面；d. 铣刨表面的强度过大。

⑩ 每次改变铣刀排列时，检查铣刀轴和轴承。如果轴上出现磨损的槽，就需要更换新轴，换轴时要同时换轴承。

⑪ 铣鼓如果保养得当，通常可使用 3 个月。在更铣铣刀或做保养时，检查铣鼓的中心轴条是否有裂缝，轴套孔是否变成椭圆形，焊缝处是否有裂缝，如果发现任何损坏，须更换新鼓。

⑫ 当检查铣刨机底部的铣鼓时，要注意：机器必须朝前翻倒，决不能朝后翻，不然机油会倒灌进发动机汽缸内。

● 第三节　稀浆封层机结构与施工组织

📖 知识目标

1. 熟悉稀浆封层机结构与工作原理；
2. 熟悉稀浆封层机操作及维护知识。

> **能力目标**
>
> 1. 具备操作稀浆封层机进行路面施工的能力；
> 2. 初步具备进行稀浆封层施工组织的能力。

乳化沥青稀浆封层技术是用适当级配的集料、填料、沥青乳液和水四种材料，按一定比例掺配、拌和，制成均匀的稀浆混合料，并按设计的厚度要求摊铺在路面上，形成密实坚固耐磨的表面处治薄层。稀浆封层有什么作用？如何使用稀浆封层机进行路面封层？稀浆封层施工需要注意什么事项？下面将一一解答。

一、稀浆封层概述

1. 稀浆封层技术

稀浆封层是采用机械设备将适当级配的乳化沥青、粗细集料、水、填料（水泥、石灰、粉煤灰、石粉等）和添加剂等按照设计配比拌和成稀浆混合料摊铺到原路面上形成的薄层。由于这些乳化沥青混合料稠度较稀呈浆糊状，铺筑厚度较薄，一般在3cm以下，可以使磨损、老化、裂缝、光滑、松散等路面伤害处迅速得到恢复，起到防水、防滑、平整、耐磨和改善路面功能的封层作用。

新铺沥青路面，如贯入式、粗粒式沥青混凝土、沥青碎石等比较粗糙的路面表面做稀浆封层后，作为保护层和磨耗层，能显著提高路面质量，但不能起承重性的结构作用。

普通稀浆封层一般厚度在2~13mm范围内，最常用的为4~6mm和6~8mm，而采用聚合物改良稀浆封层厚度可达到50mm，可用于高等级路面的养护与维修，无论采用哪一种稀浆封层技术，必须要求原路基稳定坚固。旧路上施工时要求路面整体变形不大，平整度应在6mm以下。

稀浆封层机的特点是在常温下在路面现场拌和摊铺，能降低工人的劳动强度，加快施工速度，并节省资源和能源。适用于公路和城市道路部门对路面磨耗进行周期性预防养护，以保持路面的技术性能和延长使用寿命。还可对路面早期病害进行修复，以提高路面的防水能力，提高平整度及抗滑性能等。

2. 稀浆封层材料

（1）骨料

骨料的选择范围比较广泛，一般可就地取材，多数用于热沥青面层的骨料均可使用，应选择质地坚硬、带有棱角、硬度大、耐磨的骨料；使用天然砂时，应选择坚硬、干燥、无杂质、无风化、清洁的天然砂，含水量不宜过大，否则会影响输送及拌和。

在施工中严格控制级配，根据工程量大小一次备齐，且要拌和均匀，否则将会造成封层各段外观不一致。如果细料过多，表面易脆裂；粗料过多则与原路面结合不牢，混合料的和易性不好，摊铺时产生离析，影响工程质量。

（2）乳化沥青

乳化沥青分阴离子型和阳离子型两种。阴离子型带有负电荷，而骨料和填料多为碱性材料，两者不易结合，水分完全靠自然蒸发，破乳的时间较长；阳离子乳化沥青带有正电荷，与骨料拌和产生化学变化，水分被挤出，强度形成较快。因此，大多稀浆封层都使用阳离子乳化沥青。

严格控制乳化沥青的油水比，沥青的百分含量应在 55% ～ 60%，如果沥青含量过低，拌成的混合料含水量不好控制，不能达到要求的油石比。

（3）填料

最常用的填料为普通水泥，也可用石灰粉，使用石灰粉要做筛分试验，小于 0.07mm 的颗粒不小于 80%。填料的作用主要是：改善级配、调节破乳速度、提高稀浆封层的稳定性和早期强度。填料的用量为不大于 3%（占干骨料的百分比）。

（4）水

稀浆混合料使用的水为洁净水，不得使用含有杂质或受化学污染的脏水。混合料中的水包括骨料中的水、乳液中的水和外加水，外加水的用量为干骨料的 6% ～ 11%，而混合料总的含水量为干骨料的 12% ～ 20%。混合料稀浆的含水量应由坍落度试验确定，一般为 2 ～ 3cm。

3. 稀浆封层类型

按骨料级配的粗细分为：Ⅰ型、Ⅱ型、Ⅲ型，其级配情况见表 6-3。

表 6-3　矿料的级配表

筛孔直径 /mm	通过筛孔的百分率 /%		
	细封层（Ⅰ型）	中封层（Ⅱ型）	粗封层（Ⅲ型）
10	100	100	100
5	100	90 ～ 100	70 ～ 90
2.5	90 ～ 100	65 ～ 90	45 ～ 70
1.25	65 ～ 90	45 ～ 70	28 ～ 50
0.63	40 ～ 60	30 ～ 50	9 ～ 34
0.315	25 ～ 42	18 ～ 30	12 ～ 25
0.15	15 ～ 30	10 ～ 21	7 ～ 18
0.074	10 ～ 25	5 ～ 15	5 ～ 15
参考沥青用量 /%	10 ～ 6	7.5 ～ 13.5	6.5 ～ 12
骨料用量 /（kg/m²）	3.2 ～ 5.4	5.4 ～ 8.1	8.1 ～ 13.6

Ⅰ型封层：级配骨料粒径很小，铺后成型厚度为 2 ～ 3mm，主要用于交通量小的道路，其特点是渗透力强，能够封闭路面裂缝，填补坑槽及修补其他表面病害，起到保护层和磨耗层的作用。

Ⅱ型封层：它含有足够的细料，有相当的渗透能力，粗粒料足以在基层和交通荷载间构成直接的承载体，其摊铺成型的厚度最大为 8mm，使用最为广泛，与Ⅰ型封层相比，更能起到填补表面空隙、修补更大幅度的表面病害的作用。

Ⅲ型封层：养护成型后的厚度最大可达 10mm 左右，其用途是修正路面路拱及提高路面的抗滑性能,可用于大交通量沥青路面的封层,也可用于白色路面(或基础)的底层。

三种封层类型可铺单层,也可做成双层式结构。在交通量繁重、破坏严重、平整度较差及老化严重的沥青路面上,一般下层采用Ⅲ型,上层采用Ⅰ型或Ⅱ型封层。稀浆封层的厚度主要是由骨料的粒径决定的,施工中应严格控制好配比,同时控制好混合料的稠度。

按有无添加聚合物分为普通型和聚合物改良稀浆封层。普通稀浆封层厚度最大为10mm左右,而添有聚合物改良的稀浆封层最大厚度可达50mm,其力学性能有很大提高,可用于高等级路面的稀浆封层,但聚合物改良稀浆封层对摊铺机的性能要求很高,且施工的成本较大。

二、稀浆封层机结构及操作

根据稀浆封层施工工艺要求,稀浆封层机必须具有给料、拌和、摊铺和计量控制等功能,它能将集料、矿粉、水、乳化沥青按一定比例输送到拌和筒内,加入添加剂、经快速搅拌形成流动状态的乳化沥青稀浆混合料,通过分料器送入摊铺槽内,然后均匀平坦地摊铺在路面上。

1. 稀浆封层机结构

稀浆封层机的结构可分为行驶和作业两大部分。行驶底盘部分:主要完成预定速度行驶、运输及布置全套作业装置;作业部分:主要完成作业过程中的各种物料的存贮、输送、搅拌、摊铺、控制等,如图6-7所示。主要结构如下:

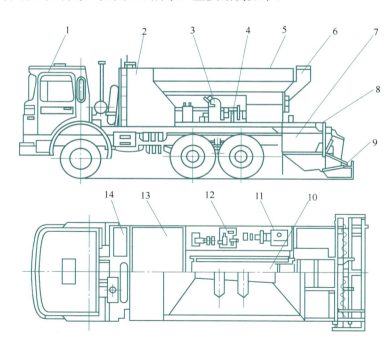

图6-7 稀浆封层机结构示意图

1—驾驶室;2—水箱;3—作业柴油机;4—机械传动系;5—骨料仓;6—填料仓;7—搅拌箱;8—操作台;9—摊铺器;10—皮带运输机;11—添加剂箱;12—流控系统;13—乳液箱;14—柴油清洗装置

（1）底盘系统

底盘的作用为承载、行走、并为工作装置提供传动功能，如气路、热水回路等，主要组成部分：汽车载重底盘（26～32t）、副车架及连接装置、安全保护设施。

（2）发动机及附件

发动机要求能够给整机系统提供足够大的动力储备，主要组成部分：发动机、底座及减振装置、飞轮连接及动力输出装置、起动电机和发电机。工作发动机燃油管与底盘燃油箱相连，同底盘发动机共用一个燃油箱。

（3）电气系统

电气系统主要组成部分：主令控制器（按钮或操作开关）、CPU 处理器或继电器、保险装置、信号和照明灯、电瓶、接线端子和电缆。

（4）液压系统

液压系统是稀浆封层机的工作机构的动力传递系统，主要组成部分：液压泵、控制阀、连接管路、液压油及油箱、冷却器、工作机构的驱动马达和执行油缸、进出油滤器等。多数采用多回路组合简单的齿轮泵 - 阀 - 马达系统，个别也采用恒压伺服变量系统。

（5）乳化沥青系统

乳化沥青系统主要组成部分：乳化沥青箱、过滤器、乳化沥青泵及加热回路、计量装置、三通阀、标定管路、自加载循环管路、搅拌箱进油管路。乳化沥青泵一般采用低速齿轮定量泵，以减少齿轮啮合时对乳化沥青剪切破乳；也有采用变量泵，适应各种工艺配比调节；为了防止沥青泵内沥青硬化，多数稀浆封层机增加了热水循环系统来加热软化泵内沥青，以减少起动阻力。

（6）水系统

水系统也是稀浆封层机不可缺少的部分，主要组成部分：水箱、过滤器、水泵、手动阀门、控制阀门、计量装置、搅拌箱进水管路、地面喷水装置和管路、低压水清洗装置、乳化沥青管道、搅拌箱清洗管路、高压水泵及清洗装置、自加载管路。水的用途主要有调节浆的稀稠度、路面喷水、高低压清洗；进入搅拌箱的水要能控制其流量，清洗用水要能调节其压力，该系统可以做成一个回路，也可以把高压用水和低压用水分成两路来实现。

（7）添加剂系统

该系统用来添加一些外加剂，以调节改变乳化沥青的破乳时间，以适应外界环境的变化，主要组成部分：添加剂罐、过滤器、泵、调节阀、计量装置、添加管路、标定管路、自加载管路。外加剂有采用气送的，也有泵送的，外加剂在进入搅拌箱之前均要求计量。

（8）皮带输送机

皮带输送机用于稀浆封层机对骨料的输送，主要组成部分：机架及连接装置、上下托棍、驱动滚筒、张紧装置、环形皮带、减速机等。

（9）骨料仓

骨料仓用来存储级配骨料，主要组成部分：料仓、破拱装置、料门调节装置。要求容积足够大，能满足施工过程的需要，并且料仓侧壁要有一定的倾斜度，保证料仓中的骨料能够顺利下落到输送机皮带上，料门调节装置用来调节出料量，为了防止骨料的悬空，增加振动破拱装置。

（10）配比系统

该系统保证各原料能够按一定的比例进入搅拌箱，分为分散驱动独立控制和集中驱动分散控制两种形式，前者传动简单，但各种材料的设定比例受发动机转速的影响较大，产量不易调节；后者则相反。

（11）搅拌装置

搅拌装置保证了稀浆混合料的充分混合，要求该系统搅拌轴要有足够高的转速，能在很短的时间内（4～6s）拌和混合料并且把混合料送入摊铺系统中，搅拌叶片要求为耐磨金属材料制成。

（12）水泥、纤维、液体染料添加系统

该系统是为了改善稀浆封层混合料的成浆性、提高改性稀浆封层的和易性、提高摊铺层的强度、调节破乳时间、提高摊铺彩色稀浆封层而设计的。该系统由料仓、螺旋输料器和计量部分组成。普通稀浆封层是不需要该系统的，尤其是纤维添加装置是更高要求的稀浆封层应该具有的；用户根据需要可增加液体染料添加装置做彩色稀浆封层施工，增加路面的标示功能。

（13）摊铺箱

所有原料经整机精确配比拌和成浆后，稀浆混合料最终由摊铺箱完成摊铺。摊铺箱有两大作用：首先是存储混合料、其次是把混合料均匀地摊铺至养护的路面。从所能适应的工艺可分为：微表处改性稀浆封层摊铺箱、稀浆封层摊铺箱、车辙摊铺箱、斜坡摊铺箱等。改性稀浆封层摊铺箱为双轴搅拌形式，通常要求搅拌轴转速高，有二次拌和能力和输送混合料的功能。

2. 稀浆封层机安全操作规程

① 每天首次启动前，要检查冷却液面、机油标尺，并对油水分离器进行放水，检查液压系统各连接处，有无渗漏现象。

② 确认作业部位各系统是否正常，检查各物料是否充足。

③ 装料时要确保各物料的有效可靠过滤，加入助剂时打开罐盖应确保罐内无压力，填料箱内无结块。

④ 安全接通电源对稀浆封层机进行预热，使泵、机及输送管道的各阀门手动自如。

⑤ 按要求配置乳化剂水溶液，水溶液温度控制在规定范围内。

⑥ 施工封层作业前，确保人员机具已全部到指定位置，摊铺槽已调整至要求的宽度且与机尾位置保持平行，此时主车处于空挡待发状态，气压达到设定压力。

⑦ 施工过程中要密切注意浆料的成形情况，以防破乳，尤其在施工的最初几分钟内，要注意水、添加剂的调节作用，注意不要让浆料在拌合器内破乳，严禁调整油石比。

⑧ 施工过程中，适时摆动拌合器分料板，合理操纵左右螺旋推进器旋向保持摊铺槽稀浆量及其均匀性。

⑨ 若在生产过程中需不停机增加产量时则应按比例先增加乳化剂水溶液供给量，随即增加沥青供给量；在减少产量时，应先减少沥青供给量，随即减少乳化液供给量，并抽检调整达到质量要求。

⑩ 经常观察各种仪表的读数，发现异常应及时采取措施。

⑪ 当稀浆封层机上任意一种料不足或用完时，应立即关闭全部供料开关，同时保持拌

合器、摊铺槽动力，待剩余混合料全部摊铺完毕后停机，重新装料后再行施工。

⑫ 每车料摊铺完毕后重新装料的间隙，须摘下摊铺槽，并将其移至路边用水冲洗。

⑬ 施工完毕后，应关闭各开关，升起推铺槽，整车移至清洗场地后，冲洗搅拌器、推铺箱，尤其对摊铺箱和后面的橡胶刮皮必须冲洗干净。

⑭ 将填料箱内多余的细料打出来，防止结块，保证下次正常工作。关闭助剂罐进气阀门，打开罐体上部的放气阀，将罐体及管道内的压缩空气排空，结束后及时关闭放气阀。

三、稀浆封层施工组织

1. 施工流程

原路面检测→修补原路面病害→封闭交通（单车道）→清洁路面→放样划线→封层机就位→摊铺→局部人工处理→初期养护→开放交通

2. 施工组织

（1）施工准备

① 人员配备及分工：稀浆封层施工质量的好坏，有赖于一支高素质、能力强的施工队伍。施工队的人员基本组成应包括施工队长、操作手、驾驶员（稀浆封层机、装载机、油罐车和水罐车驾驶员）、工人若干。

② 交通管制与控制：刚摊铺的稀浆封层，必须有一段养护成型期。在养护成型期内，应严禁车辆和行人进入。

③ 施工应具备的条件：施工前的准备工作，包括材料、机械设备、原路面补强与清扫、交通管制等都已按要求完成。施工队伍人员配备整齐，对道路上的各种附属设施都已采取保护措施。

④ 清除障碍性物质：对预定微表处施工路段的全部表面，事先将所有灰尘、松动的材料、泥块以及任何其他障碍性的物质加以清除。

（2）正式施工

① 放样画线。根据施工进度计划，划出走向控制线。根据路幅全宽，调整摊铺箱宽度，使施工车程次数为整数。

② 装料。将符合要求的矿料、乳化沥青、填料、水、添加剂等分别装入摊铺机的相应料箱，一般应全部装满，并应保证矿料的湿度均匀一致。

③ 摊铺。将装好料的摊铺机开至施工起点，对准走向控制线，并调整摊铺箱厚度与拱度，使摊铺箱周边与原路面贴紧。

操作手再次确认各料门的高度或开度。

起动发动机，接合拌和缸离合器，使搅拌轴正常运转，并开启摊铺箱螺旋分料器。

打开各料门控制开关，使矿料、填料、水几乎同时进入拌和缸，并当预湿的混合料推移至乳液喷出口时，乳液喷出。

调节稀浆在分向器上的流向，使稀浆能均匀地流向摊铺箱左右。

调节水量，使稀浆稠度适中。

当稀浆混合料均匀分布在摊铺箱的全宽范围内时，操作手就可以通知驾驶员启动底盘，并缓慢前进，一般前进速度为1.5～3.0km/h，但应保持稀浆摊铺量与生产量的基本一致，保持摊铺箱中稀浆混合料的体积为摊铺箱容积的 1/2 左右。

混合料摊铺后，应立即进行人工找平，找平的重点是：起点、终点、纵向接缝、过厚、过薄或不平处，尤其对超大粒径矿料产生的纵向刮痕，应尽快清除并填平。

当摊铺机上任何一种材料用完时，应立即关闭所有材料输送的控制开关，让搅拌缸中的混合料搅拌均匀，并送入摊铺箱摊铺完后，即通知驾驶员停止前进。

将摊铺箱提起，然后把摊铺机连同摊铺箱开至路外，清洁搅拌缸和摊铺箱。

查对材料剩余量。

④ 一些特殊问题的处理。

预洒水：天气过于干燥气温又很高时，对原路面进行预洒水，有利于稀浆与原路面的牢固黏结，量的控制以路面无积水为宜，洒水后可立即摊铺。

接缝：横向接缝过多过密总是会影响外观和平整的，因此应尽可能减少横缝的数量，提高接缝的施工水平。首先是在起点处，当摊铺箱的全宽度上都布有稀浆时，就可以低速缓慢前移，这样可以减少箱内积料过多而产生的过厚起拱现象，并对起点进行人工找平。一般情况下，摊铺终点的外观影响不大，因为下一车将在该终点处，倒回一段距离。从上一车终点倒回 3～5m 的距离开始下一车的摊铺，是可采纳的办法；驾驶员应该使机械的运行线形，与上一车相吻合。当该路段进行最后一车施工时，其终点的处理应该采取人工整平，并做出一条直线。两幅纵缝搭接的宽度不宜超过 80mm，横向接缝宜做成对接缝。分两层摊铺时，第一层摊铺后至少应开放交通 24 小时后方可进行第二层摊铺。

加水量的控制：某一种石料和乳化沥青，当外加水量为某一范围时，可以成为稳定的稀浆。机械作业时的外加水量，可以采取允许范围的中值。成功的稀浆封层应建立在稀浆中沥青分布均匀的基础上，因此必须以合适的水量加到稀浆混合料中，因为加水量的多少关系到施工的和易性、与原路面的黏结强度、封层表面的泛油及混合料的沥青分布等，对施工质量影响极大。

(3) 成形养护

乳化沥青的任何一种施工方法，施工后都有一个破乳成形过程，稀浆封层也不例外。养护的时间，视稀浆混合料中水的驱除及黏结力的大小而变化，通常认为，当黏结力达到 12Nm 时，稀浆混合料已初凝，当黏结力达到 20Nm 时，稀浆混合料已凝固到可以开放交通的状态。刚摊铺的稀浆封层，在养护成形期内，应严禁车辆和行人进入，否则将带来不良的外观影响。如交叉口等确需立即开放交通，必须进行撒砂保护。

(4) 施工质量控制

① 施工前必须提供材料的试验报告，在确认符合要求后，方可使用。

② 施工前必须提供混合料试验报告，在确认材料没有发生变化和符合要求后，方可施工。

③ 施工中应对稀浆混合料性能进行抽样检测。

④ 稀浆封层施工外观质量应符合下列要求：表面平整，密实，无松散，无轮迹；纵、横缝衔接平顺，外观色泽均匀一致；与其他构造物衔接平顺，无污染；摊铺范围以外无流出的稀浆混合料；表面粗糙，无光滑现象。

(5) 关键技术

① 稀浆混合料的摊铺。混合料的摊铺是稀浆封层施工技术中最关键的一步，尤其是微

表处；要求摊铺装置的布料既要均匀又要形成合理的混合料流动循环，不能有死角、速度要适应混合料的需要。

② 稀浆混合料的搅拌。混合料的搅拌制浆要求纸浆搅拌装置的速度、叶片的布置、叶片表面的形式保证材料及时的混合均匀。

③ 各种材料比例供料。各种材料按照配方的设定稳定地进入制浆搅拌装置是动力传递系统设计的重点，同时满足不同生产率时各种材料比例的设定不变。

第四节 沥青洒布车结构与施工组织

知识目标

1. 熟悉沥青洒布车结构与工作原理；
2. 熟悉沥青洒布车操作方法及要点。

能力目标

1. 初步具备操作沥青洒布车完成洒布施工的能力；
2. 能够完成沥青洒布施工前的相关准备工作。

沥青洒布机是在道路施工中用以运输、洒布液态沥青的一种专用机械，可用于高等级公路路面的养护，也可以用于新建路面工程，其主要作用是洒布沥青。进行沥青洒布作业需要了解沥青洒布车结构、操作方法以及施工要求。

一、沥青洒布车结构认知

1. 概述

沥青洒布机是在以贯入法、表面处治法修筑路面、稳定土壤以及路拌沥青混合料等工程中，用以运输、洒布液态沥青和煤焦油的一种专用机械。

沥青洒布机主要由储料箱和洒布设备两大部分组成。储料箱的作用是储存高温液态的沥青，并且具有一定的保温作用，洒布设备的作用是洒布沥青。高温液态沥青向储料箱的注入或由储料箱向洒布设备的输出均靠沥青泵来完成。

沥青洒布机大致可分三类：即手动式、机动式和自行式。

手动式沥青洒布机是将储料箱和洒布设备都装在一辆人力挂车上，利用人工手摇沥青泵或手压活塞泵泵送高温液态沥青，通过洒布软管和喷油嘴而进行沥青洒布作业。洒布管是手提的，储料箱较小（容积为 200～400L）。这种洒布机的结构较简单，但劳动强度较大、工作效率低，一般只宜用于养路修补工作。

机动式沥青洒布机是利用发动机的动力来驱动沥青泵，即以发动机动力取代人力，从而提高了洒布能力，它们的洒布方法与手动相同。

自行式沥青洒布机是将储料箱和洒布设备等都装在汽车底盘上，由于行动灵活、工作效率高、洒布质量好，故使用很广泛。目前这种沥青洒布机多用于新建路面工程或高等级公路路面的养护工程中，特别适用于沥青熔化基地距施工工地较远的工程中。

2. 自行式洒布机结构

自行式沥青洒布机将整套沥青洒布设备装在运输车底盘上，并由发动机供给沥青洒布设备所需的动力，其洒布设备有贮料箱、加热系统、传动系统、循环-洒布系统、操纵机构和检查计量仪表等。

（1）贮料箱

贮料箱能贮存高温液态沥青并具有一定的保温作用，其结构如图6-8所示。贮料箱是由钢板焊制而成的椭圆形长筒，箱体外包以50mm厚的玻璃绒或石棉，用以保温和隔热，可使箱内的热态沥青在外界温度为12～15℃时，冷却速度保持每小时2℃左右。隔热层外用金属薄皮套包住。在运输过程中，为了减轻沥青对箱壁的冲击，在箱内设有底部带有缺口的隔板17。在箱顶的中部有一个带滤网5的大圆口，可以直接加料，亦可供维修人员进出之用。箱内还装有进油管13和测定液量的浮标15等。

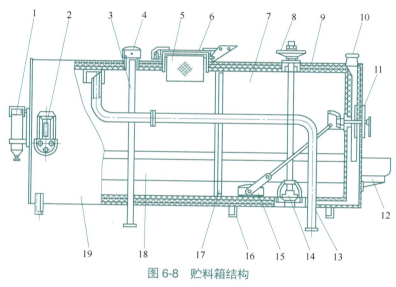

图6-8 贮料箱结构

1—灭火器；2—温度计；3—溢流管；4—排气盖；5—进料滤网；6—进料口盖；7—筒体；8—总阀门手轮；9—玻璃绒；10—排烟口；11—刻度盘；12—固定喷灯；13—进油管；14—总阀门；15—浮标；16—料箱固定架；17—隔板；18—加热火管；19—箱外罩

（2）加热系统

加热系统的作用是加热沥青，使贮料箱中的沥青温度保持在150～170℃，以确保工作的需要。它由燃油箱、两只固定喷灯、一只手提喷灯、两根U形火管、滤清器、油管和仪表等组成。两根U形火管安装在贮料箱的底部，两只固定喷灯向U形火管内喷入火焰，加热贮料箱内沥青；一只手提喷灯用于施工前加热沥青泵与管路，熔化凝积的沥青，使各运动部件灵活运转。

（3）传动系统

自行式沥青洒布机的传动系统包括两大部分：一部分是将发动机的动力传递给汽车的

驱动轮使车辆行驶的传动系统,这是由汽车底盘部分的传动系统来执行的;另一部分是驱动沥青洒布机的沥青泵工作的传动系统,它是由装在汽车变速箱右侧的分动箱来执行的。

(4) 循环-洒布系统

循环-洒布系统主要有沥青泵、全部循环-洒布管路和大小三通阀等部分组成,如图 6-9 所示。循环-洒布系统的作用:

① 完成向贮料箱内吸入热态沥青;

② 转输热态沥青;

③ 通过循环使贮料箱内沥青的温度保持均衡;

④ 完成热态沥青的各种洒布(全洒布、少量全洒布、左洒布、右洒布、手提洒布);

⑤ 抽空洒布管中余料;

⑥ 抽空贮料箱中沥青等多种工作。

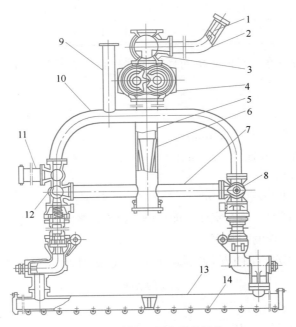

图 6-9 循环-洒布系统结构

1—滤网;2—加油管;3—沥青泵上的主三通阀;4—沥青泵;5—输油总管;6—滤网;7—横管;8—右横管的小三通阀;9—进油管;10—循环管;11—传输时的放油管;12—左横管的小三通阀;13—洒布管;14—喷嘴

(5) 操纵机构

操纵机构包括三通阀的拨动,洒布管的提升、下降、水平移动和回转,以及驱动沥青泵的发动机和减速器(对后置专用发动机驱动而言)等操纵控制。这些操纵机构都集中在车后的操纵台上,通过手轮和操纵杆进行。

3. 沥青洒布机使用技术参数的确定

沥青洒布机施工时,首先应确定分层洒布量、洒布路段的长度、洒布机的生产率。

(1) 分层洒布量的确定

沥青洒布机分层洒布时,应根据《公路沥青路面施工技术规范》JTG F40—2004 的要求确定每层的洒布量。表 6-4 所列为各种表面处治时沥青用量。

表 6-4　沥青表面处治材料规格和用量表

沥青种类	类型	厚度/mm	沥青或乳液用量/(kg/m²)			
			第一次	第二次	第三次	合计用量
石油沥青	单层	1.0 1.5	1.0～1.2 1.4～1.6	— —	— —	1.0～1.2 1.4～1.6
	双层	1.5 2.0 2.5	1.4～1.6 1.6～1.8 1.8～2.0	1.0～1.2 1.0～1.2 1.0～1.2		2.4～2.8 2.6～3.0 2.8～3.2
	三层	2.5 3.0	1.6～1.8 1.8～2.0	1.2～1.4 1.2～1.4	1.0～1.2 1.0～1.2	3.8～4.4 4.0～4.6
乳化沥青	单层	0.5	0.9～1.0	—	—	0.9～1.0
	双层	1.0	1.8～2.0	1.0～1.2	—	2.8～3.2
	三层	3.0	2.0～2.2	1.8～2.0	1.0～1.2	4.8～5.4

单位面积的沥青洒布量与洒布机的行驶速度、洒布宽度以及沥青泵的生产率有关。其公式为：

$$Q_L = qvB \tag{6-1}$$

式中　Q_L——沥青泵的生产率，L/min；

v——洒布机的行驶速度，m/min；

B——洒布宽度，m；

q——单位面积洒布量，L/m²。

根据沥青泵的生产率、洒布宽度，即可确定洒布机的行驶速度。

（2）每次洒布路段长度的确定

为了便于施工，当沥青洒布量确定后，应进一步确定每一罐料能洒布路段的长度，即：

$$L = VK/qB \tag{6-2}$$

式中　L——洒布路段长度，m；

V——洒布机贮料箱容积，L；

K——两洒布带重叠系数（0.90～0.95）；

B——洒布的路面宽度，m；

q——单位面积洒布量，L/m²。

（3）沥青洒布机生产率的计算

沥青洒布机的生产率主要视沥青的运距、洒布机的准备工作和施工组织而定。其生产率可用式（6-3）计算。

$$Q_s = nK_m V \tag{6-3}$$

式中　Q_s——沥青洒布机的生产率，L/d；

V——沥青洒布机的油罐容量，L；

K_m——油罐充满系数（0.95～0.98）；

n——洒布机每班洒布次数；

$$n=60Tk_b/t \qquad (6\text{-}4)$$

式中　T——每天工作时数，h；

　　　k_b——时间利用系数（0.95～0.98）；

　　　t——洒布机每一个循环所需时间，min；

$$t=t_1+L_1/v_1+L_2/v_2+t_2+t_3+t_4 \qquad (6\text{-}5)$$

式中　t_1——加满每一贮料箱所需时间，min；

　　　t_2——洒布一贮料箱沥青所需时间，min；

　　　t_3——洒布机两处调头倒车时间，min；

　　　t_4——准备洒布所需时间，min；

　　　L_1——由沥青基地至工地的距离，m；

　　　L_2——由工地至沥青基地的距离，m；

　　　v_1——洒布机重车行驶速度，km/h；

　　　v_2——洒布机空车行驶速度，km/h。

从上述过程可以看出，沥青洒布机用于沥青洒布的时间比较短，大部分时间都用于运输。这样不但影响了洒布机的利用率，同时也影响洒布工作的质量，增加了非生产辅助时间，如果长距离运行，必然增加洒布机的数量，这样就更不合理。

为了更好地组织施工，减少洒布机的用量，目前在大型工程中多用大型沥青保温罐进行运输和储存，减少了沥青的运输距离，使洒布机的生产率大大提高。

保温罐车的用量可用式（6-6）计算。

$$n=Q/tVK \qquad (6\text{-}6)$$

式中　n——保温油罐车用量；

　　　Q——洒布机只进行洒布，不进行长距离运输时的生产率，L/d；

　　　t——保温油罐往返工地与沥青基地之间一次的时间，h；

　　　V——保温油罐的容量，L；

　　　K——保温油罐的充满系数。

二、沥青洒布机的使用

为了保证沥青洒布机的正常工作，在每次洒布完毕之后都要将循环-洒布管路中的残余沥青抽回贮料箱内。若当天不再使用，还要用柴油或煤油清洗贮料箱、沥青泵和管路，以防止沥青凝固在各处影响下次使用。在每次使用之前都要检查沥青泵，若发现有沥青凝固现象，需用手提喷灯烤化，直到沥青泵运转灵活为止。

为了提高沥青的洒布质量，还需要注意下列事项：

① 要求沥青洒布机有稳定的行驶速度，速度按施工要求而定。

② 要求汽车驾驶员和洒布操纵者密切配合，动作协调一致，确保洒布均匀。

③ 要保持沥青的洒布温度。因沥青的黏度和其温度成反比，而黏度又决定沥青泵的输出量，若沥青温度不当，则其黏度的变化会引起沥青泵输出量的变化，使洒布不均匀，从而影响到洒布的质量。

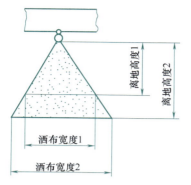

图 6-10 喷嘴离地高度与洒布宽度的关系

④ 要选好喷嘴的离地高度。因喷嘴的离地高度不同,其洒布宽度不同,如图 6-10 所示。

⑤ 要求汽车轮胎有足够的气压。若轮胎气压不足,贮料箱内沥青数量的变化使轮胎变形较大,从而影响到喷嘴的离地高度。

⑥ 要保持稳定的洒布压力。因洒布压力不同,喷出沥青的扇形形状不同,致使洒布不均匀。

⑦ 要注意前后两次喷油的接缝。一般纵向应重叠 10~15cm,横向应重叠 20~30cm。

⑧ 要注意安全。沥青洒布机在加注或洒布热态沥青时,温度很高,必须注意安全,防止烫伤或跌倒。使用固定喷灯时,贮料箱内的沥青液面应高于火管。在洒布过程中,不应使用喷灯。

●【施工组织案例】

附 沥青路面养护施工组织案例

机械化施工组织主要完成雾封层施工和微表处施工,施工组织简要方案如下。

一、雾封层施工组织

① 正式施工前,要将施工路段所有的病害处理到位;根据不同路面情况,对路面的渗水系数和摩擦系数或构造深度进行检测。

② 雾封层施工采取全自动沥青喷洒车施工。

③ 选 200~500m 有代表性的路段铺筑试验段,通过试验结果确定最佳相关喷洒量和施工工艺,在后续施工中,严格按照试验段确定的改性乳化沥青洒布量施工;

④ 因路面状况不同,对于局部空隙率较大的部位,现场采用不同的施工措施;

⑤ 施工时应在起点处铺垫一层薄的塑料布,洒布机前进后立即取走,用以保证起点整齐、外观良好;

⑥ 施工中洒布车喷洒完一个车道停车后,立即用油槽接住排油管滴下的乳化沥青,以防局部乳化沥青过多;

⑦ 施工工艺:施工准备→施工路段封闭、清理、吹扫→雾封层人工撒布(技术指标检测、材料准备和设备调度)→养护→雾封层机械撒布→养护→数据检测→开放交通。

二、微表处施工组织

1. 表面清理

对预定微表处施工路段的全部表面,事先将所有灰尘、松动的材料、泥块以及任何其他障碍性的物质加以清除。

2. 放样划线

根据施工进度计划，划出走向控制线。

3. 装料

将符合要求的矿料、改性乳化沥青、填料、水、添加剂等分别装入摊铺机的相应料箱，并应保证矿料的湿度均匀一致。

4. 摊铺

① 装好料的摊铺机开至施工起点，对准走向控制线，并调整摊铺箱厚度与拱度，使摊铺箱周边与路面贴紧；

② 操作手再次确认各料门的高度和开度；

③ 起动发动机，接合拌和缸离合器，使搅拌轴正常运转，并开启摊铺箱螺旋分料器；

④ 打开各料门控制开关，使矿料、填料、水几乎同时进入拌和缸，并当预湿的混合料推移至乳液喷出口时，乳液喷出；

⑤ 调节稀浆在分向器上的流向，使稀浆能均匀地流向摊铺箱左右；

⑥ 适当调节水量，使稀浆稠度适中；

⑦ 稀浆混合料均匀分布在摊铺箱的全宽范围内时，操作手就可以通知驾驶员启动底盘，并缓慢前进，前进速度为 1.5～3.0km/h，但应保持稀浆摊铺量与生产量的基本一致，保持摊铺箱中稀浆混合料的体积为摊铺箱容积的 1/2 左右；

⑧ 混合料摊铺后，应立即进行人工找平，找平的重点是：起点、终点、纵向接缝、过厚、过薄或不平处，尤其对超大粒径矿料产生的纵向刮痕，应尽快清除并填平；

⑨ 当摊铺机上任何一种材料用完时，应立即关闭所有材料输送的控制开关，让搅拌缸中的混合料搅拌均匀，并送入摊铺箱摊铺完后，即通知驾驶员停止前进；

⑩ 将摊铺箱提起，然后把摊铺机连同摊铺箱开至路外，清洁搅拌缸和摊铺箱；

⑪ 查对材料剩余量；

⑫ 两幅纵缝搭接的宽度不宜超过 80mm，横向接缝宜做成对接缝。分两层摊铺时，第一层摊铺后至少应开放交通 24h 后方可进行第二层摊铺。

5. 微表处施工工艺

封闭交通（单车道）→清洁路面→放样划线→封层机就位→摊铺→局部人工处理→初期养护→开放交通。

思考与练习

一、选择题

1. 常见的路面病害有：（　　）、错台、桥头涵顶跳车等现象。
 A. 裂缝　　　　　B. 车辙　　　　　C. 坑槽　　　　　D. 沉陷

2. 路面产生的裂缝按照尺寸不同可分为（　　）
 A. 微裂缝　　　　B. 小裂缝　　　　C. 中裂缝　　　　D. 大裂缝

3. 路面产生的裂缝形式可分为（　　）
 A. 横向裂缝　　　B. 纵向裂缝　　　C. 网裂　　　　　D. 沉陷

4. 根据形成的原因车辙可分为（　　）
 A. 结构性车辙　　　　　　　　　　B. 流动性车辙

C. 磨损性车辙　　　　　　　　　　　　D. 压实不足引起的车辙
5. 路面车辙的处治办法（　　）
   A. 灌缝　　　B. 微表处　　　C. 热再生修补　　　D. 铣刨摊铺
6. 沥青路面坑槽类型分为（　　）
   A. 压实不足坑槽　　　　　　　　　B. 厚度不足坑槽
   C. 路面轧伤坑槽　　　　　　　　　D. 水损害坑槽
7. 稀浆封层的主要材料有（　　）、填料（水泥、石灰、粉煤灰等）
   A. 乳化沥青　　　B. 粗细集料　　　C. 水　　　D. 添加剂
8. 稀浆封层类型按骨料级配的粗细分为三种类型（　　）
   A. Ⅳ型　　　B. Ⅰ型　　　C. Ⅱ型　　　D. Ⅲ型
9. 沥青洒布机施工时，首先应确定：（　　）
   A. 分层洒布量　　　　　　　　　　B. 洒布路段的长度
   C. 洒布机的生产率　　　　　　　　D. 洒布机的速度
10. 沥青洒布机施工时要注意：（　　）
    A. 沥青的温度　　　　　　　　　　B. 喷嘴的离地高度
    C. 洒布压力　　　　　　　　　　　D. 两次喷油的接缝
11. 路面预防性养护包括：（　　）、白改黑、彩色防滑路面等。
    A. 罩面　　　B. 稀浆封层　　　C. 微表处　　　D. 雾封层
12. 稀浆封层机在作业过程完成各种物料的（　　）和控制等动作。
    A. 存贮　　　B. 输送　　　C. 搅拌　　　D. 摊铺

二、判断题

1. 小修保养是对公路及其沿线设施经常进行维护保养和修补的施工作业。（　　）
2. 小裂缝的裂缝宽为 15～25mm，裂缝边缘有轻微碎裂，并有少量支缝。（　　）
3. 非荷载型裂缝是由于路面横向施工缝未处理好，接缝不紧密结合不良而造成。（　　）
4. 压实不够，路面排水不良容易形成坑槽。（　　）
5. 三层式沥青表面处治为洒布三次沥青，铺撒三次矿料，厚度为 2.5～3.0cm，交通量 1000～2000 辆/昼夜的道路面层。（　　）
6. 透层的作用是为使沥青面层与非沥青材料基层结合良好。（　　）
7. 沥青路面的级配砂砾、级配碎石基层可以不浇洒透层沥青。（　　）
8. 水泥、石灰、粉煤灰等无机结合料稳定土或粒料的基层上必须浇洒透层沥青。（　　）
9. 乳化沥青表面处治应待破乳后水分蒸发并基本成形后方可通车。（　　）
10. 沥青贯入式路面是在初步碾压的矿料（碎石或破碎砾石）上，分层洒布沥青，撒布嵌缝料形成的路面。（　　）
11. 沥青贯入式路面和沥青表面处治路面都具有较高的强度和稳定性。（　　）
12. 为了防止路表水的浸入和增强路段的水稳定性，沥青表面处治路面的最上层必须加铺拌和层或封层。（　　）
13. 适度的碾压在贯入式路面施工中极为重要，有利于矿料嵌挤稳定。（　　）
14. 稀浆封层机的特点是在常温下在路面现场拌和摊铺。（　　）
15. 大多稀浆封层使用阳离子乳化沥青，破乳的时间较长。（　　）
16. Ⅲ型封层可用于大交通量沥青路面的封层。（　　）
17. 沥青洒布机储料箱储存是高温液态的沥青。（　　）
18. 每次洒布完毕之后都要将循环-洒布管路中的残余沥青抽回贮料箱内。（　　）

三、填空题

1. 按照技术复杂程度，公路养护分为_____、_____、_____、_____等。
2. 按照作业内容，养护工程分为_____的养护与维修、_____的养护与维修。
3. 横向裂缝分_____裂缝和_____裂缝两种。
4. 沥青表面处治是用_____和_____按层铺或拌和方法施工的厚度不超过_____cm 的薄层路面面层。
5. 透层在基层上浇洒_____、_____、_____而形成透入基层表面的薄层。
6. 黏层是使_____面层与_____黏结良好而浇洒的一种沥青薄层。
7. 采用乳化沥青稀浆封层作为上封层及下封层时，稀浆封层的厚度为_____mm。
8. 沥青洒布机主要由_____和_____两大部分组成。
9. 前后两次喷油的接缝。一般纵向应重叠_____cm，横向应重叠_____cm。

四、简答题

1. 简述纵向裂缝产生的原因。
2. 简述局部沉陷的处治方法。
3. 简述沥青贯入式路面封层施工的作用。
4. 简述路面铣刨工艺流程。
5. 简述稀浆封层的施工组织。

参 考 文 献

[1] 胡长顺，黄辉华. 高等级公路路基路面施工技术 [M]. 北京：人民交通出版社，1994.

[2] 荆农. 沥青路面机械化施工 [M]. 北京：人民交通出版社，2005.

[3] 中华人民共和国行业推荐性标准. 公路路基施工技术规范：JTG/T 3610—2019 [S]. 北京：人民交通出版社，2019.

[4] 中华人民共和国行业推荐性标准. 公路工程集料试验规程：JTG E 42—2005 [S]. 北京：人民交通出版社，2005.

[5] 中华人民共和国行业推荐性标准. 公路路面基层施工技术细则：JTG/T F20—2015 [S]. 北京：人民交通出版社，2015.

[6] 中华人民共和国行业推荐性标准. 公路沥青路面施工技术规范：JTG F 40—2004[S]. 北京：人民交通出版社，2004.

[7] 中华人民共和国行业推荐性标准. 公路养护技术规范：JTG H10—2009[S]. 北京：人民交通出版社，2009.

[8] 文德云. 公路施工技术 [M]. 北京：人民交通出版社，2003.

[9] 单文健. 公路工程机械化施工技术 [M]. 北京：人民交通出版社，2007.

[10] 郭小宏，曹源文，李红镝. 公路工程机械化施工与管理 [M]. 2 版. 北京：人民交通出版社，2009.

[11] 徐永杰. 公路工程机械化施工技术 [M]. 北京：人民交通出版社，2017.

[12] 郭小宏. 高等级公路机械化施工技术 [M]. 北京：人民交通出版社，2012.

[13] 任征. 公路机械化施工与管理 [M]. 北京：人民交通出版社，2011.

[14] 中华人民共和国行业推荐性标准. 公路水泥混凝土路面施工技术细则：JTG/T F30—2014 [S]. 北京：人民交通出版社，2014.

[15] 中华人民共和国行业推荐性标准. 公路工程机械台班费用定额：JTG/T 3833—2018[S]. 北京：人民交通出版社，2018.

[16] 中华人民共和国行业推荐性标准. 公路工程施工定额测定与编制规程：JTG/T 3811—2020[S]. 北京：人民交通出版社，2020.

[17] 中华人民共和国行业推荐性标准. 公路工程预算定额：JTG/T 3832—2018[S]. 北京：人民交通出版社，2018.

[18] 中华人民共和国行业推荐性标准. 公路技术状况评定标准：JTG 5210—2018[S]. 北京：人民交通出版社，2018.